悪の歴史

西洋編　上
中東編

隠されてきた「悪」に焦点をあて、真実の人間像に迫る

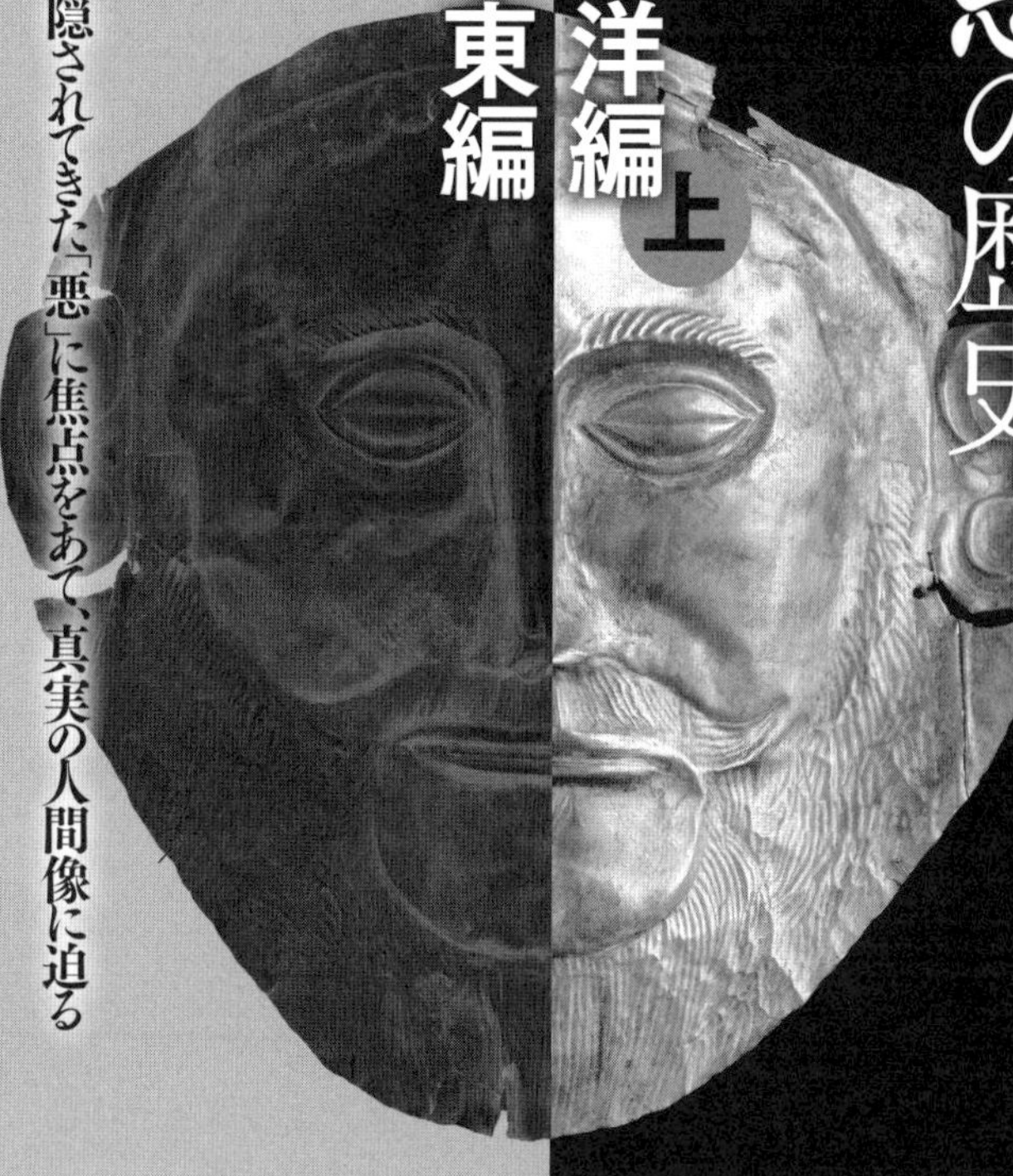

鈴木董◆編著

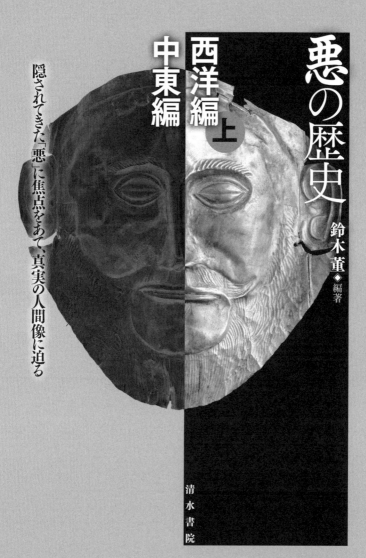

清水書院

はしがき

「善」と「悪」も時と所と人により異なる

本巻は、「悪の歴史」シリーズのうちの、『西洋編（上）・中東編』にあたる。

本シリーズは、「悪の歴史」と題されているが、道学者先生や宗教家にとっては「善」と「悪」は画然と分けうるものかもしれない。しかし、歴史についてみれば、何が「善」で、何が「悪」であるかは、時と所、人とその立場によって異なってくる。歴史上の人物についていえば、ある場所の、ある時代の、ある立場の人からみれば、善の象徴のようにみえる人物が、全く異なる立場の人からみれば、悪の象徴にみえることは、ごく当たり前とさえいえよう。これに加えて、とりわけ、歴史上、権力者として力を振るった人物についていえば、大きな事績をのこし、表の歴史では「善をなした偉人」とされる人物にも必ず裏の面があるのが通例である。本シリーズの本巻でも、歴史上の権力者たちを中心に、その表の顔としての事績を紹介するとともに、裏の顔をも明らかにしていく。あるいはまた、逆に、暴君、悪人として知られる人物の知られざる側面を発掘することとしたい。

なぜ『西洋編・中東編』なのか

さて、本巻の空間的対象は、いわゆる「旧世界」の西半からなるが、なぜ「西洋・中東」という、余り聞きなれぬ題をつけたのかについて、少し申し述べたい。そもそも、今日、我々が当然のことのように思っている意味で、西洋つまりヨーロッパとか、中東という空間の区分が確立したのは、近代西欧においてのことであった。そして、全地球上の人類社会が単一システムへと統合されていくグローバリゼーションの過程の最終段階では、西欧人が「大航海時代」をきっかけに原動力となったことから、近代西欧人が創り出した空間の区分が、グローバリゼーションの進展の中で、我々日本人も含め、西欧以外の地域の人々によっても受け容れられていったのである。

今日、「中東」と呼ばれている空間は、色々の見解もあろうが、だいたいのところ、北はトルコ、イラン、アフガニスタン、南はイラク、アラビア半島、そして現在はシリア、レバノン、ヨルダン、イスラエル、パレスティナに四分ないし五分されてしまっている「歴史的なシリア」からエジプト、スーダン、リビア、チュニジア、アルジェリア、モロッコに至る地域をさす。そして、この「中東」の語は、二〇世紀初頭に欧米人が創り出したことばではあるが、一つの大文化圏としてのイスラーム圏の中核地域をさすことばとして、「中東」の人々も含め、世界的に定着したのである。

しかし、歴史をさかのぼればアフガニスタン、イラン、トルコ、イラク、「歴史的なシリア」、そしてエジプトは、今日、古代オリエントとよばれる世界をなしていた。そして、この空間はまた、アレクサンドロスの帝国とも重なっている。その後の歴史の中では、モロッコからエジプト、「歴史的なシリア」をへてトルコに至る地域は、ローマ帝国の版図であり、イラクもまた一時的にはローマ領となったこともあった。そして、七世紀中葉から八世紀中葉にかけてのイスラームを奉ずるアラブ人の「アラブの大征服」によりイスラーム世界が形成されていく中で、モロッコから「歴史的シリア」に至る、かつてのローマ帝国の南半は、イスラーム世界に包括され、今日の中東の骨格が成立した。そして、三九二年に東西に分裂したローマ帝国のうち、東ローマ帝国の北半が、十一世紀末から十五世紀にかけて東北方からやってきたイスラーム教徒のトルコ人に征服され、その東半が今日のトルコとなり、中東の西北端となったのである。

ローマ帝国は、現代のヨーロッパ・中東の出発点

そして、「アラブの大征服」を免れたかつてのローマ帝国の北半のうち、東半では東ローマ帝国が生き残り、四六七年の西ローマ帝国の滅亡とオドアケルによる西ローマ帝冠の返上により、西半を失った唯一のローマ帝国

となり、これをビザンツ帝国と呼ぶとすれば、その影響が次第に北方に拡がり、一四五三年のビザンツ帝国の滅亡後に東欧正教世界となっていった。他方、西ローマ帝国が滅亡したあとに、カトリックを奉じ、ラテン語を共通の文化・文明語とし、ラテン文字を用いるようになった西欧キリスト教世界が成立したのである。今日、ヨーロッパと呼ばれる空間は、西のラテン文字圏としての西欧圏と、ギリシア・キリル文字圏としての東欧圏からなり、EUの土台は、ラテン文字圏としての西欧圏にあるのである。

今日、中東、そしてヨーロッパと呼ばれる空間のこの歴史的背景もかんがみ、本シリーズでは、『西洋編(上)・中東編』というあまり聞きなれないタイトルをとり、「西洋編(上)」では、古代オリエント、ギリシア世界、ヘレニズム世界、そしてローマ帝国からビザンツ帝国という、いわゆる古典古代世界とその余韻、さらに「中東編」では現代にまでつながるイスラーム圏の中核である中東の権力者たちの表と裏の顔を扱うこととした。「西洋編(下)」においては、「中世」以降、現代に至る東西ヨーロッパを対象とすることとなる。

人類の歴史のなかで、有史以来の権力者たちの表と裏、善と悪の実相にふれつつ、現在の人の世の実相にも思いを至らして頂ければ幸いである。

二〇一七年十月

鈴木董

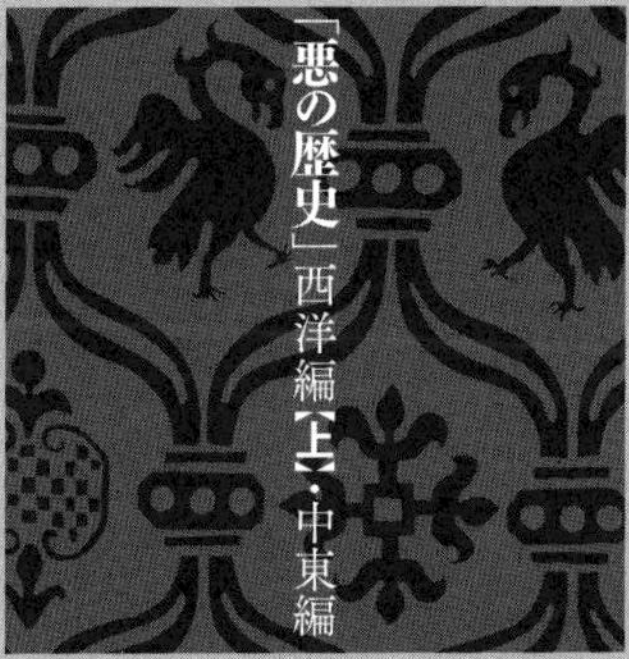

目次

西洋編【上】

中東編

❖本書に掲載した各人物論については、各執筆者の考えや意向を重んじて、内容や論説などの統一は一切行っておりません。とくに本巻で扱う西洋やイスラーム関係の人名や地名などについては、該当する現地での読み、英語読み、日本の慣用読みなどがあり、さまざまに表記されますが、本書では原則として各執筆者の用いた表記にしています。したがいまして同一人名や地名などで異なる表記の場合があります。

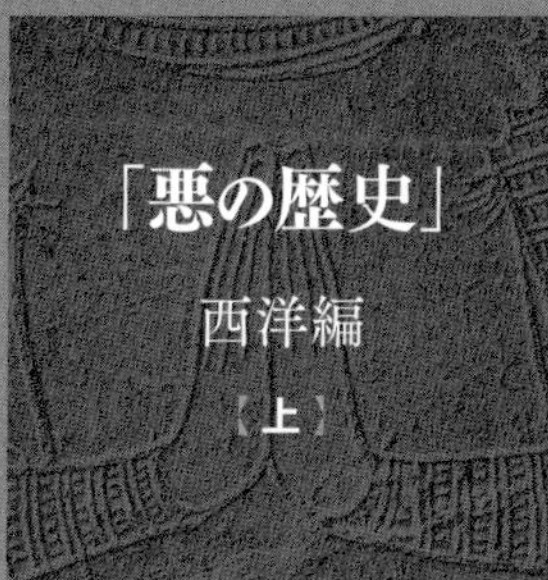
「悪の歴史」
西洋編
【上】

在位前1792−1750年頃
バビロン第一王朝の王。メソポタミア統一後に『ハンムラビ「法典」』を編纂。

同盟国を非情にも滅ぼした
ハンムラビ
…Hammurabi…

小林登志子

古代メソポタミア史で、著名な人物の筆頭はバビロン第一王朝（前一八九四―一五九五年頃）のハンムラビ王（在位前一七九二―一七五〇年頃、諸説あり）であろう。強力な中央集権国家を確立し、繁栄をもたらした。だが、なんといってもハンムラビの名を高めたのは、『ハンムラビ「法典」』碑が二〇世紀の初めに発見されたからで、「正義の王」として一躍その名が世界中に広く知れ渡るようになった。

アムル人が活躍した古バビロニア時代

前二〇〇〇年紀前半の歴史をつくったのは、シリア砂漠からメソポタミアへ侵入して来た遊牧民、北西セム語のアムル（アモリ）人であった。この時期のメソポタミア南部（バビロニア）は古バビロニア時代（前二〇〇四―一五九五年頃）と呼ばれ、次の二つの時期に分けられる。前半は、前二〇〇四年頃にシュメル人の統一国家、ウル第三王朝（前二一一二―二〇〇四年頃）がエラムの侵攻によって滅亡したことから始まり、バビロニアにはアムル人の建てた小国が分立し、混乱した約二五〇年間のイシン・ラルサ時代である。ウル第三王朝が弱体化する中で、独立し、後継者を任じたイシン第一王朝

（前二〇一七—一七九四年頃）は、前一七九四年頃にラルサ王朝（前二〇二五—一七六三年頃）によって滅ぼされた。そのラルサ王朝は前二〇二五年頃アムル人が建てた王朝で、前一七六三年頃にハンムラビ王により滅ぼされる。

後半は、イシン・ラルサ時代の混乱を収拾し、統一を果たしたアムル人ハンムラビ王のバビロン第一王朝時代で、ヒッタイト王ムルシリ一世（在位前一六二〇—一五九〇年頃）の急襲によって前一五九五年頃に同王朝は滅亡する。

バビロン第一王朝の成立

バビロン第一王朝の歴史は前一八九四年頃にアムル人の族長スム・アブム（在位前一八九四—一八八一年頃）がバビロンに拠点を築いたことから始まり、アムル王朝、ハンムラビ王朝ともいわれ、十一代にわたる世襲支配が続いたと考えられていた。

ところが、第二代スム・ラ・エル（在位前一八八〇—一八四五年頃）こそがバビロン第一王朝の真の建国者との説が有力

ハンムラビ関連地図

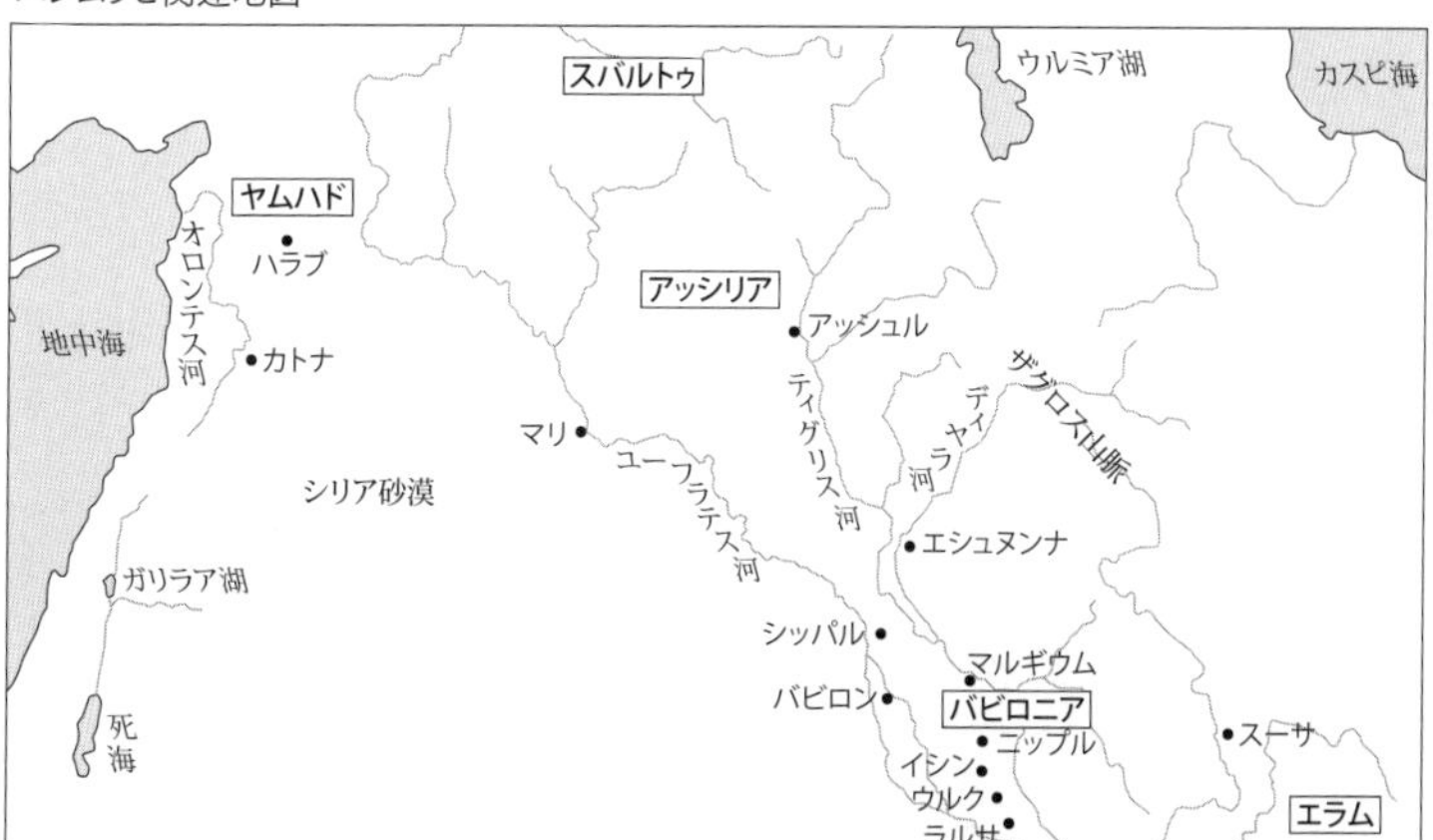

視されている。バビロンの王たち、ハンムラビ、サムス・イルナ(在位前一七四九―一七一二年頃)およびアンミ・ディタナ(在位前一六八三―一六四七年頃)は先祖の名をあげる時には、スム・アブムではなく、スム・ラ・エルの名前をあげている。また、複数の同時代文書で、スム・アブムとスム・ラ・エルが同時に言及されていて、両者は同時代人と考えられること他から、スム・ラ・エルの時代にスム・アブムはバビロニア北部で宗主的な存在であったかもしれない。また、後代に「バビロン王名表」が編纂される過程で、スム・アブムはバビロン第一王朝の初代に位置付けられた可能性があるという。

ハンムラビ王の四三年間の治世

ハンムラビの父はシン・ムバリト(在位前一八一二―一七九三年頃)だが、母の名はわからない。妻の名も、何人いたかも不明である。息子の一人が後継者サムス・イルナで、他に少なくとも二人息子がいた。二人とも時期は異なるものの、マリに滞在していたことから、人質に出されていた可能性がある。また、シッパルのシャマシュ神の神殿に仕える女神官の妹がいた。このように、家族関係がよくわからないのは、新バビロニア王国時代(前六二六―五三九年)のバビロン遺跡は発見されたものの、地下水位が高く、ハンムラビ時代のバビロンは発見にいたらなかったことにある。

それでもハンムラビに関しては、史料がある方といえる。『ハンムラビ「法典」』碑、王碑文、「マリ文書」、ラルサ出土の手紙および四三年間の治世の年名がわかっているからである。年名とは、メソポタミア南部における年表示の一つで、初期王朝時代(前二九〇〇―二三三五年頃)末期から古バビロニア時代にかけて使われ、その年あるいは前年の重要なできごとをもって年名とした。年名に天変地異は採用されず、戦勝、神殿建立、運河開削他の、王が誇示したい業績が選ばれている。鵜呑みにはできないが、注意して扱えば、王一代の業績等を復元できる。

ハンムラビの治世は四三年と長く、治世が長いことは有能さの証でもあって、古代世界の帝王は無能であったら、寝首をかかれ、王座にあることはできないのである。ハンムラビの四三年間の年

❖年譜

年	事項
2112	ウル第3王朝建国
2025	ラルサ王朝建国
2017	イシン第1王朝建国
2004	エラムの侵攻で、ウル第3王朝滅亡
1894	スム・アブムがバビロンに拠点を置く?
1822	ラルサ、リム・シン即位
1813	アッシリア、シャムシ・アダド1世即位
1794	ラルサがイシンを滅ぼす
1792	バビロン第1王朝、ハンムラビ即位
1775	シャムシ・アダド1世死亡(1781年他の説あり)
1764	ハンムラビがエラムを撃退
1763	ハンムラビがラルサを滅ぼす
1762	ハンムラビがマリを滅ぼす
1759	ハンムラビが全メソポタミア統一し、「アムル全土の王」を称す
1749	サムス・イルナ即位
1595	バビロン第1王朝滅亡

(年数は紀元前)

❖バビロン第1王朝　王名一覧

1	スム・アブム	前1894―1881年頃
2	スム・ラ・エル	前1880―1845年頃
3	サビウム	前1844―1831年頃
4	アピル・シン	前1830―1813年頃
5	シン・ムバリト	前1812―1793年頃
6	ハンムラビ	前1792―1750年頃
7	サムス・イルナ	前1749―1712年頃
8	アビ・エシュフ	前1711―1684年頃
9	アンミ・ディタナ	前1683―1647年頃
10	アンミ・ツァドゥカ	前1646―1626年頃
11	サムス・ディタナ	前1625―1595年頃

(日本オリエント学会編『古代オリエント事典』岩波書店、2004年、825ページ)

名を並べることで、メソポタミア全土を統一していった過程をたどることができる。

属国の地位からの脱出

バビロン第一王朝は端から大国ではなく、ハンムラビの祖父、アピル・シン（在位前一八三〇―一八一三年頃）および父シン・ムバリトはラルサに属国の王として仕えていた。父の跡を継いで即位したハンムラビはおそらく若かった。その時、バビロンの支配領域は広くなく、北方にはアッシリアのシャムシ・アダド一世（在位前一八一三―一七七五年頃、諸説あり）、南方にはラルサのリム・シン（在位前一八二二―一七六三年頃）と、百戦錬磨の王たちが健在であった。二人の王の他に、ハンムラビは「マリ文書」の中のある手紙で「父」と呼んでいることなどから、エラム王にもまた臣下の礼をとらざるをえなかったと考えられている。

シャムシ・アダド一世は自ら編纂した「アッシリア王名表」第三九代にその名を連ねているが、アッシリア王位の簒奪者であって、積極的な征服活動を展開し、支配領域を拡大していた。ハンムラビ治世一〇年の日付のある誓約文書に、バビロンの都市神（都市の最高神）マルドゥク神とハンムラビの名に加えて、シャムシ・アダドの名も書かれている。このことから、ハンムラビはシャムシ・アダドを宗主と仰いでいたと考えられている。だが、前一七七五年頃ともいわれるシャムシ・アダドの死によって、ハンムラビはアッシリアの属国の地位から脱することができた。

統一以前、勢力均衡の状況

自分だけで強い王はいない。バビロンの王ハンムラビには一〇人から一五人の王が従い、ラルサの王リム・シンには同数の王が従い、エシュヌンナの王イバル・ピ・エルには同数の王が従い、カトナの王アムト・ピ・エルに同数の王が従い、ヤムハドの王ヤリム・リムに二〇人の王が従う。

これはマリ王のジムリ・リム(在位前一七七五―一七六一年頃)に宛てた、家臣イトゥル・アスドゥのアッカド語で書かれた手紙の一節である。手紙はシャムシ・アダド一世没後の前一七六九―六六年頃に書かれたと考えられている。ハンムラビはすでに二〇年以上王位にあり、有力者の一人と目されるまでに成長し、バビロンも列強の一国に数えられるようになっていた。

他の国々では、ラルサはハンムラビの祖父や父が臣下の礼をとらざるをえなかった有力国であり、エシュヌンナはティグリス河の支流ディヤラ河東方に位置する交通の要衝であった。カトナはシリア砂漠を越えた、オロンテス河付近の重要な交易中継地である。そして、ヤムハドはシリア北部のハラブ/アレッポを中心とした大国である。

手紙からわかるように、勢力均衡の状態で、この頃のハンムラビの年名は内政に関する業績を扱っている。たとえば「ハンムラビがバビロンにナンナ神のために神殿を建てた年」(治世三年)のように、治世一―六年、十二―二九年、および四〇―四三年の年名は、内政に言及している。

ハンムラビ王の外征

治世七―十一年、三〇―三九年の年名は軍事活動が活発であったことを表している。王位にあること三〇年に近く、円熟期を迎えたハンムラビが積極的な外征に乗り出したのは治世二九年のことであった。この年のできごとは治世三〇年の長い年名に反映されている。年名の要点だけを記すと、エラム、スバルトゥ、グティウム、エシュヌンナなどを破って、「シュメル、アッカドの基礎を定めた年」と記されている。

治世三一年の年名も長いが、宿敵ラルサのリム・シン王を撃破したことを記している。前一七六三年頃、バビロンの領土に繰り返し侵攻するラルサに対して、ついにハンムラビは出撃し、勝利を得た。ラルサはバビロンに併合され、ハンムラビはラルサの王領地を没収するも、一般住民の耕地には手を出さず、これまでの権利を保障した。『ハンムラビ「法典」』「序文」では、ハンムラビは自らを「ラルサを許した者」と自画自賛している。

また、すでに前一七六四年頃にはハンムラビ王はエラム軍の撃退にも成功していた。

同盟国マリを滅ぼす

ラルサ、エラムを退けたハンムラビは、長年の同盟国マリを非情にも滅ぼすことに着手した。バビロンとマリは国境を接していることから、国境地帯の町々の帰属問題を抱えていたものの、エラムの侵攻に際しては協力しあう間柄でもあった。滅ぼすに至った詳細な理由は不明であるが、ハンンムラビ、ジムリ・リムともに互いを信用しきれないままの同盟関係であったようだ。前一七六二年第十一月を最後にジムリ・リムについての言及がなくなるが、ジムリ・リムの最期についてはわからない。ハンムラビ治世三三年の年名は、前一七六一年頃の二つのできごと、つまり、灌漑農耕社会の王としての業績と軍功とが絡めて記されていて、次のように長い。

王ハンムラビが「ハンムラビは人々の豊かさ、アン神とエンリル神の最愛のものである」(と呼ばれた)運河を掘り、ニップル、エリドゥ、ウル、ラルサ、ウルクおよびイシンのために永遠に続く豊かな水を確立し、散り散りにされたシュメルとアッカドを復興し、戦闘でマリとマルギウムの軍隊を打倒し、マリとその居留地とスバルトゥのさまざまな都市を友愛での彼の権威下に住まわしめた年

治世三四年(前一七五九年頃)にはマリの城壁や王宮を破壊している。マリを滅ぼしたことで、全メソポタミアを統一したハンムラビは、この年から王号に「アムル全土の王」を加えた。この後、約一〇年間王位にあるも、この間の具体的な治績はよくわかっていない。

ハンムラビ王の支配

ハンムラビ王の中央集権化を象徴する具体的政策として次の三つがあげられる。

一　土地および官吏の管理体制として、イルクム（イルク）制度を導入した。イルクムとは王または国家への奉仕義務の意味で、転じて奉仕義務負担者に与えられる土地をさす。イルクム地の面積は一～二ブル（一ブル＝六・五ヘクタール）が多かったようだ。一ブルの耕地で一家族の生計が成り立った。

二　商業・交易統制策を実施した。商人長（官職）のもとに私商人を統合し、都市の港湾地区の直轄支配をおこなった。また、交易商人の手形発給制度を採用した。

三　司法制度の体系化として、『ハンムラビ「法典」』の編纂および判事の官僚化をおこなった。

以上の具体策の大半は、統一国家であるウル第三王朝ですでにおこなわれていて、イシン・ラルサ時代に興亡した領域国家でも重要視されていた。ハンムラビの統一国家でのみ確認できるのはイルクム制度である。

ハンムラビ王の手紙

ハンムラビが支配した諸都市で発見された粘土板文書から、ハンムラビは被占領民に対して公正であって、有能な人材を登用していたことがうかがえる。ハンムラビはラルサを支配すると、家臣のシン・イディナムを行政の最高責任者として派遣し、シン・イディナムに送った約六〇通の手紙は徴税、兵役、訴訟など多方面にわたる命令である。次のような手紙がある。

シン・イディンナムにいえ。ハンムラビは次のようにいう。（略）（汝の人々にとっては）三日間であまり大変なことではない。それゆえ、汝はこの粘土板を見たら、汝の命令で人々の集団とともに三日間でウルクから来ている運河を浚渫すべし。（略）

ハンムラビは運河の浚渫は三日でできる仕事なのだから、人員を動員して素早く仕事をするようにと命令している。また、ラルサにある王領耕地、果樹園の経営責任者シャマシュ・ハルジに宛てて、少なくとも一〇〇通の命令の手紙を送っている。

図1　ハンムラビ法典碑
（ルーブル美術館蔵、アフロ提供）

『ハンムラビ「法典」』

ハンムラビ自身は「正しい判決」と呼んでいる『ハンムラビ「法典」』が編纂されたのは、治世晩年と考えられている。「法典」とカッコつきで表記されるのは、法典と呼べるほどの体系性を持たず、法規集であると解釈されているからで、『ハンムラビ「法典」』が参考にされて裁判がおこなわれたことを示す証拠はない。模範的な判決を集めた一種の手引き書と考えるべきだという。

社会正義の維持は王の責務とウル第三王朝時代には考えられるようになり、王は「法典」を制定することになった。『ハンムラビ「法典」』は最古の「法典」ではなく、先行する諸「法典」の伝統を継承している。

『ハンムラビ「法典」』の全容がわかるのは、なんといっても「法典」碑（玄武岩、高さ二・〇二五メートル）がイランの古都スーサから一九〇一―一九〇二年の発掘シーズンにフランス隊によって発見されたからである。現在はルーヴル美術館で展示されている。スーサから出土したのは、シッパルの太陽神シャマシュの神殿に立てられていた碑を、前一二世紀中頃にバビロニアに侵入したエラムが戦利品として持ち去り、そのままスーサで土中に埋もれていたからである。

アッカド語楔形文字で書かれ、「序文」「跋文（ばつぶん）」および条文二八二条からなる。解疑法形式、つまり「もし…ならば」と条件節があって、「…すべし」と帰結節が続く形式で書かれている。条文は窃盗、債務、婚姻、相続等の多様な問題を扱っているが、罰則は三階級によって異なり、アウィルム（自由人）の間では同害復讐が採用されている。ハンムラビは「法典」を制定しただけでなく、時には地方の裁判をバビロンに移し、自ら判決を下すこともあった。

バビロン第一王朝の滅亡

ハンムラビ王の最期については史料がなく、わからない。

後継者サムス・イルナは父王の遺領を守ることができず、早くも衰退し始める。内部崩壊の状況にあったところに、サムス・ディタナ（在位前一六二五―一五九五年頃）治世下のバビロンはヒッタイトのムルシリ一世によって前一五九五年頃に急襲され、約三〇〇年間続いたバビロン第一王朝は滅亡した。

⦿参考文献

ホルスト・クレンゲル著、江上波夫・五味亨訳『古代バビロニアの歴史―ハンムラピ王とその社会』（山川出版社、一九八〇年）
S・ダリー著、大津忠彦・下釜和也訳『バビロニア都市民の生活』（世界の考古学、同成社、二〇一〇年）
中田一郎訳『原典訳ハンムラビ「法典」』（リトン、一九九九年）
中田一郎著『ハンムラビ王―法典の制定者』（世界史リブレット人、山川出版社、二〇一四年）
日本オリエント学会編『古代オリエント事典』（岩波書店、二〇〇四年）
H・J・ベッカー著、鈴木佳秀訳『古代オリエントの法と社会―旧約聖書とハンムラビ法典』（ヨルダン社、一九八九年）
前田徹他著『歴史学の現在　古代オリエント』（山川出版社、二〇〇〇年）
歴史学研究会編『世界史史料一、古代のオリエントと地中海世界』（岩波書店、二〇一二年）

在位前522-486年
アケメネス朝の王。諸改革を断行し、大帝国支配の基礎を確立。

王位の簒奪者にして偉大な王
ダレイオス一世
…Darius I…

小林登志子

アケメネス（ギリシア語でアカイメネス、古代ペルシア語でハカーマニシュ）朝ペルシア（前五五〇―三三〇年）は広大なオリエント世界のほぼ全域を支配した世界帝国である。アケメネス朝には大王と呼ばれる偉大な支配者が二人いて、キュロス（古代ペルシア語ではクル）二世（在位前五五九―五三〇年）とダレイオス（古代ペルシア語ではダーラヤワウ）一世（在位前五二二―四八六年）である。前者は征服者である。前者を強く意識した後者は統一者にして、改革者でもあり、内政外交ともに優れた業績をあげ、「諸王の王」として君臨した。ダレイオスの一連の改革があってこそ、その後約二〇〇間年も帝国は続いたのである。

寛大な征服者キュロス二世

前七世紀に、イラン系のペルシア人はイラン高原南西部パールサ地方に定着したと考えられる。「良き人と良き馬に恵まれたパールサ」にあって、パサルガダエ族のアケメネス家が指導し、ティスペスが王となり、アンシャンに都した。前五五九年

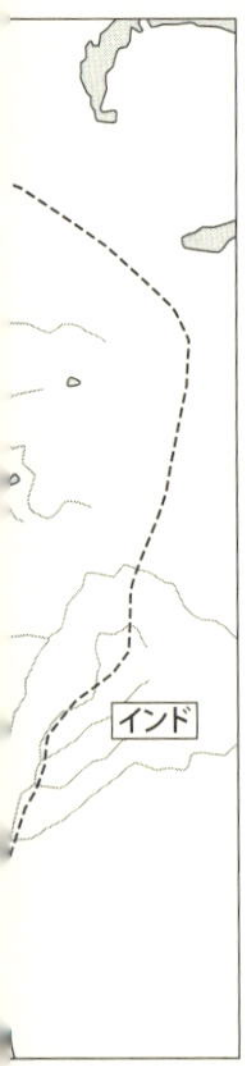

にキュロス二世が「アンシャンとパールサの王」と称し、パールサ地方を中心にペルシア人勢力を結集した。

キュロスはまず前五五〇年に親戚関係にあった宗主国メディアを併合し、次いで前五四七年にはアナトリア北西部のリュディアをも征服する。さらに、前五三九年には新バビロニア王国（前六二六―五三九年）の都バビロンを無血開城する。翌年（前五三八年）には「キュロス・シリンダー」（円筒形碑文、大英博物館蔵）によれば、バビロンに強制連行されたユダヤ人だけでなく、各地の住民や神像を元に戻す旨の勅令を発した。

西方はアナトリアから、東方は中央アジアにおよぶ広大な版図の被征服民に対して、寛大であったキュロスの最期は、戦死と伝えられている。

カンビュセス二世と弟バルディヤ

キュロスの後継者は長子カンビュセス（古代ペルシア語ではカンブージャ）二世（在位前五三〇―五二二年）であった。

ダレイオス1世関連地図

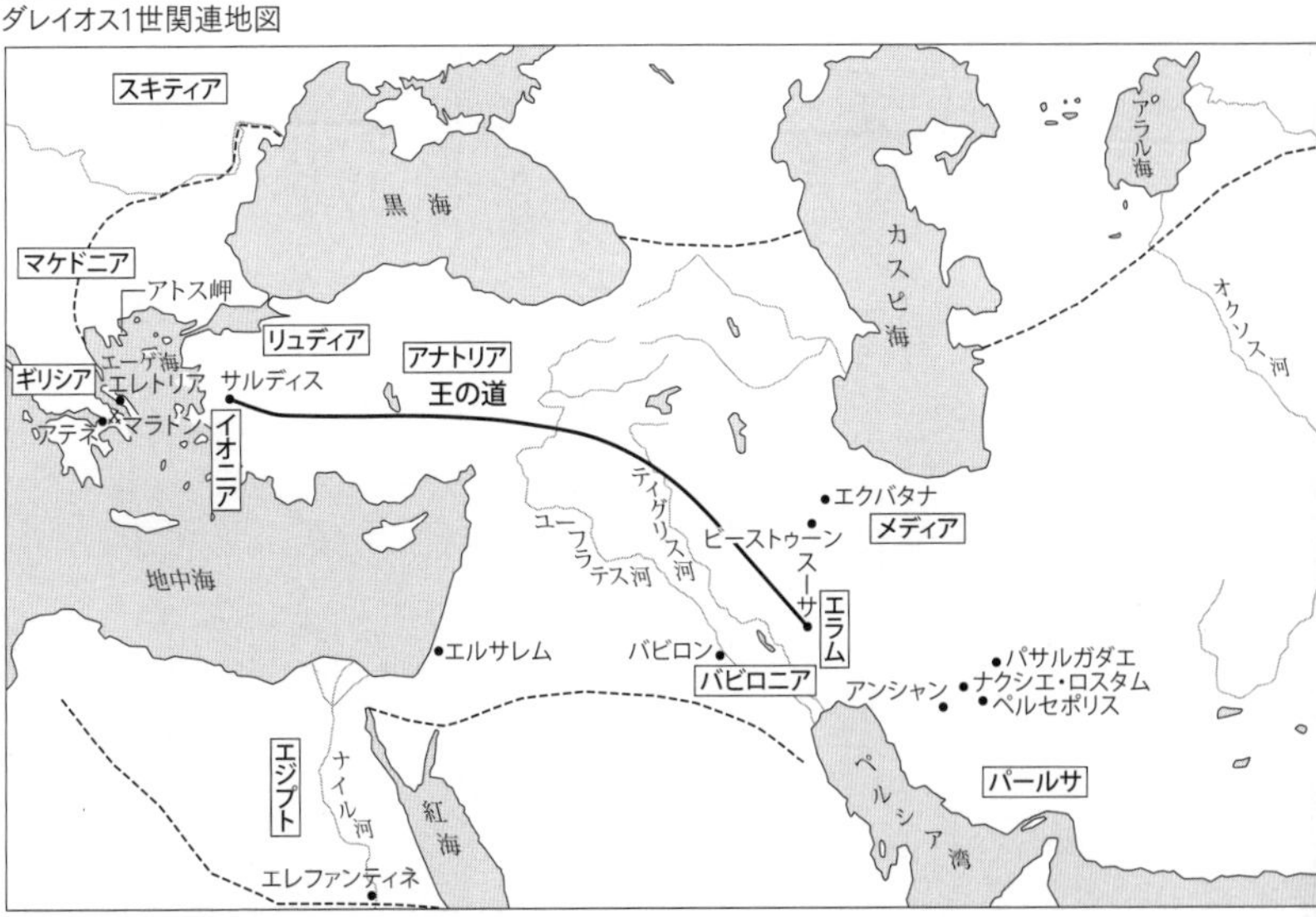

カンビュセスについては、即位前の消息はよくわからない。即位後の功績は、前五二五年に第二六王朝(前六六四—五二五年)エジプトを征服したことだけである。

カンビュセスはヘロドトス(ギリシア人歴史家。前四八〇—四二〇年頃)『歴史』(以下適宜Hと略す)では、実妹二人を妻としてエジプトに同道し、しかもその中一人は殺害してしまうなど、特異で、残虐な人物と印象付けられている(H三、三一—三二)。だが、実際はちがっていたようだ。エジプトでのカンビュセスは第二七王朝(前五二五—四〇一年)初代のファラオ、メスティィウラー(在位前五二五—五二二年)として、エジプト人の伝統的な信仰や習慣を認め、比較的寛容な政策を実行したという。

一方で、カンビュセスの大規模な遠征は巨額の資金を必要とし、帝国内で重税を課したと考えられている。この無理な政策への反感こそが、前五二二年にペルシアでカンビュセスの弟バルディヤ(『歴史』ではスメルディス)が反乱を起こした理由であろう。メディア、バビロニア、エラムの支配層もバルディヤを支持した。このことを知ったカンビュセスは、エジプトからペルシア本国へ取って返すも、その途中シリアで死亡した。死んだカンビュセスに子はなかった。

即位した弟バルディヤは、兄カンビュセスが課した巨額の貢納と苛酷な兵役から諸民族を解放し、三年間の兵役と納税の免除を布告して、帝国の秩序を回復しようとした(H三、六七)。

ダレイオス一世による王位簒奪の経緯

ダレイオス一世ら反バルディヤ派は結束し、反抗したので、バルディヤは彼らの土地と財産を没収した。そこで、ダレイオスらは決起して武力でバルディヤを倒し、王位についたダレイオスは奪われた財産を取り戻した。ダレイオスには前王カンビュセスを貶める必要があった。彼は王位の簒奪者であり、自らが正統な支配者であることを強調し、かつ喧伝する必要があった。

ダレイオスの即位とともに各地で次々と反乱が勃発し、帝国全土を巻き込む動乱は二年余に及んだ。反乱の首謀者たちはいずれも王を称し、ダレイオスに挑戦した。この動乱を制することで、ダ

❖年譜

年	事項
559	キュロス2世即位
550	キュロス2世、メディアを併合
547	キュロス2世、リュディア征服
539	キュロス2世、バビロン無血開城
538	キュロス2世の勅令により、捕囚民帰還
530	キュロス2世戦死
530	カンビュセス2世即位
525	カンビュセス2世のエジプト遠征 第26王朝滅亡
522	バルディヤの反乱（即位）
522	カンビュセス2世死亡
522	ダレイオス1世即位
492	ダレイオス1世、マルドニウスを指揮官とし、 ギリシア遠征
490	マラトンの戦い
486	ダレイオス1世死亡
486	クセルクセス1世即位
480	クセルクセス1世のギリシア親征
330	アケメネス朝滅亡

（年数は紀元前）

レイオスは支配体制を確立することができたのである。

この間の事情を物語る主要な史料は、『歴史』（三、六一―八八）およびビーストゥーン碑文である。ところが、前者は後代の伝聞に基づき、後者はダレイオス即位の正当性が強調され、両者ともに記述のすべてが史実とはいいがたく、注意を要する。

アケメネス朝を創設したダレイオス一世

帝国の創始者キュロス二世の家系から王位を簒奪したダレイオス一世は、自己の王位を正当化するために、次のような策を講じた。

⊙ 一 アケメネス王家の系図を作成

「キュロス・シリンダー」では、キュロスの家系は次のように書かれている。

私はキュロス（二世）、世界の王、偉大な王、正当な王、バビロンの王、シュメルとアッカドの王、（大地の）四つの縁の王、カンビュセス（一世）の息子、偉大な王、アンシャンの王、キュロス（一世）の孫、偉大な王、アンシャンの王、ティスペスの子孫、偉大な王、アンシャンの王、常に王権を（行使する）家族の。

キュロス二世の系図は王を称した者たちの系図であって、しかもアケメネスは出てこない。一方、ビーストゥーン碑文に記されているダレイオスの系図では、次のように王でなかった者たちが数えあげられている。

ダレイオス王は告げる。私の父はヒュスタスペス、ヒュスタスペスの父はアルサメス、アルサメスの父はアリアラムネス、アリアラムネスの父はティスペス、ティスペスの父はアケメネス。（一欄二）（佐藤進訳）

❖アケメネス王家系図

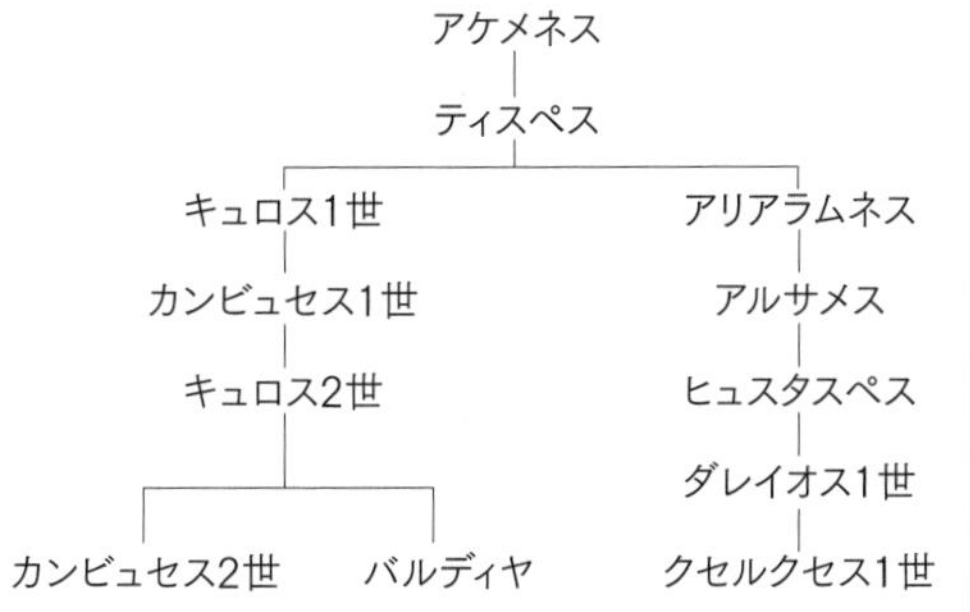

キュロス二世とダレイオス一世の系図はティスペスになってようやくつながる。ダレイオスは王族であっても、キュロスの家系とは遠く、このことが、ダレイオスの即位後に反乱が多発した理由になるだろう。つまり、ダレイオスと対等ないしそれ以上の立場で王位を要求できる人物は、少なくなかったのである。

キュロス自身はアケメネス朝の王と名乗っていない。アケメネスの名はダレイオスと共に登場する。ダレイオスはキュロスと自分を一つの系図の中にまとめあげたのである。

さらに、キュロスの夢の中で、ダレイオスの王位が予言されていたとの物語まで創作したようだ(H一、二〇九—二一〇)。

⊙ 二　先代の王たちの后妃および娘全員との縁組

ダレイオスは生涯に六人の妻を娶ったが、キュロス二世とその息子たちに直接関係するのは次の四人で、いずれもダレイオスの即位後に妻とした（H三、八八）。

アトッサ　キュロス二世の娘、カンビュセス二世の妻、マゴス僧（スメルディス）の妻
アルテュストネ　キュロス二世の娘
パルミュス　スメルディスの娘
パイデュメ　オタネスの娘、カンビュセス二世の妻、マゴス僧（スメルディス）の妻

こうした縁組を通じて、ダレイオスはキュロスとの血縁を強調し、王位を固めようとした。同時に王家の女性たちを独占することで、他の王族や貴族が女性たちの誰かを娶って、王位への権利を主張することを妨げる意味もあった。

⊙ 三　正統性を喧伝するビーストゥーン碑文

ビーストゥーンはメソポタミア平原に抜ける主要交通路沿い、ケルマンシャー市の東方約三二キロメートルに位置する集落の名である。道路に面した、ほぼ真東に面する壁面に、ダレイオスは即位宣言および即位後の反乱鎮圧を浮彫の図像と楔形文字碑文で刻ませた。

ところで、ビーストゥーン碑文を内容以上に有名にしたのは、同じ内容が古代ペルシア語、エラム語およびアッカド語の三言語の楔形文字で刻まれていたことから、楔形文字解読の糸口となったことである。また、碑文を帝国各地の言語に翻訳させていたので、エジプトのエレファンティネ島

からはアラム語で記された写本の一部が出土している。

さて、浮彫左方に二人の従者を随えた、ひときわ大きいダレイオスは左足元に弓を立て、右足で反乱者ガウマータ（バルディヤ）を踏みつけている。王の前には、九人の「偽王」たちが後ろ手に縛られ、首に縄をかけられている。「偽王」たちの上には、アフラ・マズダ神像（祖先の霊魂ワラワシ説もあり）があり、アフラ・マズダの慈悲深い庇護のもとにあるダレイオスの姿が強調されている。

カンビュセス二世治世末期からの王権の混乱を偽バルディヤによるものとし、ダレイオスはその治世の最初の二年間を「偽王」たちとの戦闘に費やし、一九回の戦闘で九人の王を打ち破った勝利を記念し、正義の王であることを図像と碑文とで喧伝した。

ダレイオス一世の大改革

ダレイオス一世の統治は、征服から統一への大転換であった。内乱を収拾し、帝国解体の危機を克服したダレイオスは黒海沿岸のスキティア、インドに遠征し、西方はエーゲ海東部およびエジプトから、東方はインダス河流域にいたる広大なオリエント世界を支配することになる。ダレイオスはその治世を通じ、言語、宗教、社会等を異にする多様な人々や地域を支配するために、帝国の統治行政機構を再編成する、次のような大改革に取り組んだ。

⊙ 一　ペルシア人とメディア人を処遇

キュロス二世はオリエント諸民族を寛大に扱ったが、これを是正した。なんといってもペルシア

図1　ビーストゥーン碑文(アフロ提供)

人を優遇したが、かなりの処遇を受けたのがメディア人であった。それというのもキュロス二世の母はメディアの王女であったし、ペルシアはメディアの行政制度や官職などを踏襲していた。王の親衛隊、通称「不死隊」は一万人のペルシア人から構成され、同数のメディア人も王の護衛隊を形成した。ただし、この原則は帝国の後期になると崩れる。また、この二民族だけは、帝国内で租税を支払う義務を負わず、代わりに軍役でもって王に奉仕する特権を持っていた。

⊙二　サトラプ制

税制改革をともなったサトラプ制を帝国全土に適用し、制度化した。納税義務を課せられた二〇行政区(サトラピー)と、免税特権を認められた一行政区、つまりパールサとに帝国を分割した。各行政区に総督(サトラプ)を任命し、銀あるいは金による年間納税額を帝国指定の重量単位に基づいて決定した(H三、八九)。

サトラプには王族あるいはペルシア人貴族が勅命によって選ばれ、行政区内の軍民両権が認められ、徴税の責任者であった。また、納税額は、各行政区の経済力などから判断して、ほぼ妥当な額であった。「王の代理人」として派遣されたペルシア人サトラプの介在によって、中央集権体制が確立された。一方、サトラプに対しては、その行動・職務を監視するために「王の目」「王の耳」と呼ばれる監察官が随時派遣されていた。

⊙ 三 「王の道」とアンガレイオン

幹線道路「王の道」を整備した。ヘロドトスによれば(H五、五二―五三)、帝都スーサからアナトリアのサルディスに至る、全長四五〇パラサンゲス(約二四〇〇キロメートル)の道路で、二〇―三〇キロメートル間隔に一一一の宿泊施設を持つ宿駅が設置された。渡河地点や地方の境界などの要所には関門や衛兵所が設けられ、街道の警戒は厳重で、治安はきわめて良好だった。ヘロドトスは一日の旅程一五〇スタディオン、全行程九〇日と記しているが、おそらく通常の全行程は一一一日ほどになったであろう。また、ペルセポリスとスーサの間にも同様な幹線道路が整備されていたし、他にも整備された幹線道路や宿駅制度があったようだ。

さらに、すでに新アッシリア帝国(前一〇〇〇頃―六〇九年)でも一部知られていた、ギリシア人がアンガレイオンと呼んだ早馬を利用した騎馬急使の制度は、アケメネス朝が導入した情報収集・伝達システムの中でも最も注目に値する制度であった。

⊙ 四 アラム語の採用

ダレイオスは帝国の公用語にアラム語(帝国アラム語)を採用した。すでにアラム語、アラム文字は新アッシリア帝国で、前八世紀以来普及していたリンガ・フランカ(国際共通語)であった。ペルシア語を話す王やサトラップ、高官の下には、アラム語あるいはその他の言語もわかる書記が配属され、

図2　ペルセポリス　航空写真（アフロ提供）

中央と地方の情報交換がおこなわれた。

なお、エラム語も公用語の一つで、エラム語で王碑文や王室経済文書がアケメネス朝中頃まで書かれていた。

⊙五　金貨・銀貨の採用

帝国共通の金貨（ダレイコス）および銀貨（シグロス）を発行した。一ダレイコスは二〇シグロスになる。金貨は純度九八パーセント、銀貨は九〇パーセント以上というきわめて良質の鋳貨であった。

金貨の鋳造権は王が独占したが、銀貨の鋳造はサトラップにも認められた。共通貨幣の発行は画期的な試みだったが、その純度の高さゆえに退蔵されることが多く、鋳貨利用の先進地域であるアナトリア西部等、ごく一部の地域を除いて流通することはなかった。

⊙六　スーサとペルセポリス

首都をパサルガダエからエラム王国の旧首都スーサに移転させた。スーサはメソポタミア平原とペルシア州の中間に位置するという単純な理由もあろうが、キュロス二世の王宮および同王の墓所もあるパサルガダエをダレイオス一世が嫌った可能性もあるという。ダレイオスはアケメネス朝発祥の地パールサ地方に、新たな宮殿群ペルセポリス建設に着手した。帝国中から資材や職人たちを集めた建設活動は、以後歴代の王によって継承された。増築、修復がおこなわれたが、完成することはなく、前三三一年にアレクサンドロス三世(大王)(在位前三三六—三二三年)によって放火され、廃墟と化した。

ペルシア戦争の敗北

ダレイオス一世生涯最後の大事業はギリシアへの侵攻、つまりペルシア戦争であった。アケメネス朝に服属していたイオニア地方(アナトリア西岸)のギリシア諸都市の反乱は前四九四年にペルシア軍によって鎮圧された。だが、反乱支援に応じたアテネとエレトリアに対する懲罰を名目に、ダレイオスはギリシア本土への遠征を決定する。

前四九二年、第一回遠征は甥のマルドニウスが指揮したが、暴風雨によってアトス岬沖で海軍が壊滅し、撤退した。次いで、ダレイオスは再び侵攻を試みたが、前四九〇年、マラトンの戦いでミルティアデス(アテネの将軍、政治家。前五五〇?—四八九年)率いるアテネ軍の奇襲に抗しきれず、敗退を余儀なくされた。

ついにダレイオスは親征を決意し、アトッサとの間の息子、つまりキュロス二世の孫にあたるクセルクセス(古代ペルシ語でフシャヤールシャン)一世(在位前四八六—四六五年)を後継者に指名し、遠征準備中の前四八六年に世を去ったという(H七、四)。その在位は三六年もの長きにわたり、墓所はナクシェ・ロスタム断崖上部に切り込まれる形で設えられた。
後継者となったクセルクセスは前四八〇年にギリシア本土へ親征するも、敗退し、ギリシアはアケメネス朝の版図に直接組み込まれることは避けられた。だが、ペルシアへの反感とその富への羨望はやがてアレクサンドロス三世の報復戦争を名目とした東征となり、アケメネス朝は前三三〇年に滅亡した。

⦿参考文献

青木健著『アーリア人』(講談社メチエ、講談社、二〇〇九年)
足利淳氏著『ペルシア帝国』(世界の歴史、講談社、一九七七年)
川瀬豊子「古代オリエント世界」『西アジア史』II(新版世界各国史、山川出版社、二〇〇二年)
川瀬豊子「ハカーマニシュ朝ペルシアの交通・通信システム」『岩波講座世界歴史二　オリエント世界』(岩波書店、一九九八年、三〇一—三二八頁)
ロマン・ギルシュマン著、岡崎敬他訳『イランの古代文化』(平凡社、一九七〇年)
ロマン・ギルシュマン著、岡谷公二訳『古代イランの美術I』(人類の美術、新潮社、一九六六年)
佐藤進「ダレイオス1世のビストゥン碑文(試訳)」『立正大学人文科学研究所年報』第三二号(一九九五年)一六一—二九頁。
日本オリエント学会編『古代オリエント事典』(岩波書店、二〇〇四年)
ピエール・ブリアン著、小川英雄監修、柴田都志子訳『ペルシア帝国』(知の再発見双書、創元社、一九九六年)
森谷公俊「ダレイオス1世とアカイメネス朝の創出」『ユーラシア文明とシルクロード——ペルシア帝国

とアレクサンドロス大王の謎』（雄山閣、二〇一六年）

在位241–272年頃
サーサーン朝の王。
ローマに再三勝利し、摩崖浮彫に軍功を記念した。

ローマ皇帝を捕虜にした
シャープール一世

…Shāpuhr I…

小林登志子

シャープール一世（在位二四一―二七二年頃）はサーサーン朝ペルシア（二二四―六五一年）第二代王で、勇敢で広い視野を持つ寛大な人物と評価されている。英明にして、外国の文学書や哲学書に興味を持ち、多数の文献を翻訳させたことでも知られる。

よく訓練された軍隊と行政機構を持った帝国の体制を確立し、他のどの王よりも英雄視されたが、なんといってもシャープールの名を高めたのはローマ帝国の三人の皇帝たちに勝利したとされ、中でもその中の一人を捕虜にしたことである。

サーサーン朝とは

サーサーン朝ペルシアはアケメネス（アカイメネス）朝（前五五〇―三三〇年）に次ぐペルシア人の王朝で、イラン高原全土を統一し、メソポタミア平原や中央アジアにまで版図を拡大した。

公用語は中世ペルシア語（パフラヴィー語）で、ゾロアスター教（拝火教、祆教）をが国教とされ、ナクシェ・ロスタムの拝火神殿カーバ・イ・ザルドゥシュト（「ゾロアスターの四角な墓」の意味）の東壁基部に、シャープール一世は自らの業績をパルティア語、中世ペルシア語およびギリシア語の三言語で刻ませた。この長文の「シャープール碑文」から、シャープール治世の版図や体制、そしてローマとの戦いについての情報をある程度得ることができる。

アルダシール一世の建国

二〇六年、ファールス(古名パールサ)地方の領主パーパグがアルサケス朝パルティア(前二四七—後二二四年)に反旗を翻した。パーパグの父はイスタフルのアナーヒター女神神殿の神官サーサーンで、これが王朝名になった。

二二四年、パーパグの息子アルダシール一世(在位二二四—二四一年)は父の反乱を継承し、アルサケス朝の王アルタバヌス四世(旧五世)(在位二一六頃—二二四年)を破って、イランにおける覇権を確立した。二二六年にはアルサケス朝の首都クテシフォンを攻略し、サーサーン朝の首都とする。

二三〇年になると、全メソポタミアを支配し、さらに海上交易に手を広げてペルシア湾の支配権を確立した。その後は、軍事力を背景に各地方領主の勢力を削ぎ、アケメネス朝を理想として、イラン全土に中央集権的な国家体制を築き、ゾロアスター教を国教にした。

二四〇年、王朝の基礎を築いたアルダシールは、長子シャープール一世に譲位し、その後ほどなく没したようだ。

シャープール一世の即位

二四一年シャープール一世は第二代王として即位した。父アルダシール一世がシャープールの兄弟たちに与えた各地の王位を追認し、かつシャープール自身の四人の息子たちも各地の王に任じた。これらの王族の下には、スーレーン、カーレーンなどの七大家族を中心としたパルティア以来の伝統的な大貴族がいた。また、王に直属する、整備された官僚制があり、元来は軍隊の指揮官の意味であるハザールパド(千人隊長)が宰相にあたる役割を担った。

シャープールはゾロアスター教徒であったが、マニ教にも興味を持った。マニ教とはゾロアスター教、仏教、キリスト教などの折衷派で、これら宗教の信者の中から多くのマニ教信奉者を出した。シャープールは医師でもある、創設者マニ(二一六—二七七年頃)に会い、マニ教の伝道を支持した。だが、二七二年にシャープールが没すると、まもなくマニは迫害され、処刑されてしまう。

積極的な拡大政策

シャープール一世は即位当初から積極的に拡大政策を展開した。同王の治世には、東方はホラーサーン、シスターンから、西方はシリア、アナトリアの一部まで、北方はアルメニアからコーカサス山脈へと領土が拡大され、貨幣には「イランおよび非イランの諸王の王」と刻んだ。

まず治世当初には、東方のクシャーン朝に遠征する。クシャーン朝は一世紀初頭から四世紀前半にかけて、中央アジア、イラン東部、インド西部および北部を支配した王朝で、サーサーン朝にとっては政治的な脅威であり、経済的には東西貿易の障害になっていた。「シャープール碑文」の中に、クシャーン朝支配領域を版図に組み込んだことが記されている。シャープールの軍勢によってクシャーン朝は衰亡し、この後はサーサーン王族が支配する属国、クシャーン・サーサーン朝がきわめて狭い地域を支配した。

東方を安定させたシャープールが、次に向かうべきは父王アルダシール一世時代には決着がつかなかった、西方の宿敵ローマ帝国であった。そのローマ帝国はちょうどこの頃軍人皇帝時代（二三五

❖年譜

年	事項
206	パーパグ、アルサケス朝に反旗を翻す
224	アルダシール1世、アルサケス朝を滅ぼす
226	アルダシール1世、クテシフォンに入城し、即位
230	アルダシール1世、メソポタミア全域を支配。ゾロアスター教を国教とする
235	ローマ　軍人皇帝時代開始
241	シャープール1世即位 マニ教広まる
243	ローマ　ゴルディアヌス3世がカルラエ、ニシビス奪還
244	ローマ　ゴルディアヌス3世暗殺さる
244	ローマ　フィリップス・アラブスが賠償金を支払い、和約
254	シャープール1世、シリア侵攻
260	エデッサの戦い ローマ皇帝ウァレリアヌスを捕虜とする
262	パルミラのオデナトゥス王の襲撃で、シャープール1世敗走
272	シャープール1世死亡
651	サーサーン朝滅亡

―二八四年）にあたっていた。軍人皇帝が五〇年ほどの間に約三〇名も乱立した危機の時代で、ローマは継続的な国家運営が不可能であったが、逆にこうした状況は敵方のシャープールにとっては好都合であった。

フィリップス・アラブス帝との和約

二四一年、即位当初のシャープール一世はローマ帝国の属州シリアに侵攻し、重要都市アンティオキアを開城した。だが、この時は都市の領有は意図せずに、略奪して帰還した。アンティオキアが簡単に略奪されたことに、少年とはいえ、当代のローマ皇帝ゴルディアヌス三世（在位二三八―二四四年）が対処すべく、親征し、二四三年にはサーサーン朝からカルラエとニシビスを奪回した。だが、翌二四四年、「シャープール碑文」によれば「バビロニアの境界のマッシケで、ローマ軍と全面衝突した。ゴルディアヌス帝は殺され、ローマ軍は殲滅された。そしてローマ人はフィリップスを皇帝にした。」と記されていて、シャープールはゴルディアヌスを打ち倒したことを同碑文の他に摩崖浮彫（後述）にも刻んでいて、自らの勝利を大いに宣伝している。

ところが、ゴルディアヌスはペルシア軍によってではなく、近衛軍団長フィリップスの陰謀によって暗殺されたと考えられている。ゴルディアヌスの後継者は暗殺の首謀者で、アラブ出身であるために「アラブス」（アラブ人）と通称されたフィリップス・アラブス（在位二四四―二四九年）その人であった。二四四年、シャープールは勝利の後に、好条件でフィリップスと和約した。ローマ軍捕虜に貴族たちが含まれていたことから、捕虜返還を条件にサーサーン朝に五〇万ディナールもの賠償金を支払った。つまり、捕虜たちを買い戻したことになる。

この和約によって、ローマは属州メソポタミア（メソポタミア北部）を失ったことで、そのすぐ北方に位置するアルメニアへの、ペルシア勢の浸透を許すことになってしまう。それでもフィリップスは譲歩せざるをえなかった。というのは、皇帝として急ぎ首都ローマ入りを果たし、政権基盤を固め、北方からのゲルマン人の侵入に対処することの方が先決であった。

エデッサの戦いでの大勝

二五四年、シャープール一世はアルメニア確保のために、大軍を率いて属州シリアに侵攻し、ニシビスを占領した。二五六年には、ローマ皇帝ウァレリアヌス（在位二五三―二六〇年）がアンティオキアに到着し、両軍が対峙した。シャープールが勝利し、アンティオキア

シャープール1世関連地図

図1　カルン河にかかる堰堤橋　バンディ・カイザル(アフロ提供)

を含めて多数のシリアの都市を攻略した。

さらに、二六〇年、エデッサの戦いで、シャープールは大勝した。しかもその上ヴァレリアヌス帝と総勢七万ものローマ兵を捕虜とし、ファールス地方に送還した。皇帝が捕虜にされるという前代未聞の事態に、ローマ帝国側が受けた打撃は深刻であった。

ローマ皇帝がペルシア王の捕虜になった経緯は一騎打ちとも、謀られた結果ともいわれるが、詳細は不明である。捕虜にされたヴァレリアヌスは老齢で、一年もしない中に、捕虜のまま死んでしまったとも、あるいは残酷な刑に処せられたともいう。

さて、ローマ皇帝を捕虜にしたシャープールはこの機に乗じて、属州シリア、さらには属州カッパドキアにまで攻め入り、破壊、略奪をおこない、住民を奴隷にした。ところが、意気揚々と帰還の途中、二六二年、パルミラの王で、ローマ軍司令官でもあったオデナトゥスによって背後から追撃された。せっかくの戦利品の多くを放棄して、シャープールはクテシフォンまで敗走することになってしまった。

ローマ兵捕虜を使った公共事業

シャープール一世は軍事面のみならず、学問、技術および芸術の重要性も充分に理解していた王で、この面での王の事業にはローマ兵捕虜たちが大いに役立った。使えるとなれば、敵方の技術でも貪欲に採用した。シャープールは捕虜の中の多くの専門家を橋梁、道路建設等の大規模土木工事に利用した。ローマ兵捕虜はバビロニアと境を接するスシアナ地方の肥沃な土地の開拓に従事させられた。

さらに、この平原を潤す三流の河川に、シャープールは壮大な規模の堰堤橋（えんていきょう）、つまり堰（せき）をかねた眼鏡橋をシュシュタルの町近郊に築かせている。二本は甚だしく損傷してしまったが、残る一本の橋はイランで唯一航行可能な河川である、カルン河にかけられた。バンディ・カイザル（「皇帝の橋」の意味）と呼ばれ、石造りで、長さが五五〇メートルにもなる最大の橋である。かなり損傷してしまったものの、現在でもこの建設事業の規模の大きさ、ならびにローマ人の技術の優秀さをうかがい知ることができる。

サーサーン朝のヴェルサイユ宮殿

シャープール一世は治世後半には内政に力を注ぎ、ニシャープール（「新しいシャプール」の意味）他の自分の名を冠した複数の都市を建設し、この事業にも有能なローマ兵捕虜を大いに活用した。グンデー・シャープール（「シャープールの武器」の意味）と命名された都市がある。スーサの東方約三〇

図2　シャープール河左岸摩崖浮彫（アフロ提供）

キロメートルに位置する地に、ローマ兵捕虜たちはローマ帝国内の都市であるかのように、軍団基地を模した、矩形（約二×一平方キロメートル）プランの都市を建設し、定住させられた。ここには学校や医学校が建設され、学術の中心として栄えた。シャープールは学問にも興味と探求心を持っていて、医学、天文学、哲学等、多方面にわたるギリシアやインドの多くの文献の翻訳を命じた。

ビーシャープールもシャープールが建設した都市で、ファールス州の州都シラーズの西方一四〇キロメートルに位置する。ギリシア由来のヒッポダモス式（碁盤目状プラン）都市で、従来ビーシャープールとは「良きシャープール（の都市）」の意味とされてきたが、「主シャープール（の都市）」とする説もある。現在でも、切石積のアナーヒター女神神殿がよく残っている。

ビーシャープールの広大な遺跡を、イランの先史、古代遺跡の発掘調査で功績のあるロマン・ギルシュマン（フランスの考古学者）が「サーサーン朝のヴェルサイユ宮殿」と評し、その建築様式を称讃している。イラン的な手法と同時に、ギリシア・ローマ的要素、たとえば唐草文様などの装飾やモザイクの床などが残っている。モザイクにはローマ人職人がかかわったと考えられる。

シャープール一世の対ローマ戦勝図浮彫

シャープール一世は三人のローマ皇帝に勝利したと「シャープール碑文」に記すと同時に、この前代未聞の成果をファールス地方の五ヶ所を選んで摩崖浮彫にして、これでもかとばかりに誇らしく、目で見える形で不朽の記録とした。以下に、その中の三ヶ所の浮彫を紹介する。

図3　ナクシェ・ロスタムの戦勝図(アフロ提供)

シャープール河左岸摩崖浮彫

ビーシャープールを流れるシャープール河の隘路両岸に摩崖浮彫で戦勝を記念した。

左岸には刻まれた浮彫の一つ、やや規模は小さいながらもシャープール一世騎馬戦勝図が刻まれている。馬上のシャープールは地面に倒れたゴルディアヌス三世の体を踏みにじっている。馬前には身を投げ出して和平を乞うフィリップス、そして勝者の背後にはウァレリアヌスが手をひかれ生け捕りにされたことを示している。

シャープール河右岸摩崖浮彫

対岸の摩崖に刻まれた騎馬戦勝図はトラヤヌス帝(在位九八

図4　シャープール1世像
ビシャープール（ムダン洞）　石　高さ7m以上
（アフロ提供）

—一一七年）がローマに立てた「トラヤヌスの円柱」に着想を得たと考えられている。凹型に湾曲した画面中央にシャープール一世騎馬像、その周囲にサーサーン朝騎馬兵団、ローマ帝国の朝貢者、戦利品を運ぶペルシア人が四段のパネルに分割して、刻まれている。シャープールに打ち負かされた三人のローマ皇帝の姿は最上段前面に刻まれ、三度にわたる勝利を記念している。

シャープール河両岸の摩崖浮彫は帝王の軍事的勝利を象徴する、花綱を手にした有翼エロス像が刻まれていることから、これらの浮彫にはローマの影響が見られ、ローマ兵捕虜の中にいた彫刻師が浮彫をより写実的、重厚な作品に仕上げたようだ。

ナクシェ・ロスタム摩崖浮彫

また、ナクシェ・ロスタムに刻まれた高さ七メートルにおよぶ戦勝図浮彫は最もよく残っている。アケメネス朝の王墓四基の下方に、自らの武勲を偉大な「祖先たち」の業績に匹敵するものと誇示しているかのようである。この浮彫は美術的にも、サーサーン朝摩崖浮彫を代表する傑作である。

画面ほぼ中央には、筋骨たくましい馬にまたがるシャープールが左手で長剣の柄を握りしめ、右手でヴァレリアヌスの両腕をつかんでいる。王の頭上には、城壁冠および天と地の支配者たることを意味する王権の象徴、球体のコリュムボスを戴いている。

ここの浮彫にはゴルディアヌス三世の姿はないが、左前方に二人のローマ皇帝の憐れな姿が刻まれている。立っているのが、両腕をつかまれたヴァレリアヌスで、ペルシア宮廷の慣例に従って敬意と恭順を表している。フィリップスは右膝を屈し、左足を後方へ引き、両手を前方に差し出して、許しを乞うている。

シャープール一世丸彫像

ビーシャープールの摩崖浮彫のある場所から東方に六キロメートル離れた、山中のムダン洞穴(「シャープール洞窟」)入り口には、高さが七メートル以上もある大きなシャープール一世の石製丸彫立像が置かれている。丸彫像はシャープールの特徴を表現しようとされ、超人的な偉大さの印象を与えずにおかないが、動きが少なく、冷ややかな印象を受ける。これには理由がある。マニの自伝によれば、シャープールはお気に入りのビーシャープールに滞在していた時に、病いに倒れ、そこで没したと記されていることから、丸彫像は死者の像であって、ムダン洞には王の遺骸が安置されたとの仮説が出されている。

シャープールの死後、長男のホルミズド一世（在位二七二―二七三年）が王となるも短命であった。
シャープールの完成した国家体制は、王の死後約三八〇年も続いた。

⦿参考文献

青木健著『アーリア人』（講談社選書メチエ、講談社、二〇〇九年）
足利惇氏著『ペルシア帝国』（世界の歴史、講談社、一九七七年）
小川英雄／山本由美子著『オリエント世界の発展』（世界の歴史、中公文庫、中央公論新社、二〇〇九年）
川瀬豊子「古代オリエント世界」『西アジア史Ⅱ―イラン・トルコ』（新版世界各国史、山川出版社、二〇〇二年）
ロマン・ギルシュマン著、岡崎敬他訳『イランの古代文化』（平凡社、一九七〇年）
ロマン・ギルシュマン著、岡谷公二訳『古代イランの美術Ⅱ』（人類の美術、新潮社、一九六六年）
小玉新次郎著『隊商都市パルミラの研究』（東洋史研究叢刊之四十八、同朋舎、一九九四年）
日本オリエント学会編『古代オリエント事典』（岩波書店、二〇〇四年）
春田晴郎「イラン系王朝の時代」（『岩波講座世界歴史』二、岩波書店、一九九八年）
深井晋司・田辺勝美著『ペルシア美術史』（吉川弘文館、一九八三年）

前495–429年
古代ギリシア都市国家アテナイの政治家。民主政の完成者とされる。

自国(アテナイ)第一主義で同盟国を犠牲とした ペリクレス

…Periklēs…

島田 誠

古代ギリシア、前五世紀の都市国家アテナイ(アテネ)の政治家ペリクレス(前四九五年頃—四二九年)は、アテナイにおける完全民主政の確立者であり、アテナイの全盛期をもたらした政治家とされる。またペルシア戦争でアケメネス朝ペルシア軍に焼き払われたアテネのパルテノン神殿を再建して、世界遺産として知られる現在まで残る姿をつくり出した人物としても知られる。

ペリクレスの両親と名門貴族としての家柄

ペリクレスは、アテナイの名高い貴族の家柄に生まれた。父親も、母親もアテナイにおける一流の家柄に属していた。

父のクサンティッポスは、著名な貴族出身の政治家・軍人であった。彼は、マラトンの戦いの翌年にペルシア軍撃退の立て役者であった将軍ミルティアデスを告発した(ヘーロドトス『歴史』第六巻一三六節)。ヘーロドトス(『同書』第六巻一三二—一三五節)によれば、ミルティアデスは遠征の目的地を明かさないままでパロス島への遠征を敢行したが、失敗して自らも負傷したと言う。クサンティッポスは、アテナイ市民を欺いた廉でミルティァデスを告発して死刑を求刑したが、ミルティァデスは友人たちが過去の功績を挙げて弁護したために死刑は免ぜられたが、多額の罰金を科されて獄中で壊疽を起こして病死した。未払いの罰金は息子のキモンが弁済した。後にキモンはペリクレスにとって最強の政治的敵対者となるが、両者の関係は父親の代からの因縁でもあった。

その後、アテナイでは民衆派政治家テミストクレースが台頭した。クサンティッポスは、貴族派の中心人物の一人としてアリスティーデース等と同じく、前四八四年に十年間の国外追放となった。しかし、アケメネス朝ペルシアの大王クセルクセスのギリシア本土侵入が目前となった前四八〇年にクサンティッポスとアリスティーデースは、帰国を許されてペルシアとの戦いに参加した。翌四七九/四七八年には、クサンティッポスはアテナイの最高公職である筆頭アルコン職に就任し、テミストクレースに代わってアテナイ艦隊の指揮をとった。アテナイ艦隊は、スパルタ人提督の最高指揮下、サラミス湾の海戦から生き残っていたペルシア艦隊を小アジアの沿岸まで追跡し、ミュカレーにてペルシア軍を破ってその艦船を焼き払った(プルタルコス『対比列伝』「ペリクレス伝」三節)。プラタイアイの戦いの勝利とともにアケメネス朝のギリシア本土に対する直接の脅威を退けた戦いであった。なおクサンティッポスは、小アジアのイオニア地方のギリシア人諸都市をペルシア勢力に委ねようとするスパルタの指揮官の意図に強く反対した。

ペリクレスの母アガリステは、アテナイを支配していたペイシストラトス家の僭主政を打倒して国制改革を断行して民主政の基礎を固めたアルクマイオーン家のクレイステネースの姪であった。

アルクマイオーン家は前七世紀から存在が確認できるアテナイの名門貴族であり、代々僭主政の樹立を企てる有力者たちと対立して民主政樹立に貢献していた名門であった。アガリステはライオンを産む夢を見てから、ペリクレスを出産したとプルタルコス(『対比列伝』「ペリクレス伝」三節)は、伝えられている。

自然哲学を学び、政治を忌避した青年時代

クサンティッポスとアガリステとの間に生まれたペリクレスは、その父母の血筋にふさわしく申し分のない容姿であったが、唯一、頭だけが長すぎて釣り合いが取れていなかったされる。この頭の形からペリクレスにはタマネギのような大きな地下茎を持つカイソウ(海葱)という植物を指すスキーノスと言う言葉にちなんでスキノース頭と呼ばれていた(プルタルコス『対比列伝』「ペリクレス伝」三節)。

ペリクレスはアテナイ人の音楽家ダモーンの教えを受け、さらにイオニア地方の都市クラゾメナイ出身の自然哲学者アナクサゴラスから教えを受けたという。アナクサゴラスは天体の観測から太陽や星、さらに日食や月食など世界の全ての現象についての科学的な説明を試みていた。プルタルコス(『対比列伝』「ペリクレス伝」六節)では「アナクサゴラスとの交際によってペリクレスは迷信を超越していたようだ」とされる。

また青年時代のペリクレスは、アテナイの民衆と顔を合わせることを避けていたと伝えられる(プルタルコス『対比列伝』「ペリクレス伝」七節)。と言うのは、彼の姿形がかつての僭主ペイシストラトスと瓜

二つに見えたからである。またペリクレスの声は快く聞こえ、舌がよく回り素早いのを見て取って年配の人々はその驚くべき類似に衝撃を受けた。ペリクレスは裕福であり、家系も素晴らしく、有力な友人もいたため、陶片追放の対象となることを恐れた。そのため、ペリクレスは、当初は政治に関わることとせず、軍務に専念して優れて勇敢な人物との評価を得た。

民衆派としての政界登場

アテナイでは、前四七〇年前後に、ギリシア本土に侵入したペルシア軍との戦いに活躍した旧世代の政治家・将軍たちが次々に政界から姿を消した。前四七二年ないし四七一年には、強力なアテナイ艦隊を築き上げ、サラミス湾の海戦の勝利に貢献した民衆派の政治家テミストクレースが陶片追放となった。前四六八年ごろには、テミストクレースのライバルであり、プラタイアイの戦いでアテナイの重装歩兵軍を指揮し、デロス同盟成立に貢献した保守派の政治家アリスティーデースが亡くなった。その結果、アテナイ政界では新しい世代が台頭した。新世代の中でも最も早く台頭したのはマラトンの戦いの英雄ミルティアデスの息子キモンであった。彼はアテナイ艦隊を主力とするデロス同盟軍を率いて、東地中海各地でアケメネス朝ペルシアとの戦いに勝利して活躍した。

アテナイ有数の名門に生まれて自然哲学者アナクサゴラスの薫陶（くんとう）を受け、顔の長さを除けば、容姿にも恵まれて魅力的な声と雄弁な弁舌を持つが、民衆と関わることを避けてきた青年貴族ペリクレスは、富裕な少数者の党派（寡頭派（かとうは））ではなく、貧しく多数の民衆の側に立つ党派（民衆派）の政治家としてアテナイの政界に登場することになった。プルタルコス(『対比列伝』「ペリクレス伝」七節)は、「全く民衆的ではない自分の性格に反した」選択であると述べ、その動機は「一方で僭主政の疑いをかけられるの恐れ、そしてキモンが貴族派で美しき善き人たち(貴族たち)に特別の好意を受けているのを見て、一つは自身の安全を、一つはキモンに対抗する勢力を確保するために民衆の好意を獲得しようとした」ためだと述べる。ペリクレスは真の民衆派、民主政派ではないとプルタルコスは見做しているのである。

貴族派(寡頭派)と民衆派(民主派)

前四六〇年代ののアテナイの政治は、貴族派と民主派の二党派が対立していた。貴族派の指導者キモンと民衆派ペリクレスは、それぞれの父親以来の仇敵であった。キモンは、デロス同盟の艦隊を率いてペルシアとの戦争に活躍した。前四六九年あるいは四六六年には、小アジア南岸、パンフィリア地方のエウリュメドーン川河口付近で「海戦ではサラミスの戦いに、陸戦ではプラタイアイの戦いを凌ぐ」大勝利を獲得した(プルタルコス『対比列伝』「キモン伝」十二—十三節)。この戦いで莫大な戦利品を手に入れたアテナイは、アクロポリスの壁をはじめとする数々の公共事業を行うことができた。キモン自身も戦利品によって裕福となって自分の所有する農地の柵を取り払って外国人にも貧乏な市民にも自由に作物を取らせ、毎日簡素だが充分な量の食事を貧乏な者たちに提供して人気を博したとされる(「キモン伝」十節)。キモンはペルシアへの勝利と、その戦利品から得た富を市民に振る舞うことで人気を博していたのである。

この時期のアテナイの内政は、アルコン職経験者から成り、貴族派の牙城であったアレイオスパゴス会議が中心だったが、前四六二年に民主派の政治家エピアルテースが、アレイオスパゴス会議の実権を奪った。アリストテレース(『アテナイ人の国制』二五節)によれば、「アレイオスパゴス会議」の権限は「五百人評議会」「民会」「民衆法廷」に委譲された。この急激な改革は反発も招いたようで、前四六一年にエピアルテースは、暗殺された。この暗殺事件の詳細については不明であるが、プルタルコス(『対比列伝』「ペリクレス伝」十節六)は、信頼できない説としながら、同じ民衆派のペリクレスが嫉妬(しっと)と羨望(せんぼう)から密かに暗殺を企てたとの説も紹介している。

このアテナイの内政改革と同時期に対外政策も変更された。キモンとアレイオスパゴス会議の指導の下で前四六〇年代の半ばまでアテナイは、ギリシア内では親スパルタ政策を採用し、デロス同盟の盟主として東方のアケメネス朝ペルシアへの攻勢に出ていた。ところが、前四六四年にスパルタ・アテナイ友好関係は悪化した(プルタルコス『対比列伝』「キモン伝」十六―十七節)。スパルタが地震で大損害を受けて、被支配民へイロータイの反乱で危機に直面したスパルタの求めをキモンの意見で受け入れたアテナイは、重装歩兵部隊を救援に送ったが、スパルタ側がアテナイ軍の威勢を恐れて送り返したとされる。このスパルタの非礼に憤慨し、アテナイではキモンの責任を問う声が挙がり、前四六一年にキモンは陶片追放となり、十年間の国外追放に処された。

ペリクレス政権の誕生とアテナイ外交の危機

前四六一年のキモンの陶片追放とエピアルテースの暗殺の結果、ペリクレスは、民衆派の指導者としてアテナイ政界の第一人者となり、ペロポネソス戦争の第二年目（前四三〇年）に至るまでアテナイの政治をほぼ継続的に指導することになった。同時代の歴史家トゥキディーデース（『戦史』第二巻六五節の九）は「言葉の上では民主政であったが実際には第一人者の下の支配」であったと述べ、さらに彼がアテナイの指導者の時期には、ポリスは平和であり、中庸を選んでその繁栄の頂点にあったとも述べている。

さてペリクレスが指導する民主派政権の下で、アテナイとデロス同盟は東方のペルシアと西方のスパルタ主導のペロポネソス同盟の双方を敵とする二面正面作戦に直面することになった。前四六〇年、前年の親スパルタ派のキモンの失脚に伴って緊張状態にあったスパルタとアテナイは公然たる戦争状態に至り、両者の戦争は休戦期間を挟んで前四四五年まで十五年間も続いた。一方で紀元四六〇年には、アテナイはペルシア領エジプトで起こった反乱を支援するために二〇〇隻の艦隊を派遣した。初め戦いは反乱側に有利だったが、戦況は悪化し、前四五四年にはアテナイのエジプト遠征艦隊は全滅した。この敗北をきっかけとして、それまでエーゲ海上のデロス島に設置されていた同盟の金庫がアテナイのアクロポリスに移されることになった。

前四五一年にはキモンが追放から呼び戻されて、スパルタと交渉して五年間の休戦協定を結び（ディオドロス『歴史叢書』第十一巻八六節）、その上でデロス同盟の艦隊を率いて東地中海方面への遠征を敢行した。キモンはキュプロスに遠征したが、前四四九年に現地で死亡した（プルタルコス『対比列伝』「キモン伝」十八―十九節）。

キモンの死は、ペルシアとアテナイを盟主とするデロス同盟との戦争を事実上終わらせることになった。前四四九年にアテナイとペルシア大王との間で恒久的な平和条約「カリアスの和約」が結ばれたとの説が、古代の著作家と近現代の研究者の一部で唱えられているが、異論も多い。同じ年にギリシア本土の名高いアポッロンの神域デルフォイの所属をめぐってスパルタとアテナイの間で利害の対立が生じ、再び両勢力の軍事衝突が生じたが、前四四五年に両者間で三〇年間有効な平和条約が成立した。

貴族派との最後の政争とデロス同盟資金を用いたアテナイ民衆への迎合

キモンの死後、貴族派の領袖（りょうしゅう）としてペリクレスを攻撃したのは有名な歴史家と同名のトゥキディデースであった。彼はキモンの姻戚（いんせき）であり、弁舌に優れてペリクレスと法廷や民会で渡り合い、ペリクレスの公金使用法を取り上げて強く攻撃した。そもそもペリクレスは、その所有する富と気前の良さに関しては亡きライバルのキモンに及ばなかったために、国庫から民衆法廷審判人の日当、祭礼時に開催される劇の観劇料などを市民に支払うことを定めた（アリストテレース『アテナイ人の国制』二七節の四）とされる。このような国庫の支出は、市民に迎合して、その堕落を招いたと批判された。

このような批判が最高潮となったのは、前四四七年に始まったパルテノン神殿の再建のための費用が、前四五四年にデロス島からアテナイに移されていたデロス同盟の軍資金から支出された際である(プルタルコス『対比列伝』「ペリクレス伝」十二節)。貴族派は、同盟諸市が戦争のために無理やり納めさせられた資金でアテナイ人たちが自分たちの都市を飾り立てているのを見たならば、甚だしく侮辱され、暴君に支配されていると思うだろうと民会でペリクレスを攻撃した。これに対して、ペリクレスは、アテナイ人だけが戦い、バルバロイを退けており、同盟者たちが馬一頭、船一隻、重装歩兵一人も提供せず、金銭だけを提供しているのだから、彼らに明細を示す必要はないと強弁した。このペリクレスの主張は、アテナイがペルシアとの戦争を遂行している限りは、一定の説得力を持っていたが、キモンの死後に実質的にペルシアとの戦争が休止した状況では同盟者たちへの説得力を失っていたと考えられる。

同盟から帝国へ

ペリクレスに指導された民衆派がアテナイの政権を握った前四五〇年代以降、アテナイとデロス同盟加盟ポリスとの関係は変容し始めた。さらにペルシアとの戦争が実質的に終了し、スパルタとの「三〇年間平和条約」でペロポネソス同盟との戦争が中断した前四四〇年代には、デロス同盟加盟ポリスのアテナイに対する反乱が続発することとなった。中でも前四四〇~前四三九年に勃発したサモスの反乱は注目される。サモスは、デロス同盟加盟ポリス中で、アテナイやキオスと並んで同盟艦隊に艦船を提供する有力ポリスであり、アテナイと同じイオニア系ギリシア人の都市だったが、前四四〇年にやはりデロス同盟加盟ポリスであるミレトスと争いが生じて、ペリクレス指導下のアテナイによる仲裁を不満として、アテナイと武力衝突を起こした。ペリクレスは自ら艦隊を率いて出撃し、途中にペルシア艦隊の接近などの状況を経て、九ヶ月にわたる攻囲戦の結果、サモスは降伏し、艦隊を放棄して莫大な賠償金をアテナイに支払うこととなった。さてペリクレスが、サモスとの戦争から帰還して、戦死者の葬儀を盛大に執り行い、戦死者たちに手向けた演説が聴衆に感銘を与えていたときに、かつての政敵、ライバルであったキモンの姉妹であるエルピニケーが近づいてきて次のように述べたことをプルタルコスが伝えている。「ペリクレス殿、今回のことはご立派です。花冠に値します。しかし、貴方は私の兄弟のキモンのようにフェニキア人やペルシア人との戦いではなく同盟者、それも同族(イオニア人)の都市を滅ぼすために沢山の勇敢な市民を戦死させたのですね」(プルタルコス『対比列伝』「ペリクレス伝」二九節)と。

このように、ペリクレス指導の下のアテナイに不満を持つデロス同盟加盟ポリスは、不満を行動に示すと武力で鎮圧され、アテナイを模範として政治体制を押し付けられ、場合によってアテナイ駐屯軍(クレルキア)を受け容れざるを得なくなった。ペリクレスの指導の下、アテナイの支配圏と化したデロス同盟のことを近現代の研究者は、アテナイ帝国と呼んでいる。このデロス同盟のアテナイ帝国化が、前四三一年に始まったペロポネソス戦争の背景であり、アテナイの敗北の遠因であったと言えよう。

遊女アスパシアとの関係

最後に、ペリクレスと名高い遊女(ヘタイラ)アスパシアとの関係に触れたい。ペリクレスは、当時のアテナイ貴族の慣習に従って、近親の女性と結婚した。この妻は、ペリクレスとの間に二人の息子を儲けた後に離婚して他の男性に嫁いだ。妻との離婚後の前四四〇年代後半には、ペリクレスはイオニア地方の都市ミレトス出身の遊女アスパシアと愛人関係となり、同棲を始めていた。ペリクレスがサモスとの戦争を強行したのも、ミレトス出身のアスパシアの願いによってであったとの説が同時代から存在した(プルタルコス『対比列伝』「ペリクレス伝」二五節)。

さて、ヘタイラは娼婦であると同時に高い芸術的素養や教養を備えており、中でもアスパシアは並外れた美貌のみならず、素晴らしい教養を備えていた。彼女の下には、ソクラテスが弟子たちとともに足繁く通ったとされ、プラトンやアリストテレス、クセノフォンなどにも彼女に関する記述が見られる。またわざわざ妻を連れて彼女の話を聞きに来る者もいたと言う(プルタルコス『対比列伝』「ペリクレス伝」二四節)。

ペリクレスとアスパシアは、事実上の夫婦であり、この関係を問題視したり、政治的に利用しようとする者もいた。ペロポネソス戦争が始まる頃、アスパシアはペリクレスに自由人のアテナイ女性を斡旋した廉で訴えられたが、ペリクレスが涙ながらに懇願したために訴訟が取り下げられた(プルタルコス『対比列伝』「ペリクレス伝」三二節)。さらにペロポネソス戦争の原因の一つとされる、ペロポネソス同盟の加盟都市メガラの人々をアテナイ勢力下の全ての市場や港から締め出すとの法律も、メガラ人がアスパシアの娼館から遊女二人を盗みだしたことが原因だと、喜劇作家のアリストファネスは劇『アルカイナの人々』において風刺している。

またペリクレスは、前四二九年の疫病で前妻との間の二人の息子が亡くなると、アスパシアとの間に儲けた男の子をアテナイ市民として認知して家の相続人とするために市民権法を改定した。そもそも市民権法は、ペリクレス自身が前四五一年に提案したもので両親ともアテナイ市民である者のみが市民権を与えられる法律だった。このペリクレスの市民権法に従えば、ペルシア戦争の英雄テミストクレースも恐らくはアテナイ市民ではないことになる。この法律改定後、間もなくペリクレスは病没した。この息子小ペリクレスは、アテナイ市民となり、後にアテナイ艦隊を率いる将軍となったが、前四〇六年のアルギヌサイの海戦の勝利後に嵐のため艦隊が大きな損害を蒙ったことに怒ったアテナイ市民たちによって、同僚の将軍たちとともに処刑されることになった。ペリクレスの最後の試みは悲劇的な結末を迎えたのである。

⊙参考文献

Russel Meiggs, *The Athenian Empire*, Oxford 1972

プルタルコス『対比列伝』（ギリシア・ラテン語の著作は、基本的に米国タフツ大学が公開しているオンラインデータベースであるPerseus Digital Liberary, Gregory R. Crane, Editor in chief, Tufts UniversityのPerseus Collection, Greek and Roman Materials所収のテキストを参照しているhttp://www.perseus.tufts.edu/hopper/collection?collection=Perseus:collection:Greco-Roman）

前356–323年
マケドニア王。東方遠征でペルシア帝国を滅ぼし、アジアの王と称したが、バビロンで急死。

大王の激情と怒り
アレクサンドロス大王
…Alexandros…

森谷公俊

アレクサンドロス大王（前三五六—三二三年）は二〇歳でマケドニア王に即位し、東方遠征を行ってアカイメネス（アケメネス）朝ペルシア帝国を征服したが、熱病のため三二歳十一カ月という若さで世を去った。天才的な軍指揮官で、いくつもの会戦で勝利を収める一方、ペルシアの旧支配層に対しては協調路線をとり、アジアの王として君臨した。その英雄的な生涯は、同時代人はもちろん後世の人々をも強く魅了した。ローマ時代に書かれた五篇の伝記が現存し、西洋古代で最も詳しくその生涯が知られる人物である。

キーワードとしての激情

十年におよぶ東方遠征の印象があまりに華々しいため、私たちはどうしてもアレクサンドロスの優れた側面に注意を向けてしまう。確かに彼の軍事的才能や、最果ての地にまで将兵を率いるカリスマ性、ひたむきな名誉の追求、克己節制や寛大で鷹揚（おうよう）な性格などは、疑いなく彼の魅力の源泉である。その反面、彼の人格に否定的な側面も数多いことは否定できない。ローマ帝政期の伝記作家プルタルコスは、有名な『英雄伝』中の一篇である「アレクサンドロス伝」において、これを「激情的」という言葉で表している(第四章)。それは怒りっぽい気質、短気、性急で激しやすい性格のことで、プルタルコスの大王像におけるキーワードでもある。必ずしも悪い形ばかりで生じるとは限らず、肯定的に現れれば、それは傑出した功業をもたらす原動力ともなり得る。とはいえ最も頻繁に現れるのが怒りの爆発で、これは敵に対してだけでなく、彼自身の側近や部下に対しても向けられた。アレクサンドロスの怒りは彼の生涯における暗い側面を代表し、時には将兵との間に大きな軋轢を生みだした。ローマ時代の学者の間でも論題として取り上げられ、哲学者セネカは『怒りについて』の中で、アレクサンドロスの怒りに言及している(第三巻一七章)。

怒りによるクレイトス刺殺

大王の怒りの爆発として最も有名な事件は、彼が側近のクレイトスを自らの手で刺殺したことである。それは前三二八年秋、ソグディアナ地方の首都マラカンダで起きた。現在のウズベキスタン、シルクロードの有力都市サマルカンドである。遠征開始から七年目、ペルシア帝国はすでに滅んだが、中央アジアに侵攻した遠征軍は住民たちの激しい抵抗に遭い、かつてない苦戦を強いられていた。そんな中で開かれた宴会で、主役はクレイトスだった。彼は大王より十年ほど年長で、大王の父フィリッポス二世のもとで騎兵親衛隊の指揮官を勤めていた。前三三〇年秋には、マケドニア軍の精華である騎兵部隊全体の指揮官に昇進した。古参兵と呼ぶには若いが、大王の一つ上の世代を代表する勇敢な兵士である。そのクレイトスが属州バクトリア（現アフガニスタン北部）の総督に任命され、翌日出発することになっていた。つまりこの日の宴会は彼の壮行会なのである。

ところでマケドニア人は酒豪で知られ、大王も頻繁に酒宴を開いては仲間や招待客らと共に痛飲した。この日も大いに酒が進み、大王もクレイトスも酩酊状態になった。大王によるクレイトス刺殺は、一見すると酔った二人の個人的諍いから起きた悲劇である。しかし二人の諍いには、世代の対立に加えて、ペルシア人に対するアレクサンドロスの協調路線や大王の神格化など、アジアの統治体制をめぐる政治路線の対立が絡んでいた。以下ではプルタルコスの大王伝を引用しながら、事件を詳しく見ていこう（第五〇―五一章の記述を、一部省略しながら引用する）。

将兵の世代間対立

宴会は大いに盛り上がり、とある詩人の作品で、最近蛮族に敗れた将軍たちを辱め嘲笑する歌が歌われた。年長者たちは不愉快になって詩人と歌手を非難したが、アレクサンドロスとその周りの者たちは喜んで聴き、もっと歌えと命じた。クレイトスはすでに酔っ払っており、生まれつき怒りっぽく強情だったので、激怒して言った。蛮族や敵のあいだでマケドニア人を侮辱するとは何事だ、たとえ不運だったにせよ、彼らを嘲笑している連中よりずっと立派だ、と。

「最近蛮族に敗れた将軍たち」とは、ちょうど一年前の出来事を指す。バクトリア貴族が率いる反乱軍に対してマケドニア軍が出撃したが、指揮系統に混乱が起きた上、待ち伏せ攻撃を受け、マケドニア軍は壊滅的な損害を被った。騎兵八六〇〇、歩兵一五〇〇〇のうち、生還したのはわずかに騎兵四〇、歩兵三〇〇〇だった。[1] 宴会では宮廷付きの詩人たちがこの敗北を嘲笑し、アレクサンドロスたちが喝采を送ったわけである。

いくら酒の席とはいえ、大王が自軍の敗北をあざ笑うとは奇妙だが、実はここにマケドニア人将兵の世代対立がからんでいた。後二世紀のローマ五賢帝時代に大王伝を書いたアリアノスによると、大王の追従者たちは、大王の成し遂げた功業は神話の英雄たちをも凌駕（りょうが）する、などとお世辞を言った。さらに、父王フィリッポス二世の業績など大したことはないと貶（おとし）めた。これにクレイトスが怒り、自分も仕えたフィリッポスを擁護して弁じたが、それは逆に大王の功績を貶めることになった。[2] つまりフィリッポス二世とアレクサンドロスのどちらが偉大なのか、どちらがマケドニアの隆盛をもたらしたのかをめぐって、激しい論争が生じたのだ。クレイトスや古参兵はフィリッポスを称え、宮廷詩人や若い世代はアレクサンドロスこそ偉大だと考えた。おそらく前年に敗北した指揮官たちは年長世代に属しており、それゆえ大王とその取り巻きは彼らの失敗を嘲笑したのであろう。これは古参兵には耐え難く、クレイトスが彼らを代表して真っ向から反駁（はんばく）したのである。

大王は神の子か

プルタルコスの記述を続けよう。

アレクサンドロスが、クレイトスは臆病を不運と言いかえて自己弁護しているのだと言うと、クレイトスは立ち上がって言った。「しかしこの臆病が、神々から生まれながら、すでにスピトゥリダテスの剣に背中を向けていたあなたを救ったのだ。それにフィリッポスの父たる事を否認して、アモンの子であると言えるまでになったのも、マケドニア人の血とこうした傷のおかげがあったればこそではないか」。アレクサンドロスはかっとなって言った。「この悪たれめ。お前はいつだって私のことをそんな風に言って、マケドニア人同士を仲違いさせようとしているが、それでも罰せられずに済むと思っているのか」。

クレイトスの台詞には、いくつもの話題が圧縮されている

第一に、「スピトゥリダテスの剣」から「あなたを救った」というのは、前三三四年、東方遠征で最初に行われたグラニコスの会戦での出来事を指す。この戦闘でアレクサンドロスはペルシア人指揮官たちと一騎打ちを交わし、二人を倒した。そこへ三人目のスピトゥリダテスが大王に斬りつけようとしたが、いち早くクレイトスが相手の腕を剣で切り落とし、大王を救ったのである。クレイトスがいなかったら、アレクサンドロスはここで命を落とすところだった。なのにこの場面を思い出せられた大王は、命の恩人であるクレイトスに激怒している。その理由は次の話題に関連する。

第二に、アレクサンドロスが「フィリッポスの父たる事を否認して、アモンの子であると」言ったこと。彼の出生をめぐっては、母オリュンピアスが蛇に姿を変えたゼウスと交わって彼を生んだと

する伝承があった。ゼウスはギリシア神話の最高神である。一方エジプトにはアモンという最高神があり、ギリシア人はこれをゼウスと同一視していた。エジプトを占領した後の前三三一年春、アレクサンドロスはリビア砂漠の真っ只中にあるアモン神殿を訪問し、自分がアモン＝ゼウスを父として生まれたという神託を得たとされる。[3] こうして大王は自分が神の子であると信じたか、少なくともこの神託を自己の神格化に利用するようになった。しかしそれは、自分の父がフィリッポスであるのを否認することになる。これもまた古参兵の神経を逆なでした。

第三に、クレイトスが「マケドニア人の血とこうした傷のおかげ」と言ったことには二つの意味がある。一つは、今のアレクサンドロスが自分を神の子などと公言できるのは、マケドニア人将兵の奮戦のおかげであり、決して大王一人の手柄ではないということ。もう一つは、グラニコスの会戦でクレイトスに救われた以上、アレクサンドロスは神の子ではなく、あくまでも人間だということ。よってこの台詞は、「神の子」を自認するアレクサンドロスを人間のレベルに引き下げた。これが彼の自尊心をひどく傷つけたのである。

東方協調路線への反発

二人の口論はいよいよ激しさを増した。

「今さら済むも済まないもあるものか、アレクサンドロスよ。さんざん苦労したあげくがこんなことになった以上、すでに死んだ者たちを祝福してやりたいほどだ。マケドニア人の鞭で打たれたり、王に会うのにペルシア人に請願するのを、彼らは見ないで済んだのだからな」。クレイトスがこれだけの事を平然と言ってのけたので、アレクサンドロスの取り巻きは彼に向かって立ち上がり彼を非難し、年長者たちは騒ぎを鎮めようと躍起(やっき)になった。

この場面のポイントは、「マケドニア人がメディア人の鞭(むち)で打たれたり、王に会うのにペルシア人に請願する」という台詞である。前三三〇年にアカイメネス朝最後の王ダレイオス三世が死に、ペルシア帝国は滅びた。アレクサンドロスはペルシア人貴族を属州総督に任命するなどして、旧支配層との協調路線をとった。広大なアジアの帝国を治めるには、彼らの協力が不可欠だったからである。ペルシア人貴族の中には、大王の側近に取り立てられる者さえいた。こうしてアレクサンドロスの宮廷には、次第にペルシア人の姿が目立つようになった。それゆえ「王に会うのにペルシア人に請願する」といった場面もあり得たと思われる。メディア人とはペルシア人がかつて服属していた民族で、両者は血縁的に近い関係にあり、ギリシア人はペルシア人をしばしばメディア人と呼んだ。「メディア人の鞭で打たれ」るとは明らかに誇張だが、マケドニアでは一般に王と民衆とは親しい関係にあり、兵士も堅苦しい儀礼抜きで王に接することができた。それだけに、勝利者であるはずのマケドニア人が、敗者であるペルシア人に願い出ないと王にも会えないという状況は、あまりに屈辱的だった。クレイトスは、大王の東方協調路線それ自体に非難の刃を向けたのである。

怒りの爆発

口論はついに臨界点を超えた。

クレイトスは一歩も退かず、アレクサンドロスに向かって、言いたいことを皆の前で言うがいいと詰め寄り、そうでなければ自由人ではっきり物を言う人々を食卓に招くのはやめて、蛮族や奴隷と一緒に暮らすがいい、彼らなら王のペルシア風の帯や白い上衣の前に平伏するだろう、と言った。アレクサンドロスは怒りを押さえきれず、そばに置いてあった林檎を一つ投げて彼にぶつけ、短剣を探した。しかし親衛兵の一人アリストファネスがいち早く短剣を隠し、他の人々も彼を取り巻いて懇願したので、王は跳び上がり大声で近衛兵をマケドニア語で呼んだ。これは大騒動のときの合図だった。そしてラッパ手に合図をしろと命じたが、彼がためらって吹こうとしなかったので、拳骨で殴った。後にこの男は、陣営を混乱に陥れなかった最大の功労者として大いに称えられた。

「王のペルシア風の帯や白い上衣」とは、アレクサンドロスが採用したペルシア風の衣服を指す。ペルシア滅亡後、彼は日常生活では白い縞の肌着に紫の外套を着け、ペルシア風のベルトを巻いた。頭にはペルシア風の頭飾りを付けた。ペルシア人が着用した長袖の上着やズボンはさすがに採用しなかったが、それでも大王が敗者であるペルシア人の衣服をつけて現れるのは、マケドニア人にとっ

て苦痛だった。[4] クレイトスは彼らの気持ちを代弁し、そんなに東方風がお好みなら、奴隷同然の蛮族だけを周囲に侍らせればいいだろう、と罵ったのである。これでアレクサンドロスも堪忍袋の緒が切れた。林檎を投げ、短剣を探し、騒動の合図を出した。ラッパを吹くのは非常呼集を意味した。大王はクレイトスを反逆者と見なし、陣営全体に非常事態を宣言しようとしたのである。

こうして悲劇が起きた。

クレイトスは引き下がろうとしなかったので、朋友たちがやっとのことで宴会場から外へ押し出した。ところが彼は別の入口から再び中へ入って来た。それもあたりかまわぬ不敵な態度で、エウリピデス『アンドロマケ』の次の一節を口ずさみながら。

ああ、ギリシアには何と忌まわしい風習があるのだろう。

するとアレクサンドロスは護衛兵の一人から槍を奪い、入口の前のカーテンを開こうとしたクレイトスと出会いざま、彼を槍で突き刺した。クレイトスが呻き叫びながら倒れると、たちまち王の怒りは消えた。我に返り、朋友たちが声もなく立ちすくんでいるのを見ると、死体から槍を引き抜き、自分の喉に突き立てようとした。すばやく親衛兵たちが彼の手を押え、むりやり彼の部屋に連れていった。

エウリピデスは前五世紀アテネの三大悲劇詩人の一人。晩年にアルケラオス王から招かれてマケドニアへ赴き、その地で世を去った。マケドニア人は彼の作品を非常に愛好し、王侯貴族にとってそれは大切な教養となっていた。だからこそクレイトスもその一節を朗誦し、周囲の者たちもその意味を直ちに理解できたのである。彼が口ずさんだのは、「一将功成りて万骨枯る」という趣旨の台詞の冒頭である。つまりマケドニア人兵士たちの功績をアレクサンドロス一人が独占するとは何と嘆かわしいことか、彼の手柄の陰には無数の将兵の血が流れているのに、という意味になる。

この一節が引き金となった。衆人環視の中、アレクサンドロスは槍でクレイトスを貫く。このあと彼は天幕に連れて行かれ、友の死を深く嘆きながら三日間引きこもったという。

暗殺未遂を呼んだ大王の怒り

もう一つの事例を挙げよう。大王の怒りが若者の怒りを爆発させ、暗殺未遂事件を引き起こしたことがある。[5] マケドニアでは十代半ばの貴族の子弟が三年ほど王に仕え、身の回りの世話をするという制度があった。彼らは近習（きんじゅ）と呼ばれ、幹部候補生として将来は要職につくことが期待されていた。前三二七年春、大王が近習たちと共に狩りに出かけ、野生の猪を射止めようとした時、近習のヘルモラオスが先に槍を投げて猪を倒してしまった。アレクサンドロスは激怒してヘルモラオスを鞭で打ち、乗馬も取り上げた。鞭打ちは奴隷に対する刑罰で、馬の召し上げは貴族身分の剥奪に等しい。深く傷ついたヘルモラオスは仲間たちと謀り、大王の天幕の夜間警備を担当する時に彼を暗殺しようと計画した。当夜のアレクサンドロスはたまたま徹夜で酒宴に出ていたため、難を逃れた。

翌日仲間の一人が打ち明けたことから陰謀が発覚し、全部で九人が逮捕された。

ヘルモラオスを大王暗殺計画に走らせた直接の原因は、もちろん大王から受けた酷い仕打ちである。しかし、王より先に獲物を狙ってはならないとの規則は確認できない。よって大王の怒りは、プライドを傷つけられたことによると思われる。問題は八人もの若者が暗殺計画に賛同したことだ。ヘルモラオスは裁判で大王に対する怒りをぶちまけた。酩酊の末のクレイトス殺害はもちろん、大王がほかにも側近も処刑したことや彼の東方かぶれを弾劾し、マケドニア人の自由を取り戻したかったと訴えた。ヘルモラオスの仲間たちは、大王に対するこのような不満と怒りを共有していた。それゆえ事件の背景にあったのは、ここでも大王の政治路線なのである。

東方遠征のはらむ矛盾

クレイトス刺殺事件は、アレクサンドロスの性格に潜む暗い側面をよく示している。近習たちの陰謀も、あたかも大王の激情に触発されたかのようで、大王の鏡像と言ってよい。激情それ自体は大王の個人的な性格である。ただしそれが怒りの爆発という形で発現するにあたっては、東方遠征に関わるさまざまな要因が作用していた。それは将兵の世代間対立であったり、アジアの王として君臨するための協調路線であったり、自身を英雄視する強烈な自意識だったりする。これらが大王と将兵の間に溝を作り、遠征が進むにつれて軍の内部で矛盾が拡大した。それを背景として酩酊が激情の暴走を引き起こし、怒りの爆発という形で悲劇をもたらしたのである。権力者における悪の発露というものは、単に個人的なレベルでなく、その時々の政治状況の中に置いて初めて正確に理解できる。アレクサンドロスの激情の発現、すなわち怒りの爆発もまた、東方遠征がはらむ深刻な矛盾の産物だったといえよう。

⦿注

❖1…アリアノス『アレクサンドロス大王東征記』第四巻五章二節～六章二節
❖2…アリアノス前掲書、第四巻八章三～六節
❖3…プルタルコス『アレクサンドロス伝』第二七章五～九節
❖4…プルタルコス前掲書、第四五章一節～四節
❖5…アリアノス前掲書、第四巻一三章一節～一四章三節

⦿参考文献

アッリアノス（大牟田章訳）『アレクサンドロス大王東征記（上）』（岩波文庫、二〇〇一年）
セネカ（茂手木元蔵訳）『怒りについて』（岩波文庫、二〇〇八年）
プルタルコス「アレクサンドロス」（井上一訳）『プルタルコス英雄伝（中）』（村川堅太郎編、ちくま学芸文庫、一九九六年所収）
森谷公俊（訳・註）『新訳アレクサンドロス大王伝――プルタルコス「英雄伝」より』（河出書房新社、二〇一七年）
森谷公俊『アレクサンドロスの征服と神話』（興亡の世界史、講談社学術文庫、二〇一六年）

前247–183年
カルタゴの将軍、第2回ポエニ戦争でローマ軍を度々破ったが、最終的には敗れた。

狡猾かつ残忍なカルタゴ人とされた
ハンニバル
…Hannibal…

島田 誠

北アフリカのフェニキア人植民市カルタゴの将軍・政治家であり、父親の将軍ハミルカル・バルカ等の跡を継ぎヒスパニア(イベリア半島)におけるカルタゴ領の最高行政官兼最高軍司令官である将軍となった。前二一八年に共和政ローマとの第二回ポエニ戦争を始め、大軍を率いてアルプス山脈を越えてイタリアに侵入して、各地でローマ軍を破った。前二一六年八月のカンナエの戦いでは兵力に勝るローマ軍に完勝したが、ローマ側の遷延(せんえん)戦術によって持久戦となった。前二〇三年、ローマ軍の侵入を受けていたカルタゴ本国に召還され、ローマの将軍大スキピオにザマの戦いで敗れて、戦後はカルタゴの国力の回復を目指す改革を図ったが、政敵の反発とローマの介入で失脚して亡命した。亡命後、シリア王国やクレタ島を経て、小アジア北部のビテュニア王国に逃亡したが、ローマの使節に身柄の引き渡しを要求されて自殺した。ローマの歴史上で最大・最強の敵と見做(みな)され、ローマ軍を連破した彼の戦術は、現代の軍隊でも研究されるほど高く評価されている。

同盟者から敵国へと変わったローマ・カルタゴ関係

北アフリカの地中海沿岸、現在のチュニジアの首都チュニスの近郊に位置するカルタゴは、紀元前九〜八世紀、伝承によれば前八一四年にフェニキア人都市テュロスによって建設されたフェニキア人の西部地中海地域との交易の拠点であったと考えられる。

カルタゴの建国から少し遅れて前八世紀半ば頃からギリシア人が地中海沿岸各地へと進出する「大植民時代」が始まった。西方に向かったギリシア人たちはイタリア半島の南部沿岸とシチリア島東部沿岸地域で数多くのギリシア人植民市を建設し、さらにコルシカ島や現在のフランス南部、さらに現在のカタルーニャ地方へと進出した。一方、すでに北アフリカからシチリア島西部のサルディニア島、ヒスパニア(イベリア半島)南部等に進出していたフェニキア人勢力と対立した。そのフェニキア人勢力の中心となったのがカルタゴであった。ギリシア・カルタゴの両勢力の対立に、イタリア半島中北部で独自の勢力を築き上げていたエトルリア人勢力がカルタゴの同盟者として介入する。前五三〇年代半ばに、ギリシア人がコルシカ島に植民市を建設したことに反発したカルタゴとエトルリア人は同盟を結んだ上で連合して艦隊を派遣し、圧力を加え、ギリシア人に植民市を放棄させたことを、ヘーロドトス(『歴史』第一巻一六五—一六六節)が伝えている。

前六世紀のローマは、エトルリア系王家の支配下にあり、ローマとカルタゴも同盟関係、少なくとも友好関係にあったと推測される。前五〇九年にローマはエトルリア系の王とその家族を追放して政治体制を共和政へと変えた。ところが、前二世紀のギリシア人歴史家ポリュビオスによれば(『歴史』第三巻二二—二六節）、ローマとカルタゴは前五〇九年から前二七九年に至るまで、少なくとも計三回の条約を結んだ同盟国であった。中でも前二七九年の最後の条約は両国の軍事的協力を定めたものだった。その背景には、ローマと南イタリアのギリシア人都市タレントゥムとの戦争に際してタレントゥムの要請でイタリア半島に来援したエペーロス王ピュロスがシチリア島のギリシア人の要請でカルタゴとも戦ったことがあった。同じピュロス王を敵としたローマとカルタゴが軍事的支援すること、特にカルタゴが艦船を用いてローマを支援することが定められていた。ところが、この同盟関係はわずか十数年後に戦場での敵対関係となった。

第一回ポエニ戦争とハミルカル・バルカの登場

第一回ポエニ戦争（前二六四—前二四一年）は、基本的にはシチリア島の支配権をめぐるカルタゴとローマの争いであった。この戦争は、シチリア島の東端、イタリア半島との間の狭い海峡を管制する場所に位置するギリシア人都市メッサナで勃発した。このメッサナを占拠して支配権を握っていた南イタリア出身の傭兵隊（ようへいたい）が、シチリア島の最有力ギリシア人都市シラクサとの戦いに破れ、カルタゴとローマの両国に救援を求めた。元々、ギリシア人勢力とシチリア島の支配をめぐって争っていたカルタゴは直ちに出兵した。一方、ローマでは初めての海外出兵に関して意見が分かれ、全成人男子市民が出席する民会の投票によって出兵することが決まった。前二六四年、ローマ軍はシチリア島に上陸してメッサナを攻囲していたシラクサ軍を撃破し、次いでカルタゴ軍とも戦闘に入って撃破した。その後、ローマとシラクサは講和条約を結び、シラクサがローマ側の陣営に加わって第一回ポエニ戦争が始まった。カルタゴ人の眼から見れば、長年の同盟国のローマが、数百年間にわたる仇敵のギリシア人勢力の側に寝返ったように見えたのではないだろうか。

前二六二年、ローマ軍はシチリア島南西部の陸戦で勝利し、翌前二六一年ローマは艦隊の建造に乗り出した。前二六〇年にローマ艦隊がカルタゴ艦隊に対して最初の勝利を得た後、ローマは北アフリカのカルタゴ本国に侵攻する計画を立て、大規模な艦隊を建造した。ローマ軍は、二名のコンスルに率いられて北アフリカに上陸して最初は準備不足のカルタゴ本国軍を圧倒した。ところが、コンスルのマルクス・アキリウス・レグルスの指揮下ローマ軍は、スパルタ人傭兵クサンティッポスの率いるカルタゴ軍にテュニスの戦いで大敗してコンスルのレグルスも捕虜となった。戦場は、再びシチリア島に戻った。

ハンニバル関係地図

その後、シチリア島の陸戦はローマ側に有利に展開したが、前二四七年にはハミルカル・バルカ（ハンニバルの父）がシチリアの将軍としてカルタゴから派遣され、シチリア島でのゲリラ戦やイタリア半島への海上からの襲撃などで善戦した。ところが、前二四四年に戦争継続に反対するカルタゴ本国の政治党派の主張で艦隊は解体され、ローマ艦隊によってシチリア島のカルタゴ軍は補給を断たれた。前二四一年、急遽再建されたカルタゴ艦隊がシチリアへの補給物資を満載して出港したが、シチリア島東方のアエガテス諸島の海戦で、ローマ艦隊に完敗した。この戦いの結果、カルタゴは継戦能力を失って、シチリア島の支配領域の放棄と多額の賠償金（銀六六トン）を支払うことで講和を結んだ。

敗戦後のカルタゴでは、国家財政の窮乏に伴う重税や傭兵隊への支払い打ち切りから、大規模な反乱が生じ、帰国したハミルカル・バルカ等の将軍は鎮圧に忙殺されたが、その機に乗じたローマが、サルディニア島とコルシカ島の割譲と賠償金の増額（銀三〇トン）を要求し、前二三七年にカルタゴはローマの要求を受諾することになった。

ローマ人のカルタゴ人像

この二十年以上にわたった大規模な戦争は、戦死者の数も多く、両国の人々に大きな影響を与えた。ローマではカルタゴ人への不信の念を露にする発言が次第に増大した。ローマ人にとって、カルタゴ人とは狡猾であり、不誠実かつ貪欲、そして何より残酷な者たちだと観念が広まった。北アフリカのカルタゴ本国に攻め入ったが、戦いに敗れて捕虜となったローマのコンスルのマルクス・アキリウス・レグルスの運命がその根拠とされた。

共和政末期、前一世紀中頃の雄弁家マルクス・トゥッリウス・キケロは、ある告発演説（『ピソー告発』十九節）の中で「カルタゴ人たちが、まぶたを切り取って器械にくくり付けて眠らせないことで殺害したあのマルクス・レグルス」と述べている。また帝政成立期、前一世紀末の歴史家リウィウス（リウィウス『ローマ建国以来の歴史』第十八巻要約）も、レグルスが拷問の末にカルタゴ人たちによって殺害されたと述べている。少なくとも前一世紀のローマではレグルスがカルタゴ人たちの残酷な拷問で殺害されたとの説が広がっていた。しかしながら、第一回ポエニ戦争に関する最も詳しい記述である前二世紀のギリシア人歴史家ポリュビオスの『歴史』にはそのような記述は見られず、恐らく、前一世紀のローマ人著作家の中で出来上がったカルタゴ人観であり、史実ではないだろう。

バルカ家のヒスパニア経営とハンニバルの登場

前二三七年、ハミルカル・バルカに率いられたカルタゴ軍はイベリア半島（ヒスパニア）に出発した。ヒスパニアは、銀などの鉱産資源が豊かであり、その地に住む部族は剽悍（ひょうかん）さで知られていた。ハミルカルはローマに支払う賠償金を調達することを口実に、軍資金を蓄え、ローマ軍に対抗できる強力な軍勢を集めようとした。ポリュビオス（『歴史』第三巻十一節五―八）によると、ヒスパニアへの出発の際、ハミルカルは、九歳であった息子ハンニバルに対して「彼の手を取って祭壇に導き、『犠牲獣の上に手を置き、決してローマ人たちの友人とはならない』と誓うように命じた」と伝えられる。

前二二八年に死亡するまで。ハミルカルはヒスパニアでのカルタゴの勢力拡大に努めた。彼の死後、ヒスパニアにおけるカルタゴの将軍の地位は、娘婿のハスドゥルバルが継承した。彼は義父とは異なって、戦争よりも行政と外交に長じていた。彼は地中海沿岸の地にカルタゴのヒスパニア支配の新たな拠点としてカルタゴ・ノウァ(現在のカルタヘナ)を建設し、さらにローマと交渉してイベル川(現在のエブロ川)をカルタゴ勢力圏の北限とすることを定めた。ただし、イベル川以南の都市サグントゥムがローマと同盟を結ぶなど、カルタゴではなくローマの保護下に入ろうとする勢力も存在した。

前二二一年、ハスドゥルバルが亡くなると、ハミルカルの息子であるハンニバルがヒスパニアにおけるカルタゴの将軍の地位に就いた。ハンニバルは、ヒスパニアに駐屯するカルタゴ軍の兵士たちに圧倒的な人気があった。カルタゴ人やハンニバルに対して批判的なローマの歴史家リウィウスが次のようエピソードを伝えている(『ローマ建国以来の歴史』二一巻四節)。ハスドゥルバルの生前にハンニバルが初めてヒスパニアのカルタゴ軍に紹介された際に「古参の兵士たちは、青年時代のハミルカルが、自分たちの所に戻ってきたと信じた」と述べ、さらに間もなくハンニバル自身の美点が兵士たちの好意を集めたと伝える。彼は、命令する指揮官として天分も、命令に服する兵士としての天分も有していた。困難な任務を果たすのに彼以上の適任者はなく、彼以上に部下の士気を鼓舞できる者もいなかった。また危険を犯すことに躊躇(ちゅうちょ)しない勇気と最高の判断力を併せ持ち、如何なる困苦も彼の身体と精神を挫くことがなく、彼は暑さにも寒さにも等しく耐え、必要な飲食だけを取り、楽しみのためには取らなかった。昼夜を問わず働き、仕事が終われば、静かな寝室の柔らかい寝床ではなく、兵士の外套をまとって地面に横たわった。彼の衣服は仲間と同等だったが、武具と馬は注目を引くほど立派だった。歩兵としても、騎兵としても戦場に最初に駆け付け、最後に離れたとされる。リウィウスは、以上の賛辞の最後に取って付けたように、「これほどの兵士としての美徳に釣り合う巨大な悪徳が存在した。非人間的な残酷さ、フェニキア人を超える不誠実さ、如何なる真実、如何なる神聖さも尊重せず、神々を畏れず、どんな誓約も、どのような神聖な義務も重んじなかった」と付け加える。いずれにしても、カルタゴ軍の兵士たちがハンニバルの才能と武勇に感嘆し、熱狂的に崇拝していたことは間違いなかろう。

第二回ポエニ戦争の始まりとハンニバルのイタリア侵入

ハンニバルがヒスパニアにおけるカルタゴの将軍職に就任して二年後の前二一九年、イベル川以南のカルタゴ勢力圏に位置するが、ローマの同盟国として保護下にあった都市サグントゥムをハンニバル率いるカルタゴ軍が包囲し、八ヶ月にわたる攻撃で大きな犠牲を払いながら陥落させた。ローマの歴史家リウィウス(『ローマ建国以来の歴史』二一巻十三—十四節)によれば、ハンニバルはサグントゥム人が全ての金銀・財産と都市を放棄すれば、妻子と共に二揃いの衣服のみを携えて退去することを許すとの提案が受諾されなかったため、成人男子全員の殺害を命じたと言う。第二回ポエニ戦争が実質的に始まった。

前二一八年春、ハンニバルは大軍を率いて北上してイベル川を越えて、ピレネー山脈、さらに南ガリアに進み、陸路を通ってイタリアを目指した。ハンニバル軍はロダーヌス川（現在のローヌ川）を渡河後に北方に進路を変じて、迎え撃とうと進軍してきたコンスルのプブリウス・コルネリウス・スキピオの率いるローマ軍の前から姿を消した。ハンニバル軍は、現地部族の攻撃や険しい地形や厳しい天候で大きな損害を出しながら、アルプス山脈を越えて現在の北イタリアの地に出現した。

イタリアに侵入したハンニバル率いるカルタゴ軍は、ローマ軍を次々に撃破することになった。アルプス越えの直後、前二一八年の冬にはローマの二人のコンスルが率いる軍をパドゥス川（現在のポー川）の南北の支流、ティキヌス川とトレビア川の辺の戦いで連破した。翌前二一七年、北イタリアのガリア人を加えて戦力を強化したハンニバルの軍は南下を開始し、コンスルのガイウス・フラミニウスが率いるローマ軍をエトルリア地方のトラシメヌス湖畔の戦いで粉砕し、フラミニウスは戦死した。翌前二一六年、ハンニバル軍は、ローマ市を迂回して、南イタリアのアプリア地方のカンナエに進んだ。ローマ軍は、この都市の二人のコンスルの指揮下に八万人とも十万人とも伝えられる圧倒的大軍を集結させた。ところが、ハンニバルの優れた指揮の下、少数のカルタゴ軍は、カンナエにおいて数的に優勢なローマ軍を包囲殲滅（せんめつ）した。ポリュビオス（『歴史』三巻一一七節）によれば、ローマ軍では七万人が戦死して一万人が捕虜となったが、カルタゴ軍の戦死者は六千七百人だった。またローマ側ではコンスルの一名も戦死し、当時定員三〇〇名であった元老院議員も八〇名が戦死したとされる。この大勝利の要因は、ポリュビオス（『歴史』三巻一一七節四―五）によれば、カルタゴ軍の騎兵における優位であるが、同時に騎兵を使いこなすハンニバルの戦術家としての才能が大きかっただろう。

この大敗北の結果、ローマはハンニバルの率いる軍との直接の対決を避ける持久戦略に転じて、ハンニバル率いるカルタゴ軍の根拠地であるヒスパニアやカルタゴ側に寝返ったイタリアやシチリア島の諸都市を攻撃する作戦に変更した。また、この大敗北の直後に、生き残ったローマのコンスルは、次のようにハンニバルとカルタゴ人への憎悪を表明している。「この生まれつきと習慣から残酷で野蛮な敵を、さらに将軍自身が人間の死体の山で橋や堤防を築き、口に出すのも不快だが、人間の死体を食べることを教えることでもっと残酷にした」(リウィウス『ローマ建国以来の歴史』二三巻五節一二)と。

大スキピオの登場とカルタゴの敗北

ローマの持久戦略によって、戦争の形勢は次第に変化した。イタリアでは、ハンニバル軍の一日行程後方をローマ軍が追尾しつつ、決して正面からの戦いを挑まないと言う状況が、十三年間にわたって続いた。一方ハンニバルのいない他の方面では、ローマ軍が攻勢に出て、カルタゴ側の勢力を倒していった。カルタゴ軍は次第にその戦力を消耗させていった。中でも重大であったのはヒスパニアの戦況であった。ハンニバルの根拠地であるヒスパニアにもティキヌス川の敗将プブリウス・コルネリウス・スキピオと彼の兄グナイウスが率いるローマ軍が侵攻して、留守を守るカルタゴ軍と激しい戦いを展開していた。

ところが、前二一一年にヒスパニアのローマ軍の指揮官であったスキピオ兄弟が相次いで戦死し、プブリウスの息子で同名のプブリウス・コルネリウス・スキピオが指揮権を受け継ぐと情勢が大きく動くことになった。息子のスキピオは、ヒスパニアにおけるカルタゴの根拠地カルタゴ・ノーウァを奇襲で陥落させ、カルタゴ軍の指揮官たちの不和に乗じて前二〇六年までにヒスパニアのカルタゴ領を制圧することに成功した。その間、カルタゴ軍への騎兵の供給源であった北アフリカのヌミディアに赴き、後にヌミディア王となるマシニッサをローマ側に寝返らさせることに成功した。

前二〇五年、異例の若さでコンスルに選ばれたスキピオは、それまでの持久戦術を終わらせ、アフリカのカルタゴ本国への侵攻を企てた。ローマ元老院内の慎重派の反対を抑えたスキピオは、前二〇四年に上陸し、翌前二〇三年にはカルタゴ本国軍を粉砕した。ハンニバルにカルタゴはイタリアから本国への帰還を命じることになった。

ハンニバルはカルタゴ本国に帰還し、翌二〇二年にザマの戦いでスキピオ率いるローマ軍に敗れた。ハンニバルの敗因としては、何よりもヌミディアの騎兵隊がマシニッサの下にローマ軍に参戦したこと、そして、スキピオが、ハンニバルの勝利したイタリアの戦いに参加して、ハンニバルの戦術を熟知していたことが挙げられよう。この戦いの結果、カルタゴは、ローマに降伏し、全ての海外領土と艦隊の放棄等を条件に講和条約を結んだ。

ハンニバルの亡命と死

敗北翌年からハンニバルは、カルタゴの最高公職であるスフェスに就任して、税制や将軍などの裁判権を有する百人会の改革を行った。しかし、カルタゴの国力回復に脅威を感じたローマが介入したため、前一九五年にはハンニバルは亡命を余儀無くされた。

ハンニバルは東方のヘレニズム世界の諸国に亡命した。フェニキアを経てシリアのアンティオコス三世の下に保護を求め、ローマとシリアの間の戦争(前一九二―一八八年)ではシリアの艦隊を指揮したが、敗北した。シリアの敗北後はクレタ島経由で、小アジア西北部のビテュニア王国に亡命したが、ローマの使節の引き渡し要求を受けて自殺した。

ハンニバルの戦争における輝かしい勝利は、大きな恐怖と憎悪の念をローマの社会に引き起こした。武勇や武功に何よりも重きを置く軍国主義国家であったローマではハンニバルの武功に対して一定の評価をせざるを得なかったが、カルタゴ人の特徴とローマ人が認識する狡猾さと残忍さの代表として貶めることになったのである。

⊙参考文献

Dexter Hoy, *Hannibal's Dynasty:Power and Politics in the Western Mediterranean, 247-183BC*, London and New York 2003.

リウィウス『ローマ建国以来の歴史』

前100–44年
古代ローマ共和政末期の政治家・軍人。第1回三頭政治を結成後、内乱に勝利、独裁官となったが暗殺された。

借金に追われた民衆政治家

カエサル

…Caesar…

島田 誠

カエサル(前一〇〇—四四年三月十五日)は、古代ローマ共和政末期の政治家・将軍である。カエサル家は古い家系の名門貴族だが父親の代から民衆派に属していた。前六〇年に有力政治家・将軍であったポンペイウスとクラッススと第一回三頭政治を結成して、共和政ローマの政治を牛耳っていた元老院主流派に対抗し、前五九年にローマの最高公職であるコンスル職を務めた。その後に前五八—前五一年にガリアの総督を務め、アルプス山脈から大西洋、ライン河までのガリア全土をローマの支配下に入れた。前四九年一月には、元老院主流派と和解したポンペイウスと対立して内乱に突入し、地中海世界各地でポンペイウス派・元老院派の軍を撃破して独裁官となった。共和政の伝統を無視した言動からブルトゥス等の元老院議員一派に暗殺された。彼の政策は、世界帝国となったローマの支配圏の実情にローマの政治を適合させたと評されている。

カエサル家(ユリウス氏族)の始祖伝説

カエサル家の属するユリウス氏族は、ホメロスの叙事詩で知られるトロイア戦争でギリシア連合軍に敗れたトロイアの英雄アエネアスの子孫とされる。アエネアスは、トロイアの王族と美の女神アフロディテ(ローマ名ウェヌス)の間に生まれたとされる英雄であった。ユリウス氏族は、アエネアスが地中海を彷徨(さまよ)う苦難の旅の末にイタリアに築いた都市アルバ・ロンガの貴族であったが、ローマの第三代の王トゥッルス・ホスティリウス(伝説上の在位期間前六七三—六四二年)が、アルバ・ロンガを滅ぼすとローマに移住してローマの貴族(パトリキ)となったとされる。カエサルも女神ウェヌスの子孫となる。

さてカエサルの死後にその家名を継ぎ、帝政を開始したアウグストゥスの時代にローマ建国の伝説を描いた詩人ウェルギリウスの叙事詩『アエネアス』によれば、ユリウス氏族に名前を与えた祖先(名祖)であるユールスとは、アエネアスの上の息子アスカニウスであるとされる。アスカニウスは、すでにトロイア戦争中に出生して、父親のアエネアスと共にイタリアの地に到達し、新たな都市アルバ・ロンガを建国した人物であったとされる。このアスカニウスが、イタリアに到達後に父アエネアスが現地の女性と再婚して儲けた弟に王位を譲って、弟の子孫からローマ建国の王であるロムルスが誕生することになる。ところが、同じアウグストゥス時代の歴史家リウィウス(『ローマ建国以来の歴史』一巻三節二)は、アスカニウスがラウィニアの息子でアエネアスの死亡時には統治するには幼な過ぎたとした上で、「私(リウィウス)は、ユリウス氏族が自分たちの氏族名の始祖としてユールスと呼んでいる者が、このアスカニウスなのか、あるいは、この者より歳上でCreusaを母として健在なイリウム(イーリオン)に生まれ、その後父親の逃亡をともにした者なのかを論じるつもりは全くない。と言うのは、誰がこれほど古い事を確かなこととして断言するだろうか」と述べ、当時の支配者であったアウグストゥスも所属するユリウス氏族の始祖伝説への疑問を暗に述べている。しかしながら、カエサルやアウグストゥスの時代のローマ人にとって、ユリウス氏族カエサル家が、ローマでも最も古く由緒ある貴族の家柄であることは周知のことだったと思われる。ただし、その家が繁栄したことはほとんどなく、弱小の名門貴族であったと言えよう。

民衆派マリウスの支持者としてのカエサル家

カエサルが民衆派（ポプラレス）の政治家と見做（みな）され、その結果、名門貴族出身でありながら、ローマ元老院の主流派から冷たく見られていたのは、彼の父親の世代の政略結婚のためであった。カエサルの叔母のユリアが、前一一〇年ごろに地方都市出身の民衆派政治家であった年長のガイウス・マリウスと結婚したのである。この新興の家柄の政治家マリウスと由緒あるユリウス氏族カエサル家の娘との結婚は、マリウスにとっては地方都市出身の自らの家格を上げることが目的であり、カエサル家にとってはマリウスの実際の政治的影響力を利用することであろう。ユリアの兄弟であり、独裁官カエサルの同名の父ガイウス・ユリウス・カエサルは、前九〇年代の初めにプラエトルに就任している。

マリウスは、前一〇七年には、最高公職であるコンスルに就任して北アフリカのヌミディア王国の王ユグルタとの戦争を最高司令官として終結させた。しかし、その最中に下僚のクァエストルであった貴族出身のコルネリウス・スッラ（スラ）と激しく対立した。丁度、この頃に北方からゲルマン人の二部族キンブリ族とテウトニ族がローマの勢力圏に迫っており、三度にわたってローマのコンスルの率いる軍勢を破っていた。マリウスは、前一〇四年から前一〇〇年までコンスル職を務め、前一〇二年と前一〇一年の戦いでテウトニ族とキンブリ族を連破した。しかし、前一〇〇年のコンスル在職中には自らの支持者である護民官サトゥルニヌスの過激な政策のために支持を失い、一時的に政治の場から引退した。

前九一年に、イタリアの同盟諸市がローマに対して武器をとって始まったイタリア同盟市戦争では、マリウスは、政敵のスッラと並んで軍を率いてイタリア側の軍と戦った。しかし、実質的にほとんどのイタリアの同盟者に対してローマ市民権を与えることで戦況がローマにとって有利となると、元老院の多数派である閥族派（オプティマテス）を代表するスッラと民衆派のマリウスとの間の対立が再燃して、武力衝突に発展した。マリウスが、前八八年のコンスルであったスッラと黒海南岸のポントス王国のミトリダテス六世との戦争の指揮をめぐって対立したのである（プルタルコス『対比列伝』「マリウス伝」三四―四〇節）。スッラは正規軍団を率いて南イタリアで抵抗を続けるイタリア側の都市を攻囲していたが、その攻囲の終了後に東地中海に出征してミトリダテスとの戦争の指揮をとることになっていた。ところが、マリウスも、この戦争の指揮権を望んでおり、護民官のスルピキウスが平民会の決定で指揮権をスッラから奪ってマリウスに与えた。スッラは指揮下の正規軍団を説得してローマ市への進軍を開始して、武力で反対派を制圧した。スルピキウスは殺害され、マリウスは妻子とともにアフリカに逃亡した。

　スッラが東方に出発すると、前八七年コンスルであるルキウス・コルネリウス・キンナが、マリウスを呼び戻して民衆派による政権を樹立した。マリウスは、前八六年にキンナとともにコンスルに就任したが、就任から十三日後に病没した。一方、前八五年に父を失った後の独裁官カエサルは、前八四年に十六歳で三歳年下のキンナの娘コルネリアと結婚した。カエサル家と民衆派指導者との婚姻関係による結びつきは変わりなかった。ところがキンナは、麾下の兵士の暴動で前八四年に殺害された。一方、スッラは東方での戦争を終結させ、前八三年にその軍をイタリアに上陸させ、前八二年十一月一日、ローマ市のコッリナ門近郊で両派の最後の決戦が行われ、スッラ軍が勝利した。

独裁官スッラと若きカエサル

　勝利後のスッラは、独裁官に就任して数々の行政制度の改革を断行したが、同時に旧マリウス、キンナ派の粛清を行った。当然、マリウスの妻の甥であり、キンナの娘婿であった若きカエサルも対象となった。スエトニウス（『カエサルたちの生涯』（ローマ皇帝伝「カエサル伝」一節）やプルタルコス（『対比列伝』「カエサル伝」一節）によれば、キンナの娘コルネリアとの離婚を強く迫られたカエサルは、スッラの要求を拒んだため、全財産を没収されて追っ手から逃れて隠れ家を転々としたが、母方の親族の執り成しでスッラも渋々とカエサルを許したと言う。なお、このときにスッラが「この若者の中には多くのマリウスが潜んでいる」とカエサルの将来の危険性を述べたと伝えられている。

さて、一応はスッラからの許しを得たが、なお危険な立場であったカエサルは、東方の属州アシアでの軍隊勤務に赴いた。この勤務中にビテュニア王の宮廷に派遣され、ニコメデス王と男色関係になったとの醜聞が立ったが、軍人としての功績も挙げて、属州総督から市民(救命)冠を授けられた(スエトニウス『カエサルたちの生涯』「カエサル伝」二節)。この勤務の際か、あるいは少し後に東方に赴いた際の航海中に海賊に捕まり、身代金を要求されたが、捕虜の身にもかかわらず堂々と振る舞い解放された後に、討伐隊を編制して海賊を一網打尽に捕らえて磔刑(たっけい)に処したことが伝えられている。

カエサルの政界進出

前七八年、スッラが亡くなり、当面の身の危険は去ったが、元老院が指導するローマの政界はスッラの支持者や旧部下が優勢であり、マリウスやキンナと縁の深いカエサルは常に非主流派、少数派であった。カエサルは、むしろ市民たちからの人気を利用して公職選挙に当選したり、法律を成立させる民衆派(ポプラレス)の政治手法を採用した。

市民たちから人気を博するために彼は公私様々な催し物を開催し、多額の資金を支出した。最初の上級公職であるクァエストルに就任した年に、叔母でマリウスの未亡人のユリアと妻のコルネリアがともに亡くなり、カエサルは盛大な葬儀を挙行した(スエトニウス『カエサルたちの生涯』「カエサル伝」七節』およびプルタルコス『対比列伝』「カエサル伝」六節)。彼は、叔母ユリアの葬儀に際しては、身分の高い高齢の女性の葬儀の慣習に従ってローマ市の中央広場で追悼演説を行ったが、その際に叔母の夫マリウスの功績を讃えた記念品を聴衆に展示して見せた。マリウスの記念品が公衆の面前で示されたのはスッラの内乱勝利以来初めてであり、元老院議員たちには不評であったが、市民たちは喝采を浴びせたと言う。また妻の葬儀に際して、若い女性の葬儀には慣習がなかったにもかかわらず、叔母と同様に盛大な葬儀と追悼演説を行った。

さらに前六五年にローマ市内の公共建物や祭礼の管理をするアェディリス職に就任すると、二〇年前に亡くなった父の追悼を名目に大規模な剣闘士の試合を催して市民たちに娯楽を提供した。これらの出費のために、一般市民からの人気と引き換えに莫大な借財を背負うことになった。しかしながら市民間でのカエサルの人気は大きなものになっていた。前六三年、ローマにおける宗教上の最高責任者であるポンティフェクス・マクシムス(大神祇官長と訳される)が空席となって選挙が行われた。この選挙には、カエサルよりもはるかに席次の高い元老院議員が立候補していたが、彼らを破ってカエサルが選出された。

前六三年、カエサルがすでに翌前六二年のプラエトル職に当選していた晩秋から冬に、コンスル選挙に落選して借金に苦しんでいたスッラの旧部下のカティリナの政権転覆の陰謀が、コンスルのキケロによって暴露された。この陰謀者たちの処分が元老院で議論されて元老院議員たちが席次順に意見を表明した際、カエサル以前の発言者は即決で死刑にすべきとの意見を述べたのに対して、カエサルはローマ市民を正式な裁判なしに処刑すべきではなく、取りあえず彼らをイタリアの諸都市で監禁すべきであると主張した。カエサルの雄弁もあって意見を変える議員が続出したが、最後に護民官のマルクス・カトーが一層の雄弁をふるって処刑すべきこととカエサルが陰謀の共犯者であるとの嫌疑を強く主張したため、陰謀者たちは裁判なしに処刑され、カエサルも身の危険を感じることとなった。なお、この時の元老院の討議の際に、議場のカエサルの下に書簡が届けられ、カトーが陰謀者たちからの連絡だと糾弾する場面があった(プルタルコス『対比列伝』「小カトー伝」二四節)。ところが、カエサルがその場でカトーに見せた書簡は、カトーの異父姉セルウィアからカエサルに送られた恋文であったと言う。このとき以降、この二人の政治家は不倶戴天(ふぐたいてん)の敵同士として激しく対立するようになった。また翌前六二年のプラエトルとしての就任後も、カエサルと元老院主流派との間には様々な軋轢(あつれき)が続いた。

クラッススの支援から第一回三頭政治へ

プラエトル職を終えたカエサルは、ヒスパニアの属州総督に任命されたが、それまでの政治活動でつくった莫大な借金の債権者たちがカエサルの出発を押し止めた。当時の属州総督職は、政治家にとってローマ市での公職選挙などでできた借金を属州民に重い負担を課すことで埋め合わせる絶好の機会と見られていた。そこから考えると債権者たちが属州への出発を押し止めるとは、カエサルの借金の額がよほど莫大であったか、カエサルの政治的立場が不安定と見られていたかであろう。この前代未聞の状況を切り抜けるために、カエサルは当時ローマ随一の富豪であり、政治家としても有数の実力者であったクラッススを頼った。クラッススが保証人となったため債権者たちはカエサルの属州出発を認めることになった（プルタルコス『対比列伝』「カエサル伝」十一節）。このクラッススの関係が政治家としてのカエサルの将来を大きく変えることになった。

クラッスス、正式にはマルクス・リキニウス・クラッススは、平民系の名門出身であり、スッラの旧部下であった。彼はスパルタクス奴隷反乱の鎮圧などで活躍して前七〇年にコンスルを務め、ローマ政界の有数の実力者だった。一説（スエトニウス『カエサルたちの生涯』「カエサル伝」九節）では、カエサルは、アェディリス在職中の前六五年頃にクラッススを担いで政変を企てたことがあるとされ、クラッスス自身も、元老院主流派からは疑わしい政治家と見做されていた。クラッススのライバルであったグナエウス・ポンペイウスは、若くしてスッラの麾下で武功をあげた軍人であり、前六〇年代には地中海の海上で猖獗を極めていた海賊を討伐して、黒海南岸の小アジアからパレスティナ地方に至るオリエントの広大な地をローマ領とした。ポンペイウスは、前六二年末頃にローマに帰還したが、輝かしい彼の武勲がカトー等の疑心を招き、ポンペイウス軍の退役兵への報償の農地の分配を否決されるなど、ポンペイウスと元老院主流派の対立が生じた。

コンスル職とガリア征服

このスッラ旧部下で政界の実力者であったクラッスス、ポンペイウスと元老院主流派との間の対立に乗じたのが、カエサルであった。前六一年にヒスパニアの属州総督を務めたカエサルは、ローマに帰還して翌前六〇年のコンスル選挙に立候補していた。カエサルは、大々的な市民への金銭の贈与（実質的な投票の買収）を約束して、当選した。この選挙の行われた前六〇年にカエサルは、クラッススとポンペイウスの間を取り持って、政治的な同盟関係、いわゆる第一回三頭政治を成立させた。あくまで三人の政治家の私的な政治盟約であったが、共和政ローマの歴史に決定的な影響を与えることとなった。

前五九年にコンスルに就任したカエサルは、ポンペイウスの退役兵への農地分配法などポンペイウスやクラッススのための法律を強硬に成立させた。この代償として、前五八年からガリアの総督に任命された。以後、カエサルは前五〇年までアルプス以北のガリア地方の征服活動を進めることになった。前五八年～前五六年にはアルプス以北、ライン河から大西洋岸にいたる北部ガリアを制圧し、侵入してきたゲルマン人を撃退した。前五五年には、ライン河を越えてゲルマニアに侵入し、また海峡をわたってブリタニアにも侵入した。前五五年から前五三年には北部ガリアの反乱に遭遇したが鎮圧、翌前五二年には全ガリアの多くの部族が参加したウェルキンゲトリクスの大反乱が生じたが、これを破って全ガリアの征服が完了した。カエサルは、このガリア遠征での戦利品から莫大な富を獲得し、幾多の輝かしい勝利は軍人としての権威を彼に与えた。カエサルは、クラッススを越える富とポンペイウスに匹敵する軍事的栄光を得たのである。

三頭政治の崩壊と内乱

前五四年、ポンペイウスに嫁いでいたカエサルの娘ユリアが没し、前五三年にはシリア総督であったクラッススが遠征先のメソポタミアのカッラエでパルティア軍に敗れて戦死した。この時点で第一回三頭政治は実質的に崩壊した。

　ポンペイウスは、カトーらの元老院主流派と和解してカエサルと対立した。前五〇年、元老院はカエサルに麾下の軍隊の解体とローマへの帰還を命じた。帰還後の反対派による訴追を恐れたカエサルは内乱に打って出ることを決意し、前四九年一月十日に自らの属州とイタリアの境界となるルビコン川を越えてイタリアに進軍した。このカエサルの行動を予期していなかったポンペイウスと元老院主流派はローマとイタリアを棄ててバルカン半島に逃亡した。翌前四八年夏、ギリシアのファルサロスでカエサル軍はポンペイウス・元老院主流派の軍を破り、ポンペイウスは、逃亡先のエジプトで暗殺された。カエサルはエジプトに入って王家の内紛に介入して、クレオパトラをエジプト女王とした。

クレオパトラをエジプト女王に据えるカエサル
（1637年、ピエトロ・ダ・コルトーナ筆　アフロ提供）

　カエサルは、前四八年に一年任期の独裁官に就任した。前四六年にはアフリカのタプソスでポンペイウス・元老院主流派の軍を破り、ローマに一時帰国して十年任期の独裁官に就任した。前四五年にはヒスパニアでポンペイウスの息子たちの率いる軍を破り、ローマに帰還して終身の独裁官となった。この間のカエサルの共和政を軽視する発言とカエサルに阿る者たちの行動、例えば前四四年二月十五日にマルクス・アントニウスが王冠を捧げようとしたことは、多くの元老院議員に不安を抱かせることになった。

さてカエサルは、ポンペイウスや元老院主流派から帰順してきた元老院議員も厚遇していた。その中には、彼の仇敵であり、内乱中にアフリカで自殺したカトーの甥で、かつての愛人セルウィアの息子のマルクス・ブルトゥスもいた。このブルトゥスを初めとする六〇名とも伝えられる元老院議員が、前四四年三月十五日にポンペイウス劇場で開催された元老院秋着に際してカエサルを暗殺した。

⦿参考文献

Matthias Gelzer, *Caesar :Politician and Statesman*, Translatee by Peter Needham from German 6th edition, Oxford 1968.

毛利晶『カエサル—貴族仲間に嫌われた英雄』(「世界史リブレット　人　七」山川出版社、二〇一四年)

プルタルコス『対比列伝』「カエサル伝」

スエトニウス『ローマ皇帝伝』「カエサル伝」

在位前51–30年
プトレマイオス朝
最後の女王。ローマのオクタウィアスに敗北し、自殺。

ローマの実力者たちを翻弄した
クレオパトラ七世
…Kleopatra…

小林登志子

「クレオパトラの鼻。それがもっと短かったなら、大地の全表面は変わっていただろう。」(パスカル著、前田陽一、由木康訳『パンセ』)あまりにも有名なパスカル(フランスの思想家。一六二三―六二年)の警句である。一人の女性の容貌の変化が地球全体に影響を及ぼすこともあるといっていて、エジプト女王クレオパトラ七世(フィロパトル〔「愛父者」の意味〕在位前五一―三〇年)は歴史上では美人の代名詞でもあり続けた。歴史上には数多の人物が登場するが、圧倒的に男性で、女性は少ない。その数少ない一人が、クレオパトラで、地中海世界制覇を目論むローマに対して、エジプトの独立と威光を維持しようと尽力した女王であった。

プトレマイオス朝の繁栄

クレオパトラはヘレニズム時代(前三二三―三〇年、諸説あり)に最も繁栄したプトレマイオス朝(前三〇五―三〇年)の最後の女王であった。プトレマイオス朝はエジプトを中心に東地中海各地を支配したマケドニア系王朝で、アレクサンドロス三世(大王)(在位前三三六―三二三年)の遺将で、ディアドコイ（「後継者」の意味）の一人、プトレマイオス一世ソテル（「救済者」の意味）（在位前三〇五―二八二年）が建てた。プトレマイオスの父の名前をとって、ラゴス朝と呼ばれることもある。最盛期には、キュレナイカ、フェニキア、アナトリアの一部、さらにキプロスやエーゲ海の島々にまで勢力範囲が及んだ。プトレマイオス朝の王は王国すべての土地を所有していた。ファラオ時代以来のナイル河流域の伝統的農村を支配し、そこから豊かな利益を獲得した。王家は商業活動を奨励して利益を引き出し、高い税金を課し、パピルス、麻などの利益を独占した。

なお、首都アレクサンドリアはナイル・デルタ河口に位置する貿易港で、ヘレニズム時代に繁栄し、商業、学術の一大中心地であった。

プトレマイオス朝の衰退

プトレマイオス朝の隆盛は、前三世紀後半から衰退に転じる。セレウコス朝（前三一二―六四年）との対立激化やエジプト人の反乱に加え、王朝内部で権力争いが繰り返された。その上、王族たちが、ローマの実力者に支援を求めたことから、ローマの権力闘争に巻き込まれてしまい、エジプトの弱体化が加速されることになった。

前二世紀以後は、長期の衰退以外の何物でもなかった。一時期は回復の兆しを見せたが、民衆にはアウレテス（「笛吹き」の意味）として知られた、クレオパトラ七世の父、プトレマイオス一二世ネオス・ディオニュソス（「新しいディオニュソス」の意味）（在位前八〇―五七、五五―五一年）の失政により、事態は急速に悪化した。

カエサル対ポンペイウス

前一世紀になると、地中海世界はほぼローマの支配下に組み込まれていた。この頃、ローマは前五〇九年に始まる共和政から前二七年に始まる元首政（プリンキパトゥス）への過渡期、「内乱の一世紀」にあたり、有力な政治家たちによる元老院の権威を排除した独裁的な政治形態、第一次三頭政治が前六〇年に成立する。カエサル（前一〇〇―四四年）、ポンペイウス（前一〇六―四八年）、クラッスス（前一一五―五三年）の間の私的盟約にもとづく政治体制だが、前五三年にクラッススが戦死したことで、この体制は崩壊した。

この結果、残った二人、カエサルとポンペイウスの対立が激化し、前四八年にファルサロスの戦いで、カエサルが勝者となる。カエサルは敗者ポンペイウスを追って、アナトリア経由でエジプトに進軍するも、すでにポンペ

クレオパトラ7世関連地図

イウスは暗殺されていた。

クレオパトラ七世の即位

プトレマイオス朝の女性は政治や宗教において大きな影響力を持ち、守護と糧を与える女神と結びついた王妃は人々の崇拝の対象であって、権力者の地位についた。プトレマイオス朝時代に登場した七人の王妃がクレオパトラの名を持つものの、最も有名なのがクレオパトラ七世である。クレオパトラ七世の父はプトレマイオス一二世だが、母の名は知られていない。前五一年、内外共に困難な状況下に、クレオパトラは一八歳で、弟のプトレマイオス一三世(在位前五一―四七年)の共同統治者として即位した。だが、翌年には両者は不和となり、クレオパトラはアレクサンドリアを追われた。王家の内紛が繰り返されている間に、前五〇―四九年は飢饉によって農民一揆が起こり、国家経営は惨憺たるものであった。

このような身動きができない状況下にあったクレオパトラが頼れるとしたら、アレクサンドリアに滞在しているカエサルしかなく、援助を求める決断をクレオパトラは下した。腹心一人だけを伴って、人目を忍ぶために寝具袋に潜り込んで、カエサルの前へ現れたクレオパトラの機知にとんだ、大胆さがカエサルの心をとらえたことをプルタルコス(ギリシアの哲学者、著述家。四六―一二〇年頃)「カエサル」四九『プルタルコス英雄伝』が伝えている。

また、スエトニウス(伝記作家。七〇―一三〇年頃)『ローマ皇帝伝』は「カエサルが鐘愛したのは、クレオパトラである。」(国原吉之助訳)といっているし、プルタルコスも「このエジプトにおける戦争についても(略)クレオパトラに対する愛のために起こったもので、」(長谷川博隆訳「カエサル」四八『プルタルコス英雄伝』)と語っている。

クレオパトラとカエサルが結ばれたことで、プトレマイオス一三世派との対立が再燃し、アレクサンドリア戦争(前四八―四七年)が勃発する。一説によれば、名高いアレクサンドリアの図書館が灰燼に帰したのはこの時だったという。戦いの結果、プトレマイオス一三世は自殺し、カエサルが事実上のエジプトの支配者となった。

クレオパトラの美貌

パスカルではないが、クレオパトラといえば美人の代名詞だが、これは少しちがっていたかもしれない。デンデラにあるハトホル女神神殿壁面には、カエサルとの間に生まれた息子のカエサリオン(「小カエサル」の意味)とともに、クレオパトラの大きな姿の浮彫が刻まれている。だが、この浮彫は写実的ではなく、古代エジプトの伝統に則った表現であって、クレオパトラの容貌を知る手がかりにはならない。

手がかりとになるのは、クレオパトラが発行した数種類のコインで、前三四年頃発行の銀貨には「クレオパトラ女王の(コイン)」の刻文と横顔が刻まれている。編んだ髪を後頭部でまとめ、王冠(ディアデマ)をかぶったクレオパトラは大きな目、長めの鼻そして少し突き出た顎の個性的な顔立ちである。

このコインの肖像と似ているのが、ベルリンの旧博物館所蔵の「クレオパトラ」と推定されている大理石の頭部像で、「クレオパトラ」といわれる数多の彫像のほとんどは「推定」だが、本物の可能性が最も高いと考えられている。気品ある若い女王の像と、高い評価を受けている。

教養人クレオパトラ

『プルタルコス英雄伝』は、クレオパトラは容貌よりも、豊かな知性と言語能力の高さで、魅力的だと次のように伝える。「それというのも、彼女の美もそれ自体では決して比類のないというものでなく、見る人々を深くとらえるというほどのものではなかった。しかし彼女との交際は逃れようのない魅力があり、また彼女の容姿が会話の際の説得力と同時に同席の人々のまわりに何かふりかけられる性格とを伴って、針のようなものをもたらした。彼女の声音にはまた甘美さが漂い、その舌は多くの絃のある楽器のようで、容易に彼女の語ろうとする言語にきりかえることができ、非ギリシア人とも通訳を介して話をすることはきわめて稀で、大部分の民族には、エチオピア人、トログロデュタイ人、ヘブライ人、アラビア人、シリア人、メディア人、パルティア人のいずれにも自分で返答した。その他の多くの民族の言葉をも彼女は習得していたと言われているが、彼女よりも前のエジプトの諸王はエジプト語さえ学ぼうと努めず、マケドニア語さえお手あげであったものもあった。」（秀村欣二訳「アントニウス」二七『プルタルコス英雄伝』）

プルタルコスの伝える通りであれば、歴代の王たちの誰よりもクレオパトラは真摯な態度の支配者であって、魅力的な教養人でもあったと、評価されている。

カエサルの死

事実上のエジプトの支配者となったカエサルによって、プトレマイオス一三世は敗走させられ、自殺に追い込まれたともいう。その後、別の弟プトレマイオス一四世（在位前四七―四三年）とクレオパトラは再婚し、共同統治者となったが、名目だけと推定される。前四七年にはクレオパトラはカエサルとの間の子、カエサリオンを出産している。翌年（前四六年）には、乳飲み子のカエサリオンを伴いローマを訪問したクレオパトラだが、エジプトでは王の振舞いの特徴として認められていた贅沢な生活が、一転してローマでは市民の批判の的になってしまった。

前四四年三月一五日にカエサルが独裁政治を批判され、ブルトゥス（前八五―四二年頃）他の共和政擁護派の元老院議員たちによって暗殺されると、庇護者を失ったクレオパトラはアレクサンドリアに立ち戻った。戻るや否や、クレオパトラは自身の権力基盤を固めるべく、弟プトレマイオス一四世を暗殺し、代わりに息子のカエサリオン、すなわちプトレマイオス一五世カエサル（在位前四四―三〇年）を共同統治者に据えた。

クレオパトラとアントニウス

カエサル死後のローマでは、前四三年に第二次三頭政治が成立した。カエサルの副官だったアントニウス（前八三？—三〇年）、カエサルの養子オクタウィアヌス（初代皇帝アウグストゥス。在位前二七—後一四年）およびレピドゥス（前九〇—一三年頃）が、公式に国家再建三人委員に任ぜられて、国政の全権を掌握した体制である。三者は前四〇年に勢力範囲を三分するブルンディシウム協定を締結し、アントニウスはローマ支配の東方領土を統治することになる。

前四一年、アントニウスはクレオパトラをアナトリアのタルソスに呼び出した。クレオパトラの招きで船に乗ったアントニウスはたちまち彼女の虜となったと伝えられているが、クレオパトラはアントニウスの軍事力を、アントニウスはクレオパトラの財力を当てにしての、両者は思惑が一致した、利用しあう関係でもあった。

図1　デンデラ、ハトホル女神神殿浮彫(アフロ提供)

プルタルコスは次のように両者の関係を記している。「アントニウスは返礼の宴を開き、華麗と優雅でクレオパトラを凌ごうと切望したが、その両方とも退け目に終って、正にそれらの点で打ち負かされ、真先に自分の方のもてなしの貧弱さと趣味のなさを嘲ける始末となった。クレオパトラはアントニウスの冗談から、この男がほとんど兵隊風で、下品だと見抜くと、もう

図2　クレオパトラ七世頭部像
出土地不明、前1世紀後半、
大理石、高さ29.5cm
（ベルリン美術館、アフロ提供）

この男に容赦なく、あけすけにそういう態度をとった。」（秀村欣二訳「アントニウス」二七『プルタルコス英雄伝』）

また、一世紀のユダヤの歴史家ヨセフスも次のようにクレオパトラを辛辣に表現している。「いっぽう、この間にも、シリアの各地では紛争がつづいていた。というのは、相変わらずクレオパトラはアントニオスをそそのかしてシリア地方の支配者たちすべてを攻撃し、その土地を取り上げさせてはそれを自分のものにしようと画策をつづけたからである。しかも始末の悪いことに、彼女は、自分の愛情の虜となってしまったアントニオスにたいして絶大の力をもっていた。」（秦剛平訳『ユダヤ古代誌』XV、八八）

さらに、ヨセフスはクレオパトラを手厳しく非難していて、弟を毒殺し、妹もまたアントニウスを使って暗殺させたと記している（『ユダヤ古代誌』XV、八九）。クレオパトラもアントニウスも散々ないわれようである。両者について記したプルタルコスもヨセフスも、両者と敵対したオクタウィアヌスが初代ローマ皇帝アウグストゥスになって以降に生きた人たちである。権力者は敵対者を良くいわないのが通例で、オクタウィアヌスも例外ではない。こうした時代背景を考慮すると、クレオパトラとアントニウスが貶められている理由がわかる。

アクティウムの海戦

前四〇年、ブルンディシウム協定による同盟強化のためアントニウスはオクタウィアヌスの姉オクタウィアとローマで結婚するが、一方エジプトでは、クレオパトラがアンウニウスとの間の男女

❖年譜

年	事項
332	アレクサンドロス3世(大王)エジプトを征服
331	アレクサンドリア建設
305	プトレマイオス朝成立
60	第1回三頭政治 ポンペイウス、カエサル、クラッスス
55	プトレマイオス12世が王位に復帰(151年)
51	クレオパトラと弟プトレマイオス13世の共同統治
48	ファルサロスの戦い　カエサルの勝利
48	ポンペイウス暗殺さる
48	アレクサンドリア戦争 プトレマイオス13世自殺
47	クレオパトラと弟プトレマイオス14世の共同統治
47	カエサリオン誕生
46	クレオパトラ、ローマ滞在
44	カエサル暗殺さる
44	クレオパトラとプトレマイオス15世カエサル(カエサリオン)の共同統治
43	第2回三頭政治 アントニウス、オクタウィアヌス、レピドゥス
41	タルソスでアントニウスとクレオパトラが会見
40	ブルンディシウム協定締結 (三頭政治による領土分割)
40	アントニウス、オクタウィアと結婚
40	クレオパトラが双生児を出産
37	テレントゥム協定締結(三頭政治を延長)
36	アントニウス、パルティア遠征で惨敗
36	クレオパトラが第三子(男児)を出産
34	アントニウス、アルメニア遠征で勝利。凱旋帰還

年	事項
31	アクティウムの海戦
30	アントニウス、クレオパトラが自殺。 エジプトはオクタウィアヌスの直轄領になる
27	オクタウィアヌスによる元首政始まる

（年数は紀元前）

の双生児を出産していた。

前三六年、クレオパトラはアントニウスとの間の第三子(男児)を出産するも、第二のアレクサンドロス大王たらんとの、アントニウスのパルティア(前二四七―後二二四年)遠征は失敗に終わった。だが、前三四年のアルメニア遠征の勝利を祝ってアレクサンドリアで挙行された凱旋式はローマを震撼させた。この祝賀の折、クレオパトラとアントニウスとの間に生まれた三人の子供たちを西アジアのさまざまな国の王とする戴冠式がおこなわれ、クレオパトラは「女王の中の女王」、息子たちは「王の中の王」と呼ばれたのである。アントニウスは三人の子に自分が征服した地域と、これから征服するだろう地域を分割贈与(「アレクサンドリアの寄贈」)することも宣言した。

このことに危機感を募らせたのがオクタウィアヌスで、クレオパトラを「国民の敵」と呼び、クレオパトラとアントニウスに対する戦いを聖戦と位置付けた。ここにアントニウスとオクタウィアヌスとの間で、ローマの覇権をかけた戦いが始まったのである。前三二年、ローマはクレオパトラに宣戦布告をする。アントニウスは戦略を誤った。優位に立つことができる陸上の戦いを選ぶべきであったが、クレオパトラの助言に従い、海上戦が選ばれってしまった。

前三一年九月二日、ギリシア北西部のアクティオン岬沖で戦われた(アクティウムの海戦)。アグリッパ(ローマの将軍で政治家。前六三―一二年頃)率いるオクタウィアヌス軍に、クレオパトラとアントニウスの艦隊は敗北した。

クレオパトラの死

スエトニウスによれば、アントニウスは和睦を望んだが、オクタウィアヌスにより自殺を強要された。クレオパトラの方は生かしておいて、凱旋式に引き回そうとオクタウィアヌスは企んでいたが、毒蛇を使って自殺されてしまう。結局、二人に敬意を表して同じ墓の中に埋葬することにし、工事中の墓所を完成するように、オクタウィアヌスが命じたともいう。クレオパトラが自殺したのは前三〇年八月一〇日で、享年三九であった。クレオパトラの死によって、プトレマイオス朝は滅亡し、エジプトはオクタウィアヌスの直轄領とされ、以後皇帝領エジプトは歴代の皇帝に継承された。クレオパトラの四人の子供の中、カエサルの子カエサリオンは、カエサルの後継者オクタウィアヌスにより容赦なく殺害されたが、アントニウスとの間の子供三人は死を免れた。

前二七年、勝者オクタウィアヌスは「尊厳者」の意味を持つアウグストゥスの尊称を元老院から与えられ、元首政と呼ばれる政治体制が始まった。

⊙参考文献
カエサル著、國原吉之助訳『内乱記』(講談社学術文庫、講談社、一九九六年)

クリスティアン＝ジョルジュ・シュエンツェル著、北野徹訳『クレオパトラ』（文庫クセジュ、白水社、二〇〇七年）
スエトニウス著、国原吉之助訳『ローマ皇帝伝』（上）（岩波文庫、岩波書店、一九八六年）
東京国立博物館編『クレオパトラとエジプトの王妃展』（NHK、NHKプロモーション、朝日新聞社、二〇一五年）
日本オリエント学会編『古代オリエント事典』（岩波書店、二〇〇四年）
パスカル著、前田陽一、由木康訳『パンセ』（中公文庫、中央公論新社、一九七三年）
エディット・フラマリオン著、吉村作治監修、高野優訳『クレオパトラ』（知の再発見双書、創元社、一九九四年）
プルタルコス著、村川堅太郎編、長谷川博隆訳「カエサル」、秀村欣二訳「アントニウス」『プルタルコス英雄伝』（下）（ちくま文庫、筑摩書房、一九八七年）
フラウィウス・ヨセフス著、秦剛平訳『ユダヤ古代誌』5（ちくま学芸文庫、筑摩書房、二〇〇〇年。）

前63―後14年
暗殺されたカエサルの後継者。内乱の1世紀を集結させ、古代ローマを帝政へと導いた初代「皇帝」。

初代ローマ皇帝、若き日の非情と失敗

オクタウィアヌス

…Octāviānus…

山本興一郎

教科書に記されている初代ローマ皇帝像

紀元前四四年三月十五日(以後、紀元前は前と略記する)、時の古代ローマ最高権力者ユリウス・カエサルが元老院会議場(ポンペイウス劇場)内で共和政擁護を標榜するカッシウス、ブルトゥスらに暗殺された。この暗殺後の混乱期に頭角を現したのがカエサルの養子となったオクタウィアヌスである。彼はカエサルの部下であるアントニウス、レピドゥスらと同盟を結び(第二回三頭政治)、暗殺者勢力を制圧した。やがてオクタウィアヌスは、ローマの同盟国プトレマイオス朝エジプトの女王クレオパトラと結んだアントニウスと対立し、前三一年にアクティウムの海戦で彼らを破り、前三〇年にはエジプトを制圧し、ローマ唯一の実力者となった。ここに一世紀にわたる内乱は終結し、地中海世界はローマによって統治されることとなった。エジプトより帰還したオクタウィアヌスは、戦時に保有していた非常大権を国家に返還したが、前二七年に元老院からアウグストゥス(「尊厳者」の意)の名(称号)を与えられ、多くの不安定な属州統治も委ねられた。アウグストゥスはこれら属州の防衛・治安維持のために、ほぼ全てのローマ軍の指揮権を手に入れることで最高軍司令官(インペラトル)の

権限を保持したが、元老院を尊重し、共和政の伝統や制度を温存させ、自らは第一人者（プリンケプス）として振舞った。そのため形式的には共和政が継続しているものの、実質的には帝政が始まった。その後、期限付きで上級プロコンスル命令権や護民官職権等の権限を付与され、それら権限保持の更新を繰り返しながら生涯保持した。また国家宗教の最高神官にも就くことで、国政上の諸権限・宗教的権威を彼一人が一身に帯び、「皇帝」（元首）の名に値する独裁者となったのである。彼の創始した政治体制は元首政（プリンキパトゥス）と呼ばれ、皇帝（元首）の地位は世襲される。以後、王朝交代があったとしても五賢帝時代の終わりまでの約二〇〇年間は「ローマの平和」と呼ばれ、政治は比較的安定し、経済は繁栄した一時代を現出させた。と言われている。

図版1　恐らく前40年頃か以降、ローマ市発行のアウレウス金貨
表：オクタウィアヌスの頭　銘「DIVI IVLI F（神なるユリウスの子）」
裏：右手にかじを、左手に豊穣の角を持った女神フォルトゥナ
銘「TI SEMPRON GRACCVS IIII VIR Q D」
（出典：*RRC*,no.525,1より）

この初代ローマ皇帝は後世、内乱を終結させ平和に導き、共和政を尊重しながら統治した思慮深い皇帝として評価されることが多く、教科書においても上述のような説明がなされている。確かに内乱終結後の四〇年にわたる彼の統治は、帝国の行財政や軍事、風紀に至るあらゆる分野を担当し、ローマ市行政・食料供給体制も整備し、超大国の首都に相応（ふさわ）しく飾り立て、更なる領土拡大も成し遂げる等、帝国を繁栄に導

図版2　前38年、オクタウィアヌスとともに移動する造幣所発行のアウレウス金貨
表:頭の上に星があり、冠を被ったカエサルの頭
銘「IMP DIVI IVLI F TER III VIR R P C」
(IMP＝インペラトル称号が、名前の一番前＝個人名の位置に記されている。)
裏:銘「M AGRIPPA COS DESIG」
(出典:*RRC*,no.534,1より)

き、ローマに実質的な帝政＝君主政を定着させた。文化的にも、後世、ラテン文学の黄金期と言わしめる時代を現出させた点は疑いようのない事実である。だが、彼は初めから思慮深い皇帝であった訳ではない。彼のその冷静な眼差し、共和政の継続を標榜しながらも帝政という政治体制を定着させた慎重さ・思慮深さは、主に内乱終結による唯一の実力者となった後の政治姿勢を映しているにすぎない。この政治姿勢に至る前について、教科書等では「カエサル暗殺後の内乱時に頭角を現し、第二回三頭政治を経て唯一の実力者となった」と簡単に説明されるのみである。だがそこに至るまでに、約十五年間の無謀ともいえる行動と飛躍、幾多の敗北・失敗を経験していたのである。本稿では、普段語られることの少ない、オクタウィアヌスの前半生、特にカエサル暗殺から内乱終結に至る時期の彼の行動に注目し、思慮深い皇帝とは違う彼の一面を見ていきたいと思う。

ローマ共和政の危機とカエサル暗殺直後の情勢

まず、カエサル暗殺に至る背景を見たうえで、当時の彼の立場に注目する。彼の生まれる前、前二世紀後半から前一世紀にかけて、既に地中海世界において並ぶ者なき超大国となっていたローマでは、その超大国化の故に生じた諸問題がローマ政界を揺るがしていた。長期的な面では、急速に拡大した領域に対応するために、従来の都市国家的体制から広大な領域を統治しうる体制への脱皮が課題であった。喫緊の課題は、度重なる遠方・長期戦により、ローマ軍の中核たる市民（＝中小農民層）が疲弊し、対照的に富を蓄積する有力市民（元老院議員ら）との格差が顕在化していた。更にローマの拡大に寄与してきたイタリア諸都市（同盟市）の発展と、それに見合わない待遇への不満も問題化していた。これら課題に対して、中小市民の再建を軸とした改革で、克服を目指したグラックス兄弟の試みと、その挫折に端を発したローマ政界内の対立は、前一世紀に至り有力者達による内乱へと発展した。各地の反乱や異民族侵入による戦争も勃発し、遂にはイタリア諸都市の反乱も誘発し（同盟市戦争）、危機の時代に陥る。

この混沌とした時代に頭角を現したのが、ユリウス・カエサルである。民衆寄りのマリウス、元老院保守派寄りのスラ（スッラ）といった有力者達の、血の粛清を繰り返す内乱を生き延び、マリウス派寄りの政治家として存在感を徐々に増していった。その彼が、内乱時スラ派として活躍し異例の若さで台頭した大ポンペイウスと、同じく混迷期に経済的に成功したクラッススと提携して私的な政治同盟を結成した（第一回三頭政治）。この同盟の下、現状変更や新人の台頭を望まない元老院保守派を抑え込み、上述の貧困化した市民や退役軍団兵への生活保障措置等を実行に移して政治をリードする。更に各々の政治的栄光・威信を高めるため、望みの属州総督職を定め任地へ赴いた。

カエサルは、担当領域である属州ガリア(現フランス南部)を超えて活動し、全ガリア平定という軍事的栄光と財政的・人的資源を獲得し、その富を投入することで、ローマ政界にも多くの支持者達を獲得することに成功した。このさなか、三頭政治の一角であるクラッススが任地シリア東方の大国パルティアとの戦争で戦死し、運悪く首都の混乱が深刻化した。事態収拾のため大ポンペイウスは元老院保守派と結ぶこととなり、カエサルは、反カエサル派に大ポンペイウスの取り込みを許してしまったのである。カエサル派と反カエサル派の交渉は決裂し内乱となるが、迅速な行動と果敢な作戦によりこれに勝利したカエサルは、生き残った反対派元老院議員も寛恕(かんじょ)することで取り込み、並ぶ者なき最高権力者となった。彼の政治は、非常時の大権をもつ独裁官職に就くことで、元老院を重視せず、様々な対策を講じた。だがパルティア遠征を準備している矢先、カエサルの存在は共和政の危機だと主張する一部の元老院議員達に暗殺されたのである。

暗殺者達(自称「解放者達」)は、カエサル一人の暗殺により、元老院がリードし公職者と民会が協調する、従来の共和政が回復されると期待したが、残ったものは混乱だけだった。暗殺者らは軍事的担保がないため首都を掌握することができない。独裁官カエサルに次ぐ要職で、本来は共和政最高公職である執政官(「コンスル」:任期一年、定員二名)に就任していたカエサル派のアントニウスらも、突然の指導者喪失により巻き返しができる程の力はなく、各地の属州総督の動向も不明瞭で、首都民衆の動向も判然としなかった。

そんな中、暗殺後初の元老院会議が開催された。この会議では、共和政擁護のための行動という暗殺者達の主張への共感が示された。しかしアントニウスが巧みな主張、即ち独裁官カエサルを全面的に断罪することで、彼主導で決定されていた次期公職・神官職・属州総督職等の諸決定が無効化され、政治空白と現実的権益喪失が生じる点を指摘したことで、それを恐れた元老院議員らは妥協を成立させた。その内容は、暗殺者達へ大赦(たいしゃ)を与え且つ生前のカエサルの指令・行為の有効性を承認するというものであった。この決定により数日後、カエサルの公葬が挙行された。ここでアントニウスらはカエサル暗殺の不当性を、遺言状公開や追悼演説により訴えた。では比較的詳細に遺言内容を伝えている歴史家スエトニウスの記述を見てみよう。(尚、以下で引用する史料は全て、國原吉之助訳〔1986〕『ローマ皇帝伝』上を参考とし一部改訳した。また、括弧内は筆者の補訳である。)

しかし最新の遺言状では、彼(=カエサル)は姉妹の孫たち三人を相続人に指名していた。即ちガイウス・オクタウィウスに(財産の)四分の三の、クイントゥス・ペディウス及びルキウス・ピナリウスに残り四分の一の。最後の項でガイウス・オクタウィウスを養子として一族の中に迎え入れ、名前をガイウス・オクタウィウスに与えた。そして彼(=カエサル)は、もし彼に子が生まれた場合、その子の後見人の中に、暗殺者たちの中から多くの者を、デキムス・ブルトゥスでさえ第二の相続人の中で、指名していた。市民には、公共のためにティベリス河畔の私庭を、一人一人に三百セステルティウスを遺贈した。

(スエトニウス『神なるユリウス伝』八三)

遺言状公開により、市民のためにカエサルの私有地が贈られ、更に一人三〇〇セステルティウスが贈られた。前一世紀頃のローマ市では一日に六セステルティウス程あれば家族三人の食費が賄え、年収がだいたい四〇〇セステルティウスと言われているので、相当の金額が市民に遺贈されたこととなる。これにより亡きカエサルへの好意と追慕の念が生じたようである。この状況を利用したアントニウスは追悼演説で、彼に対する殺害行為を不法な行為と断罪し、暗殺時にカエサルが着ていた衣服を示すなどして民衆を駆り立てたと言われる。興奮・激高した民衆が暗殺者達の邸宅を襲い暴徒と化し、暗殺者達は首都退去を余儀なくされた。アントニウスらの策動もあり、亡きカエサルの声望は高まり、妥協による混乱収束の目途は立たなくなったのである。この混沌とした情勢で登場するのがオクタウィアヌスである。

オクタウィアヌスの台頭

彼はイタリアのウェリトゥラエ出身で、前六三年誕生時は、ガイウス・オクタウィウスという名であった（尚、彼の名はカエサルの遺言により遺産相続後変更され、時とともに名乗りが変化するので一定しないが、本稿では相続後のオクタウィウスを指す「オクタウィアヌス」という名で表記する）。父の代にはじめて元老院議員となった家系で古来よりの名門ではなかった。しかし母アティアはカエサルの姪であったためカエサルに可愛がられ、前四七年カエサルにより神祇官に任命されていた。また内乱時にも病弱な体質ながら同行し、その働きを認められていた。暗殺当時はバルカン半島の都市アポロニアに滞在していた。暗殺の報を受けローマ市へ出発し、遺言状内容を知ってからは、ガイウス・ユリウス・カエサルと名乗るようになった。上述の遺言に従っている訳だが、この時点でまだ正式な相続手続きを終えてはいない。そのため、この名乗りは何ら有効性がある訳ではないし、暗殺されたばかりの政治家の名を名乗るという行為からは、弱冠十九歳未満の若者の一種の無鉄砲さが垣間見える。更に彼は、カエサル派有力者との接触も図りつつローマ市へと向かう。その若きカエサルの前に立ち塞がったのが、公葬・追悼演説を通じて首都から暗殺者達の追い出しに成功し、ローマ政界を主導していたアントニウスであった。まだ一度も公職に就いたことのない大胆不敵な若者の主張に対して、アントニウスらは相続手続きの妨害を図った。ここに、亡きカエサルの政治的後継者を自認するアントニウスとカエサル家相続人を主張する若者の間に対立が生じることとなった。この対立は、執政官であり政治的・軍事的経験においても勝っていたアントニウスが有利であったが、彼にも弱点があった。それは亡きカエサルの扱いで、暗殺者らと妥協を経た形での政治主導を目指した点である。彼には、一方で亡きカエサルの顕彰、他方で彼以外の者がカエサルを利用しようとする場合、これを妨害したので、カエサルに対する姿勢が中途半端なものと映り、亡きカエサルを慕う市民や古参兵・退役兵らの広範な支持を得ることには失敗し、カエサル派有力者の取り纏めも完全には達成できていなかった。この間隙を突いたのがオクタウィアヌスである。彼は、亡きカエサルを讃える祭典期間中に彗星が出現し、それに対する民衆の反応に自信をもち、彗星をカエサルと結び付けて神格化を推進した。更にアントニウスがローマ市不在中に「カエサル」の名の下で、何の権限もなしにアントニウスに不満をもつ古参兵を中心に軍団を編成したのである。しかしローマ市に進軍しても多くの支持は得られず、このままではただの反乱者となりかねない危うい状況に陥った。そんな彼に目を付けたのが、元老院の重鎮キケロであった。彼は、アントニウスが亡きカエサルの遺志遂行と称して政治を主導することに反発しており、アントニウスへの対抗馬として彼を利用しようとした。ここに「カエサル」の名と遺産をもつ若者と、長い政治的経験と雄弁家としての才をもつキケロが結びつき、反アントニウス派の核を形成したのである。両者の対立は激化し、オクタウィアヌスはキケロの助力の下、前四三年に合法的な軍指揮権を獲得し、この年の執政官二名とともに、北イタリアのムティナにてアントニウスに勝利する。この戦いで執政官二名が戦死・戦傷死したため、オクタウィアヌスは大胆にも欠員となった執政官職を要求しローマ市へ進軍、軍の圧力の下、執政官へ就任した。そして恩赦を与えられていた暗殺者達への特別法廷を設置し、欠席裁判のまま有罪を宣告させた。更に、西北に逃れ勢力を立て直していたアントニウスと、カエサル派有力者レピドゥスを仲介役にして和解を果たし、カエサル派の再結集に成功したのである。

動乱期の激情と計算の狭間で——失敗とイメージ戦略——

三人は強大な権限をもつ臨時公職「国家再建のための三人委員」に就任し(第二回三頭政治)、彼らがカエサル暗殺関係者・敵と認定した多くの元老院議員や騎士身分ら有力者を粛清した。この粛清の中には、かのキケロも含まれていた。更に亡きカエサルを正式に「神なるユリウス」の名で神格化したのである。その後、前四二年に三人委員は暗殺者達との決戦にも勝利する（フィリッピの戦い）。この戦いでアントニウスは活躍し、更に捕虜や死者を丁重に扱い名声を高めた。オクタウィアヌスは目立った活躍ができず、亡きカエサルの復讐という大義があったにせよ、捕虜や死者を処刑・侮辱するなど、名声を得る機会を逃してしまう。戦後、不安定な東方属州をアントニウスが担当し、オクタウィアヌスは退役兵のためにイタリアでの土地分配を担当することとなったが、資金不足による土地没収の強引さから反発を招く。更に亡き大ポンペイウスの息子で内乱を生き残り、活動を再開していたセクストゥス・ポンペイウスがシチリア島を拠点としてイタリアへの海上封鎖を行い、食料供給を妨害した。混乱の渦中にある状況で、遂にはアントニウスの弟で前四一年の執政官であるルキウス・アントニウスとアントニウスの妻フルウィアらの反乱をも招いてしまう。オクタウィアヌスは自身の失態から生じた反乱の緒戦では苦戦するも、最終的には反乱軍をペルシア市（現ペルージャ）に包囲・制圧する。制圧後、オクタウィアヌスは投降者の中から、特定の者を選び処刑した。更に以下のような行動をとったと伝えられる。

ある説では、捕虜から選ばれた両階層（＝騎士と元老院議員）の三百人を、三月十五日に、神なるユリウスのために建てられた祭壇に生贄（いけにえ）のやり方で捧げられたと、伝える。
（スエトニウス『神皇アウグストゥス伝』十五）

この史料には誇張があり、許された者も多くいたため、オクタウィアヌスの残虐性を示すための敵対者によるプロパガンダだとする説もある。しかし内乱時の見せしめ的な行為は他にも散見されるし、この行為自体が、カエサル派の内紛という構図から、亡きカエサルのための戦いという構図に変更する演出がなされているともとれる行為である。またこの時期発行された貨幣には、「神なるユリウスの子」と記されているなど、亡きカエサルとの繋がりを強調する喧伝を行い自身の地位・行動の正当化を図ってもいる（図版1を参照）。包囲戦後間もなく、東方属州より急ぎイタリアへ帰還したアントニウスとの緊張が高まるが、両軍に属す古参兵ら兵達は、同じカエサル派同士の対決を望まない。実は先述のムティナの戦い前後にも同様の動きはあり、両者の軍事行動を制約していたが、今回はその戦い忌避の圧力が両者の対決を直接的に制限する要素として働いたのである。膠着（こうちゃく）状態に至った中、両者の友人達の斡旋（あっせん）で、最終的には前四〇年に和解に至った（ブルンディシウムの和約）。このようにオクタウィアヌスは無謀とも言える行動と計算されたイメージ戦略を駆使して台頭してきたが、その支持基盤は軍隊と民衆が軸となっており、時には彼主導なのか、軍隊が彼を利用しているのかあいまいな場合もあった。更にイメージ戦略にせよ、名誉を汚すような行動も目立ち、この時期の彼は、多くのカエサル派有力者の支持を得ていたアントニウスに対して劣勢なままであった。

次に、彼が失敗を経験しつつも飛躍を遂げるのは、先述したセクストゥス・ポンペイウスとの対決時であった。ポンペイウスはアントニウスと提携し、停戦とシチリア島等の諸島確保を認められていた。彼は、アレクサンドロス大王に準える(なぞらえる)ことを好んだ亡き父が使用していた「大王」を指す添え名「マグヌス」(「偉大な」の意)を受け継ぎ、旧ポンペイウス派や粛清から逃れてきたローマ人有力者らも取り込み、優秀な海軍を駆使して、イタリアを脅かし続けていた。再開したポンペイウスとの戦いで、オクタウィアヌス軍は何度も海戦で敗れ、海難事故にも遭遇してしまう。敗北により食料供給が不安定化することで、首都ローマでは民衆が事態を打開しないオクタウィアヌスにポンペイウスとの和解を迫るなど試練の時期であった。この時期にオクタウィアヌスが行ったのが、インペラトルの名を自らの個人名に組み込んで使用することであった(図版2を参照)。この称号は本来、大勝利をあげた将軍に対して麾下の兵士達が歓呼する賞賛の証であった。かのカエサルも大勝利を重ね、添え名として使用していたが、個人名での使用は確認されていない。彼の名乗りからは、厳しい情勢下で軍事的資質をもつインペラトルとして、自らをアピールしなければならない苦闘する若者の姿が垣間見える。この試練は、親友であり信頼できる部下であるアグリッパが軍事的才能を発揮した前三六年ナウロクスの海戦勝利により脱し、敗れたポンペイウスを没落させることに成功した。戦役に参加していたレピドゥスはこの機に乗じて勢力拡大を図ったが、勢力を増した若きカエサルの前には力不足であり、軍団の離反にあい敢え無く没落する。更にバルカン半島でオクタウィアヌス自身が指揮した軍事行動で成功を収めたことで、軍事的威信もより高まり、軍への統制も強化されることとなった。ここにローマ帝国西方はオクタウィアヌスが掌握したのである。この間、帝国東方にてカエサル派支配の再建と、大国パルティア対策に腐心していたアントニウスは、先述のペルシア戦役介入に時間と資源を浪費し、その後のパルティア遠征不首尾等、当初の有利な立場を生かすことができず、オクタウィアヌスの勢力拡大を許してしまった。

いよいよ東西の両雄が対峙することとなるが、先のブルンディシウム和約の約束として、オクタウィアヌスの姉オクタウィアと妻を亡くしていたアントニウスは結婚していたのだが、この時期に至りアントニウスはオクタウィアを遠ざけるようになる。これ以後、両者の関係は急速に悪化し、中傷合戦が始まる。その一つとして、アントニウスとクレオパトラの関係が非難の的となり、祖国の裏切り者、外国の女王に傅く者等と揶揄された。対するアントニウスは批判を撥ねつけ、更にクレオパトラの子カエサリオンを亡きカエサルの子であると公認する。この公認は、カエサリオンがローマ市民権をもたないため、直接的に遺産相続等に関わる訳ではないが、唯一のカエサル後継者を自認するオクタウィアヌスにとっては、カエサルの実の息子の存在はやはり潜在的脅威であっただろう。アントニウスがこの時期に公認したことも、オクタウィアヌスへの打撃を目的としたものであっただろう。オクタウィアヌスもこれに対抗し、公認を証言したとされるカエサル派有力者オッピウスに、アントニウスの主張を否定させるなど、非難合戦が続いたが、アントニウス派の執政官がオクタウィアヌスを激しく非難したことで、オクタウィアヌスは遂に兵を引き連れて元老院会議に介入し、アントニウス派執政官を弾劾したのである。これによりアントニウス派の執政官二名と元老院議員達は東方に退くこととなった。だが東方に逃れた元老院議員の数が多数に上ったところを見ると、未だに盤石とは言えないオクタウィアヌスの支持基盤が垣間見える。更にオクタウィアヌスは暴挙に打って出る。彼は武力に訴えてアントニウスの遺言を入手し、その内容を恣意的に選び公開したのである。公表内容は、アントニウス死後のアレクサンドリア市埋葬、カエサリオン認知、子供達へのローマ属州を含む領土分割授与等であった。遺言公開と誹謗中傷が効果を発揮し、オクタウィアヌスは開戦へと突き進み、クレオパトラに対して宣戦するのである。これはアントニウスとの内乱ではなく、外敵との戦争という形を取るための措置であった。

前三一年にはオクタウィアヌス自ら執政官に就任し、戦争を遂行する。巧みな用兵で敵を翻弄するアグリッパ指揮下の海軍及びオクタウィアヌスの陸軍によって、進軍してきたアントニウス・クレオパトラ連合軍を包囲・持久戦に持ち込み、バルカン半島東岸で対峙した。その間に、数・資金ともに優勢であったはずのアントニウス陣営は内部対立が生じ弱体化する。そして前三一年アクティウムの海戦にて、アントニウス・クレオパトラの連合艦隊が一敗地に塗れ撤退すると、アントニウス派の各軍は急速に自壊するか降伏した。オクタウィアヌスは前三〇年にはアレクサンドリア市を制圧し、アントニウスとクレオパトラは自殺、カエサリオンはオクタウィアヌスの指令により殺害されたのである。

内乱の終結と新たなるイメージ戦略の開始

前二九年、オクタウィアヌスがローマ市に帰還し、戦争中は扉が閉められることがないヤヌス神殿の扉が久方ぶりに閉められた。更に三回に渡る大凱旋式(がいせんしき)が開催され、神なるユリウスを祭る神殿が奉献されたのである。ここに暗殺以来十五年にわたる内乱は終結し、地中海世界をローマが支配し、そのローマにはオクタウィアヌス唯一人が君臨することとなったのである。

以上、彼の前半生を見てきた訳だが、当時の常識から言えば無謀ともいえる「カエサル」の名乗りに始まり、無官で軍隊を編成し、提携相手をあっさりと切り捨て、一部の捕虜を処刑する、罵るなど、後半生の姿勢とは正反対の非情な行動が目立った。更にイタリア諸都市や民衆、軍隊の反対や反乱を招くなどの失態も引き起こし、戦いにおいては度々ポンペイウスに敗北した。だが一方、カエサルの相続人であり政治的後継者であるという彼のイメージ戦略は時に行動を制約するものだとしても、着実に浸透し彼を助けることとなった。政治的・軍事的経験が殆ど無い彼にとってカエサルの後継者であることのみが唯一主張できる拠り所であったからである。彼と比較すると、アントニウスの方こそ、時に果断だが慎重なローマらしい政治家として振舞っていた。

このように暗殺以来の内乱を制した彼は、以前よりも遥かに重みを増した「カエサル」という名をもち、インペラトルを名乗り、ローマのほぼ全軍団を指揮し、前三三年に失効したはずの三人委員権限も実質的に保持し、前三一年以来、執政官職を占め続けていた。この前例のない最高権力者となった彼にとって、これからの後半生は、内乱の再発を防ぐためにも、彼のように武力に訴えて権力を握ろうとする者を阻止し、亡きカエサルのように暗殺の轍を踏まず、如何に自らの権力・立場を正当化するか、という難題に立ち向かう試行錯誤としてスタートしたのである。その第一歩こそが前二七年から本格化する「共和政の復興」の主張である。同時に進められたのが、共和政制度内に既に存在している公職権限の獲得による自身の支配権正当化であった。そして指導者層である元老院議員や騎士身分、首都民衆や中小市民との新たな関係性構築を模索し、長期的な帝国の諸課題克服にも着手する。また内乱時に駆使したプロパガンダも、その治世を飾り立てるものとして、文学に影響を与えながら変質を遂げていく。だがこの道のりは十数年を要する課題となった。それらについては、幸運にも彼の寿命がこれから四〇年近くある中で、徐々に克服されていくこととなる。以上、教科書等では普段語られることの少ない、オクタウィアヌス前半生の激情と非情そしてイメージ戦略を見てきた訳だが、この前半生の苛烈な面があったからこそ、後半生におけるローマ的伝統遵守姿勢、思慮深い第一人者像が重視されることとなったのである。

⊙参考文献

阪本浩『ローマ帝国一五〇〇年史』（新人物往来社、二〇一一年）
島田誠「ローマ帝国の王権―ローマ帝政の成立とその性格」（網野善彦、樺山紘一、宮田登、安丸良夫、山本幸司編『天皇と王権を考える―人類社会の中の天皇と王権』第一巻、岩波書店、二〇〇二年）
本村凌二『ローマ帝国人物列伝』（祥伝社、二〇一六年）
ロナルド・サイム、逸身喜一郎、小池和子他訳『ローマ革命―共和政の崩壊とアウグストゥスの新体制（上・下）』（岩波書店、二〇一三年）
Galinsky, K. *Augustus : Introduction to The Life of An Emperor*, Cambridge. 2012
Levick, B. *Augustus: Image and Substance*, London. 2010

⊙**古典史料**

スエトニウス、國原吉之助訳（一九八六）『ローマ皇帝伝』上（岩波書店、原題*Suetonius,* De Vita Caesarum. 一九八六年）

⊙**貨幣史料**

Crawford, M.Roman *Republican Coinage, Cambridge.* 1974（図版では*RRC*と略記。）

37−68年
第5代ローマ皇帝。即位当初は善政を行ったが、後に暴君化し、帝国各地で反乱が起こり、自殺。

強すぎる母親のために暴君となった

ネロ

…Nero…

島田誠

ローマ帝政期、ユリウス・クラウディウス朝の第五代の皇帝（在位五四—六八年）である。十六歳で即位し、治世の初期には優れた部下の後見により、「ネロの五年間」と呼ばれる善政を行ったが、その後に暴君化して、母親や妻を殺害した。またローマ市の大火の責任をキリスト教徒に押し付けて最初のキリスト教徒の迫害を行った。ガリアの属州総督の反乱をきっかけに帝国各地で反乱が続発し、元老院から国家の敵と認定され自殺した。

ネロの出自と父親の家族

後の第五代皇帝ネロは、三七年十二月十五日に、グナエウス・ドミティウス・アヘノバルブスを父、小アグリッピナを母として誕生した。出生時の氏名は、ルキウス・ドミティウス・アヘノバルブスであった。ドミティウス氏アヘノバルブス家は、共和政中期以降に数多くの上級公職者を輩出した平民系の名門元老院議員家系であった。

ネロの高祖父に当たるルキウス・ドミティウス・アヘノバルブスは、前五五年にコンスル職に就任した元老院議員であったが、独裁官カエサルの仇敵として知られる人物であった。彼は、ルビコン川を越えてイタリアに侵入したカエサル軍を迎撃しようと試み、南ガリアのマッシリアでもカエサル軍と戦い、最後にはファルサロスの戦いで戦死した。

曽祖父のグナエウス・ドミティウス・アヘノバルブスは、独裁官カエサルを暗殺したブルトゥスとカッシウスの軍に所属してフィリッピの戦いで、アントニウスとオクタウィアヌスの軍と戦ったが、敗北後にアントニウスの陣営に帰順して幹部となった。前三一年のアクティウムの海戦の前夜にオクタウィアヌス陣営に寝返ってアントニウス軍の敗北の一因となった。このように終始、カエサルやオクタウィアヌスと激しく対立していたアヘノバルブス一族であったが、ネロの祖父ルキウス・ドミティウス・アヘノバルブスは、オクタウィアヌス(初代皇帝アウグストゥス)の姉オクタウィアとアントニウスの間に生まれた娘(アウグストゥスの姪)大アントニアと結婚して皇帝家の親族となった。

ネロの父グナエウス・ドミティウス・アヘノバルブスは、大変評判の悪い人物であった。伝記作家スエトニウス(『ローマ皇帝伝』「ネロ伝」四～五節)は、彼の悪行を詳述している。自分の解放奴隷を彼が命じただけ酒を飲まなかったために殺害した。イタリアのとある村で突然に家畜を駆り立て少年をわざと踏み殺させた。広場の真ん中でローマ騎士の片目をくりぬいた。プラエトル職のときに自ら開催した戦車競技の優勝賞金をだまし取った。第二代皇帝ティベリウスは、彼を反逆罪・姦通罪、そして近親相姦の廉(かど)で告発しようとしたが、皇帝の死で救われたなどである。しかしながら、この記述は、後のネロの暴君としての行動と関連付けて述べられたものであり、誇張の可能性が強い。

皇帝ティベリウスが自分の孫娘に当たる小アグリッピナの婿として彼を選んだことなどから、彼の行動は、当時のローマ貴族階層の許容範囲に納まっていたものとも考えられよう。

ネロの母小アグリッピナの家系

母親小アグリッピナの家系は、父親の家系よりもずっと輝かしかった。小アグリッピナの父親はゲルマニクス、母親は大アグリッピナであった。父ゲルマニクスは、第二代皇帝ティベリウスの甥で皇帝の養子とされて第三代皇帝の最有力候補であり、帝政初期の政治家・将軍の中で最もローマ市民の間で人気の高い人物であったが、早世した。母の大アグリッピナは、アウグストゥスの唯一人の子供であるユリアと皇帝の腹心アグリッパの間に生まれた娘であった。すなわち、ネロの母小

❖**ユリウス・クラウディウス朝の系図**…太字は元首
（秀林欣二『ネロ』中公新書、一九七六年）

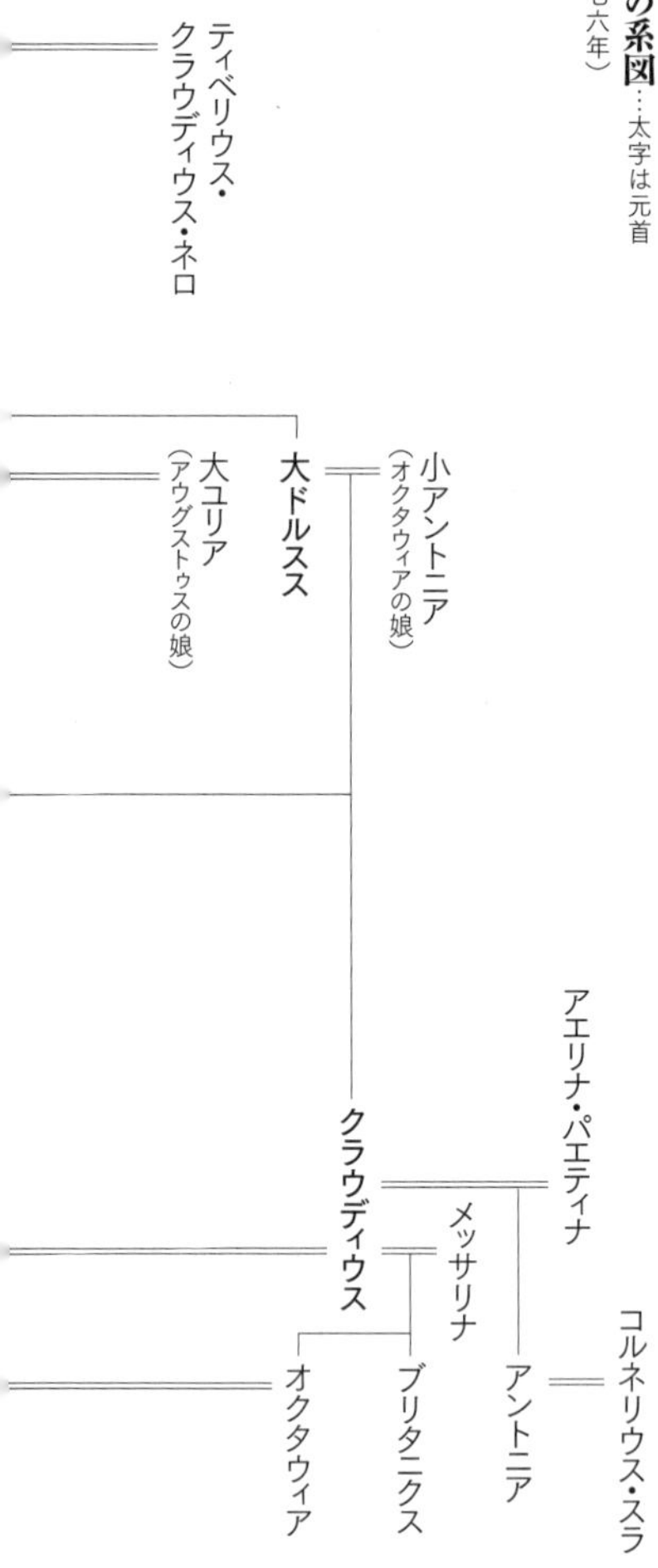

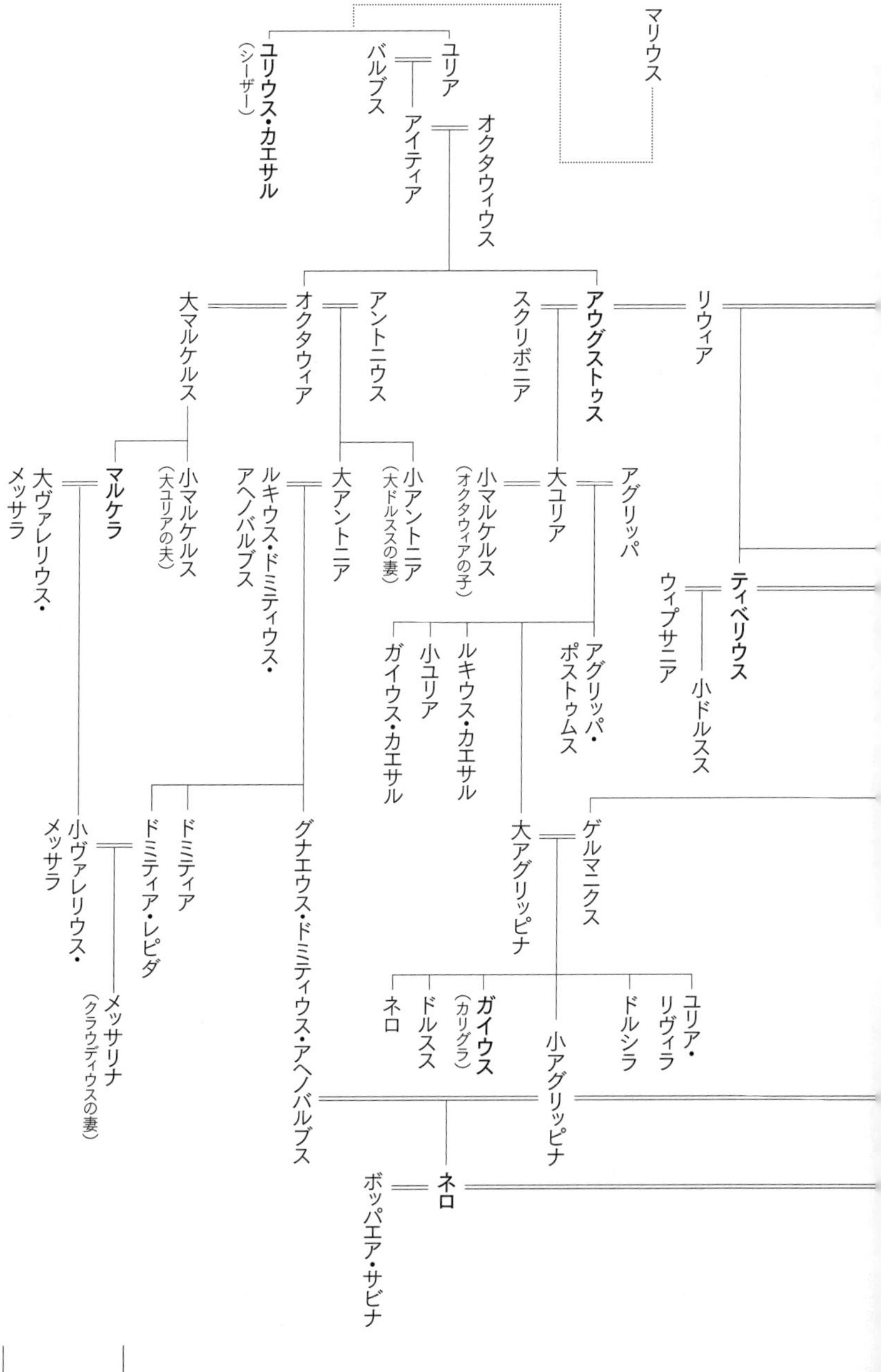

マリウス
ユリア
ユリウス・カエサル
（シーザー）
バルブス
アイティア
オクタウィウス
リウィア
アウグストゥス
スクリボニア
アントニウス
オクタウィア
大マルケルス
アグリッパ
大ユリア
小マルケルス
（オクタウィアの子）
小アントニア
（大ドルススの妻）
大アントニア
ルキウス・ドミティウス・アヘノバルブス
小マルケルス
（大ユリアの夫）
マルケラ
大ヴァレリウス・メッサラ
ティベリウス
ウィプサニア
小ドルスス
アグリッパ・ポストゥムス
ルキウス・カエサル
小ユリア
ガイウス・カエサル
ゲルマニクス
大アグリッピナ
グナエウス・ドミティウス・アヘノバルブス
ドミティア
ドミティア・レピダ
小ヴァレリウス・メッサラ
メッサリナ
（クラウディウスの妻）
ユリア・リヴィラ
ドルシラ
小アグリッピナ
ガイウス
（カリグラ）
ドルスス
ネロ
ネロ
ポッパエア・サビナ

アグリッピナは初代皇帝アウグストゥスの曾孫であった。ネロは母親を通してアウグストゥスの玄孫となる。なお小アグリッピナは、父親のゲルマニクスが軍務に就いていた時にライン河沿いのウビー族の地で誕生した。

ただし、ネロの母親の家系は、第二代皇帝ティベリウスの時代には大きな苦難を味わった。ゲルマニクスの死後、未亡人の大アグリッピナが義父の皇帝ティベリウスと激しく対立し、大アグリッピナと長男・次男は、配流され、配流先で悲惨な死を迎えることとなった。生き残った大アグリッピナの息子ガイウス(通称カリグラ)が第三代皇帝となったが、間もなく暴君となって生き残っていた皇帝家の者たちや元老院議員を多数殺害した。小アグリッピナも、暴君となった兄の暗殺を企てたとの嫌疑で孤島に配流された。

前四一年一月二四日、皇帝ガイウスは、自らの護衛隊の指揮官たちの手で暗殺された。この暗殺時には、すでに皇帝家の男子の大半はティベリウスとガイウスの手で殺害されており、元老院も多数の議員を殺害されていたため、元老院では帝政を廃して共和政を復活させることが真剣に議論された。ところが、暗殺者たち以外の皇帝の護衛隊が、ガイウスの叔父であり、ゲルマニクスの弟に当たるクラウディウスが生存していることに気付き、彼を皇帝として推戴し、元老院もこの選択に従わざるを得なくなった。新皇帝は、小アグリッピナにとって叔父に当たり、彼女は配流先から帰還することができた。ローマへの帰還後、小アグリッピナは裕福な元老院議員と再婚したが、この夫は四七年ごろに死亡した。この死については、妻小アグリッピナの毒殺だとの説もある。

クラウディウス帝と小アグリッピナ

四八年に、皇帝クラウディウスの家庭に大事件が起こった(タキトゥス『年代記』十一巻二六〜三八)。皇帝の妻メッサリナが、元老院議員のガイウス・シリウスと愛人関係となり、皇帝の不在に乗じて、権力の獲得を図り、あまつさえ愛人との結婚式を挙げたのである。この無鉄砲な陰謀について、皇帝の側近の解放奴隷であったナルキッススがクラウディウスに報告した。クラウディウスは驚愕したが、ローマ市に帰還し、シリウスとその一味を処刑し、メッサリナも殺害された。そして、「やもめ暮らしに耐えられず、妻たちの支配に服従する」と評される皇帝クラウディウスのための後妻選びが、皇帝の解放奴隷たちの主導で始まった。皇帝の側近の解放奴隷たち各々が、名門の女性たちを担いでクラウディウスに売り込むという状況となった(タキトゥス『年代記』十二巻一—七)。パッラスという解放奴隷が、未亡人となっていた小アグリッピナを担いだ。彼は、皇帝を輩出したユリウス氏族(カエサル家)とクラウディウス氏(第二代皇帝ティベリウスの生家)の子孫であり、すでにゲルマニクスの孫である男の子(後のネロ)を産んだ小アグリッピナの政治的利点を強調して、クラウディウスの気を引いた。しかし、クラウディウスと小アグリッピナは、叔父と姪の間柄にあり、近親婚ではないかとの疑問が生じたが、元老院の決議で「叔父と兄弟の娘との間の結婚を将来とも正当と認める」との決定が下されて、難関が取り除かれ、四九年にクラウディウスと小アグリッピナは結婚した。

小アグリッピナと皇帝クラウディウスとの結婚に伴って、小アグリッピナの息子は、皇帝の養子となり、ネロ・クラウディウス・カエサル・ドルスス・ゲルマニクスと名乗ることとなった。クラウディウスとメッサリナとの息子のブリタニクスよりもネロの方が三歳年上のため優位に立つこととなった。さらに、ネロは、クラウディウスの娘で、ブリタニクスの妹のオクタウィアと婚約し、五三年に正式に結婚した。

小アグリッピナは、クラウディウスとの結婚の翌五〇年、新たにアウグスタの称号を与えられた。この称号は、皇帝家(ドムス・アウグスタ)において男性の家長であるアウグストゥスに対応する女性の称号であり、ティベリウス時代に皇帝の母であるアウグストゥスの未亡人リウィアに初めて与えられたものである。リウィアは、夫の生前には貞淑な妻と評されていたが、アウグスタを名乗った後の息子ティベリウスの治世には横暴な母と評され、しばしば政治に介入したことが知られている。このアウグスタの称号を皇帝家の女性が名乗ることがどのような政治的意義を持っていたのかについては、定説は未だない。しかし、第二代ティベリウスから第五代のネロに至る時代の皇帝の宮廷においては、女性が自主的に振る舞ったり、独自に政治的に行動することが多かった。男性優位のローマ社会の一般常識とは異なって、アウグスタを名乗る女性がアウグストゥスを名乗る男性(皇帝)と並んで何らかの意味で独自の政治的地位にあったことは、恐らく間違いない。また同じ五〇年にクラウディウス帝は、ライン河沿いの小アグリッピナの誕生した地に新しい植民市コロニア・クラウディア・アラ・アグリッピエンシウムを建設した。この植民市が現在のケルンの前身である。

小アグリッピナは、クラウディウスの妻として次々に栄誉を獲得し、政治的権力を振るっていた。

次に彼女が目指したのは、息子のネロを皇帝とすることであった。そして、ネロとオクタウィアが結婚した翌年の五四年十月十三日、皇帝クラウディウスが急逝し、ネロが皇帝となった。皇帝の死因について歴史家タキトゥス（『年代記』十二巻六四―六九）は、クラウディウスの実子ブリタニクスを支持する宮廷内の勢力が拡大することを恐れた小アグリッピナが、ネロの権力獲得を早めるために夫を毒殺したと伝えている。

ネロの治世初期――善政の時期――

ネロは、皇帝となったとき未だ満十六歳の政治に未経験な少年だった。一方、母親の小アグリッピナは、彼女の母大アグリッピナが第二代皇帝ティベリウスによって配流された二九年以来、二五年間にわたる陰謀に満ちた過酷な政治状況の中で生き残り、権力を獲得した辣腕（らつわん）の政治家であった。さらに、そもそもカエサル家でもクラウディウス氏の一員でもなかったネロが皇帝となれたのは、母親の小アグリッピナの家柄と政治的策謀のお陰だった。

一方でネロの治世の最初の五年間は「ネロの五年間」と呼ばれ、善政のしかれた時代と評価されている。この時代の政治を指導したのは、ネロの教師であったルキウス・アンナエウス・セネカと護衛隊司令官であったセクストゥス・アフラニウス・ブッルスであり、彼らが協力してネロの母小アグリッピナの政治への介入を抑えたとされる。歴史家タキトゥス（『年代記』十三巻二）は、ネロの即位直後、小アグリッピナの意図を受けて、彼女にとって目の敵とされていた人々が次々に殺害され始めたのをセネカとブッルスが協力して阻み、小アグリッピナの横柄な振る舞いに対抗したと述べている。また、外国(アルメニア)の使節がネロに謁見しようとした際に、母のアグリッピナが皇帝と一緒に謁見しようとしたのをセネカが巧みに妨げたことも伝えられている(『年代記』十三巻五)。

確かに、この二人が「ネロの五年間」の立て役者であり、小アグリッピナの振る舞いに一定の制御を加えていたことは事実だろう。しかしながら、そもそも追放中のセネカをローマ市に呼び戻して元老院に復帰させた上でネロの教師に任命したのは、小アグリッピナであった(『年代記』十二巻八)。ブッルスも、小アグリッピナの意図で皇帝の護衛隊司令官に任命された人物だった(『年代記』十二巻四二)。このようなセネカとブッルスの振る舞いは、基本的に男性優位の社会であったローマ社会の常識を踏まえた行動であり、また小アグリッピナの立場もある程度は尊重したものであったと考えられよう。さらに治世初期のネロは、初代皇帝アウグストゥスの先例に従うと述べ(スエトニウス『ローマ皇帝伝』「ネロ伝」十節)、第二代ティベリウスから第四代クラウディウスまでの皇帝独裁体制から距離を置き、共和政以来の統治機構である元老院の古来の権限と権威を尊重する姿勢を示した(『年代記』十三巻四―五節)。この時期には、皇帝ネロと二人の補佐役たち、母親アグリッピナ、そして元老院とが互いに牽制しあって、その間に、ある程度の権力のバランスがとれていた状況であったと考えられる。

対立の萌芽と暴君への道

先に述べた微妙なバランスは、間もなく崩れることになる。皇帝ネロと母親の間に緊張が生じ、最終的に皇帝は二人の後見人に無断で、母親アグリッピナの殺害にいたる過激な行動に出るのである。若い皇帝ネロの中で自意識が芽生え始め、皇帝としての権限を独自に発揮し始めたのである。

小アグリッピナのネロへの支配力の衰えの始まりについて、歴史家タキトゥス(『年代記』十三巻十二節)は、アクテという名の解放奴隷の女性と愛人関係となったことと、オトとセネキオという洒落た若者を親友としたことだと述べる。アグリッピナは、特にアクテとの関係に腹を立てたため、ネロは、セネカの友人を身代わりとして密かにアクテとの恋愛関係を続けることとなった(『年代記』十三巻十三節)。次に、アグリッピナの重要な支持者である皇帝家の解放奴隷パッラスが、五五年に解任された。パッラスは、クラウディウス帝の母親小アントニアの解放奴隷であり、皇帝家の財政、ひいては帝国財政の大きな部分の管理を担っていた実力者であった。

ネロへの影響力を失い始めた小アグリッピナは、にわかに態度を改めてクラウディウスの実子でネロの弟とされていたブリタニクスへと接近しはじめた。歴史家タキトゥス(『年代記』十三巻十四節)によれば、ブリタニクスが成長して立派な青年となり、ネロよりも権力を受け継ぐのに相応しく、正当なクラウディウスの跡継ぎであると強調し、ネロを皇帝とするために夫の先帝クラウディウスを暗殺したことを暴露すると脅したと言う。この母親アグリッピナの脅迫を受け、さらにブリタニクスが自分に対して恨みを抱いていることを知ったネロは、義弟ブリタニクスへの殺意を抱くこととなった。そして、ついにネロは、五五年二月十一日、自らも同席する晩餐の席上で、ブリタニクスを毒殺したと伝えられている(『年代記』十三巻十五―十六節)。

このパッラスの解職とブリタニクスの死は、小アグリッピナの政治的影響力を削ぎ、彼女は、ネロの宮廷を出て、別の館で暮らすこととなった。さらにネロは、母アグリッピナのお陰で皇帝護衛隊の司令官を務めるブッルスの解任を考えたが、セネカの反対で取りやめたとされる(『年代記』十三巻二〇節)。

母アグリッピナの殺害と暴君ネロ

ネロと母アグリッピナの間の関係を決定的に悪化させ、ネロを母親殺しに踏み切らせたのは、後にネロの二番目の妻となるポッパエア・サビナという女性の出現だとされる。この女性について、歴史家タキトゥス(『年代記』十三巻四五節)は、「気高い精神以外の全てを所有していた」と述べており、魅力的な女性であった。ポッパエアは、最初の夫のローマ騎士と離婚した後、ネロの親友で、ネロ死後に短期間皇帝となるオトの妻となった。伝記作家のスエトニウス(『ローマ皇帝伝』「オト伝」三節)は、この結婚自体がすでにネロの愛人であったポッパエアとネロの関係を隠すための偽装結婚であったとする。一方、歴史家タキトゥス(『年代記』十三巻四六節)は、オトの新妻の惚気を聞いたネロがポッパエアの美貌の虜になったとする。いずれにしても、ポッパエアがネロの愛人となって大きな影響力を持つようになったことは間違いない。

さてポッパエアは、ネロが妻のオクタウィアを離婚して自分と再婚することは小アグリッピナが生きている限りは望みはないと考えて、母親の影響から抜け出すことを唆していたという（『年代記』十四巻一節）。さらにタキトゥスは、アグリッピナが息子への影響力を取り戻すために、息子に対して男女の関係になることを迫ったと述べる（『年代記』十四巻二節）。この逸話の真偽は不明であるが、ネロと母親の間の緊張が極限まで高まったことは確かだろう。五九年、ネロは母親アグリッピナの殺害を決意するに至った。

タキトゥスの伝える小アグリッピナ殺害の経過は次の通り（『年代記』十四巻三―九節）である。ネロは、ミセーヌムの艦隊司令官であった解放奴隷の勧めで、アグリッピナを別荘に海路招待して、予め壊れるように細工した船に乗せて殺す計画を立てて実行した。ところが、アグリッピナは、この船の沈没事故から無事に逃れた。狼狽したネロは、計画を伝えていなかった後見役のブッルスとセネカを呼び寄せて相談し、彼らも殺害計画を進める以外に途はないとして兵を送って、アグリッピナを殺害するに至った。

さらに六二年には、護衛隊司令官のブッルスが死亡し、セネカが事実上引退する。また同年にネロは、妻オクタウィアを離婚の上で追放し、ポッパエア・サビナと再婚した。同じ年の六月オクタウィアは追放先で自殺した。

この母親アグリッピナの殺害に加えて、ブッルスの死とセネカの引退以降、ネロは歯止めを失った。六四年のローマ市で大火に伴う最初のキリスト教徒の迫害を実施し、六五年には、名門出身の元老院議員ガイウス・カルプルニウス・ピソを首謀者とするネロへの陰謀が発覚し、多くの加担者が処刑され、かつての後見役セネカも陰謀への加担を疑われて自殺を命じられた。その後も、多くの無実の者たちが大逆罪で訴えられて犠牲となることになった。六八年には、ガリア・ルグドゥネンシスの総督の反乱をきっかけに、各地で反乱が起こり、さらに元老院がネロを「国家の敵に」と認定するにおよびネロは逃亡したが、六月九日にローマ市郊外で自殺した。ネロは暴君として、歴史に悪名を残すこととなったのである

⦿参考文献
Edward Champlin, *Nero*, Cambridge Massachusetts,2003.
スエトニウス「ネロ伝」(『ローマ皇帝伝』)
タキトゥス『年代記』

76–138年
ローマ皇帝、五賢帝の一人。前帝トラヤヌスの征服した東方領土を放棄し、防衛政策に転じた。

後世には称賛され、同時代では憎まれた皇帝

ハドリアヌス

…Hadrianus…

島田 誠

ハドリアヌスは、ローマ帝政期、二世紀前半の皇帝(在位一一七—一三八年)であり、五賢帝の一人とされる。同じく五賢帝の一人とされ、ローマ帝国最大の版図を築いたトラヤヌス帝の跡を継いで皇帝となった。ハドリアヌスは、積極的な拡大策を改め、トラヤヌスが征服したユーフラテス川以東の新領土を放棄して、ブリテン島にハドリアヌスの長城と呼ばれる防壁を築くなど帝国辺境の防御を重視した。また、自ら帝国各地を巡行し、各地に大規模な公共建造物を建てるなど民政に留意し、特にアテナイをはじめとするギリシア諸都市に多大な支援を行った。彼は法制度の整備や行政の改革も積極的に行った。また彼の治世の終わりには、ユダヤの大反乱が勃発したことが知られる。

ハドリアヌスの家系と出生から青年時代まで

ハドリアヌスの家は、元々はイタリア中北部でアドリア海に面するピケヌム地方の出身だったが、共和政中期に現在のスペインにあたる当時のヒスパニアの一部である属州バエティカの都市イ

タリカに移住していた。『ローマ皇帝群像(ヒストリア・アウグスタ)』所収の「ハドリアヌスの生涯」第一節によれば、ハドリアヌスの高祖父の時代から元老院議員を出していたとされる。トラヤヌスの家系もほぼ同様で、トラヤヌスはハドリアヌスの父の従兄弟に当たる。この家系に、ハドリアヌスは七六年一月二四日に誕生した。誕生した場所に関しては、「ハドリアヌスの生涯」ではローマ市とするが、ヒスパニアの地とする説もある。近年では、ローマ市説が有力となっている。

ハドリアヌスが十歳の時に父プブリウス・アエリウス・ハドリアヌス・アフェルが亡くなり、父の従兄弟であるトラヤヌスとローマ騎士であったプブリウス・アキリウス・アッティアヌスが後見人となった。この二人がハドリアヌスの生涯に大きな影響を与えることになる。ハドリアヌスは、当時の元老院議員身分の少年に相応しい科目を学んだが、中でもギリシアの学芸を熱心に学び、その結果、彼には「小ギリシア人」とのあだ名が付けられたと伝えられている。また一族の故郷であるイタリカの地に滞在した際には狩猟に熱中したあまり、周囲の人々の非難を浴びて、後見人のトラヤヌスにローマ市に呼びもどされたとも「ハドリアヌスの生涯」では伝えられている。彼は何かに熱中すると他のことが見えなくなってなおざりにする性分であったようである。

十八歳頃、ハドリアヌスは、当時の元老院議員を目指す家柄の良い若者が最初に就任する二〇人委員と呼ばれる公職の一つである「訴訟裁定のための十人委員」を務め、その後、さらに幾つかの軍団において高級将校として勤務するなど、順調にキャリアを歩んでいた。その頃、九七年に上ゲルマニア属州長官であったトラヤヌスが五賢帝最初の皇帝ネルウァの養子とされると、軍隊からの祝賀の意を伝えるための使者として派遣され、さらに翌九八年にネルウァが亡くなると、その報せを自ら最初に届けた。なお「ハドリアヌスの生涯」では、ネルウァの死を知らせる際に、ハドリアヌスは、姉の夫であるセルウィアヌスによってひき止められて妨害されたことを伝えている。さて、青年時代のハドリアヌスは、時に皇帝トラヤヌスの不興をかうこともあった。しかし、トラヤヌスの側近であるヒスパニア出身の有力元老院議員ルキウス・リキニウス・スラとトラヤヌスの妻のプロティナの好意がハドリアヌスの立場を支えていた。

トラヤヌス治世下のハドリアヌス

一〇一年、ハドリアヌスはクアエストル職に就任した。この職は、財務官と訳されることがあるが、財務だけではなく、もっと多様な職務を持ち、その多くは皇帝や属州総督などの上級者の高級補佐官としての任務を果たしていた。そして、この職を務めると元老院議員となることができた。クアエストルとしてのハドリアヌスは皇帝トラヤヌスの補佐官であった。この職にあったとき、ハドリアヌスは、元老院において皇帝の演説を代読した際に田舎風の発音のために失笑されたため、ラテン語の学習に力を注いだことが知られている(『ローマ皇帝群像』「ハドリアヌスの生涯」三節)。一〇一年から一〇二年に起こった第一次ダキア戦争では、皇帝トラヤヌスの個人的な随員として従軍した。

ハドリアヌスは、一〇五年の護民官職に次いで、恐らく一〇六年にプラエトル職に就き、再開された第二次ダキア戦争(一〇五—一〇六年)では軍団司令官として出征して目覚ましい功績を挙げ、トラヤヌスから、ネルウァよりトラヤヌスが受け継いだ宝石を与えられ、帝位を継承する希望が高まったと伝えられる(『ローマ皇帝群像』「ハドリアヌスの生涯」三節)。一〇七年には属州下パンノニアの長官を務め、遊牧民のサルマタエ族の侵入を抑えたとされ、一〇八年には共和政以来の最高公職であるコンスル職に就任した。

一一三年、トラヤヌスは東方の大国パルティアへの遠征を開始した。トラヤヌス率いるローマ軍は、一一四年にローマ・パルティアの中間に位置するアルメニアを制圧し、翌一一五年には恐らく北部メソポタミアを占領した。一一六年には、ローマ軍は三手に分かれて進軍してメソポタミア全土とティグリス川西岸部を征服し、トラヤヌス自ら率いる軍勢はペルシア湾頭にまで到達した。トラヤヌスは、占領地にアルメニア、メソポタミア、アッシリアの新属州を設置した。この大遠征中、ハドリアヌスは、当初はトラヤヌスの随行員として行動を共にしていたが、恐らく一一七年にローマ軍の後方拠点である属州シリアの長官に任じられた。ところが、一一七年には占領下の旧パルティア領で反乱が相次いで起こり、ローマ軍は鎮圧に追われることになった。その中で、トラヤヌスの健康状態が悪化し、ローマ市に帰還することとなり、ハドリアヌスはシリアに留まったが、一一七年の八月九日に小アジア南部の属州キリキアのセリヌスでトラヤヌスは逝去した。

ハドリアヌスの即位

セリヌスでの死の床において、トラヤヌスはハドリアヌスを養子に指名して後継者とすることを命じたとされる。ハドリアヌスの所には、八月九日に養子とされたことを報せる書簡が届き、一二日にトラヤヌスの逝去を伝える報告が届いたとされる(『ローマ皇帝群像』「ハドリアヌスの生涯」四節)。ハドリアヌスは麾下の軍隊から「インペラトル(皇帝)」との歓呼を受けて、皇帝に即位した。一方で、このハドリアヌスの養子縁組みと即位には疑問を呈する者がいた。トラヤヌスが逝去した際に、トラヤヌスに付き添って、ハドリアヌスを養子にするとのトラヤヌスの指示を聞いたのは、妻のプロティナのみであった。さらに皇帝一行を警備していたのは皇帝の護衛隊(近衛隊)司令官となっていたかつてのハドリアヌスの後見人アキリウス・アッティアヌスであった。

三世紀の歴史家カッシウス・ディオ(『ローマ史』六九巻第一節)は、次のように述べている。トラヤヌスが逝去した際に、ハドリアヌスは養子とされておらず、単なる同郷人であり、かつて被後見人であった近親者に過ぎなかった。ハドリアヌスが皇帝となれたのはトラヤヌスに息子がいなかったことのおかげであり、護衛隊司令官のアッティアヌスが、ハドリアヌスと恋愛関係にあったトラヤヌスの妻プロティナと手を組んでハドリアヌスのために後継者指名を確保し、ハドリアヌスがトラヤヌスの近親者であってシリア属州長官として強力な軍隊を指揮していたことが手助けしたのである。さらにディオは、この養子指名を伝えるトラヤヌスの元老院宛の書簡は本人ではなく妻のプロティナが署名したものであったことも付け加える。ディオの主張に従えば、死の床でのトラヤヌスによるハドリアヌスの養子指名は、アッティアヌスとプロティナの共謀による偽りであることになる。

この問題に関しては、近現代の研究者の間でも「セリヌスの秘密」と称されて、真相は未だに明らかとなっていない。当然、同時代の人々の間でも同様な疑問があったようであり、『ローマ皇帝群像』でも、トラヤヌスは、ハドリアヌスとは別のネラティウス・プリスクスなる人物を後継者とすることを意図していたと述べるが、この記述の真偽もまた明らかではない(「ハドリアヌスの生涯」四節)。もちろん、アッティアヌスやプロティナの意図に同意していた元老院議員のグループも存在していたが、元老院議員の中にハドリアヌスの皇帝即位に納得できないグループも存在していたと考えられる。

三　新属州の放棄と四元老院議員処刑事件

このような即位に関する疑問は、ハドリアヌスの皇帝としての地位の正当性への疑問を引き起こすことになったと考えられる。さらに新しい皇帝への不満を引き起こすこととなったのが、ハドリアヌスが即位直後にトラヤヌスによって征服したユーフラテス川以東の新属州を放棄したことと、その後に起こった四名の元老院議員処刑事件であろう。

ハドリアヌスは、皇帝即位直後に三属州放棄の重大決定を行った後にも、直ちに首都ローマに戻らず、ドナウ川流域の属州を訪れた後にようやくローマ市に向かった。その間、首都ローマでは、護衛隊司令官アッティアヌスの指揮の下、コンスル職を経験した四名の有力な元老院議員、ガイウス・アウィディウス・ニグリヌス、ルシウス・クィエトゥス、アウルス・コルネリウス・パルマ、ルキウス・プブリリウス・ケルススが、ハドリアヌスの暗殺を企てたとして処刑された。古代の著作(「ハドリアヌスの生涯」七節)では、ハドリアヌス自身は彼らの処刑を望んではいなかったと述べ、元老院自体の決定がない限り決して元老院議員を処刑しないと誓約したと伝える。ただし、後述する通り、この誓約はハドリアヌスの治世の最晩年に破られることになる。

また、この四元老院議員処刑は、ハドリアヌス自身の意図であったとの見解が現代の研究者の中にも存在する。その際に強調されるのは、処刑された四人の元老院議員が、トラヤヌス治世における積極的な対外拡張政策を推進し、自分たちもその拡張政策に加わって政治的立場を高めてきた元老院議員グループの指導者であったとの事実である。つまり、この四人の元老院議員は、ユーフラテス川以東の新属州を放棄することでハドリアヌスが覆したトラヤヌス時代の対外政策の推進者であり、受益者であった。ハドリアヌスの同時代人の中でも同様に考えた者たちが存在したことは疑いがないだろう。

ハドリアヌスの人気回復策と元老院との関係

ローマ市に戻ったハドリアヌスは、自分への悪しき評判を一掃するために、ローマ市の住民たちに多額の現金(一人当たり金貨六アウレウス)を配り、さらに前述のように決して元老院議員を処刑しないと誓約した上で、多くの人々への恩恵を与える政策を実施した(「ハドリアヌスの生涯」八節)。まず新たに皇帝金庫から費用を支出する駅伝制度を創設して、従来公的駅伝の費用を負担していた地方都市の負担を軽減した。次いで、首都ローマとイタリア、そして属州において皇帝金庫に債務を持つ人々から莫大な金額を免除し、広場で借用証を焼却した。トラヤヌスが設立した児童扶養制度から養育費を受けていた子供たちには、追加の贈与金を支払った。財産を失って困窮した元老院議員たちには、子供たちの数に応じて、その職務に充分なだけの財産を補った。多数の者たちに日々の生活に必要な額を贈った。公職を務める人数を満たすために友人たちのみならず、非常に多くの人々に規定の資格財産を贈った。さらにローマ市住民のために六日間連続の剣闘士の試合や千頭の野獣を見世物のために提供した。このような贅沢な贈与は、ユウェナリスの風刺詩の一句から「パンと見世物」と呼ばれて非難されることであったが、ハドリアヌスは、アッティアヌスとプロティナの陰謀で皇帝となったとの評判と、四人の元老院議員を処刑したとの悪い評判を少しでもぬぐうために敢えて実施したと考えられよう。

さらにハドリアヌスは、元老院とその議員を尊重する姿勢を示して、元老院の指導的議員と親密に交際するようにした。元老院の会議にはローマ市やその近郊に滞在している限り必ず出席し、新しい元老院議員の選出されることを難しくして、その結果として元老院の地位を極限まで高めた。従来、皇帝が裁判をおこなう際には、元老院議員とローマ騎士の双方から選ばれた顧問会に諮問していたが、元老院議員に関する裁判にはローマ騎士たちを参加させないこととした。

ハドリアヌスは、少年時代の後見人であり、自らの即位の功労者であるアッティアヌスをコンスル格元老院議員に昇格させたが、同時に四名の元老院議員処刑の実行者でもあったアッティアヌスをハドリアヌスは疎ましく思うようになった。「ハドリアヌスの生涯」九節によれば、一度はアッティアヌスを殺害しようと試みて、結局取りやめたが、アッティアヌス自身から辞職の願いを出すように急かし、辞表が出るや否や、辞職を認めて皇帝位獲得の最大の功労者を退けた。

ハドリアヌスの国境防衛強化策と属州巡行、司法・行政改革

ハドリアヌスの最大の功績として後世の人々が必ずあげるトラヤヌスの積極的対外政策の廃棄と平和を重視する防衛的政策への転換を実現するために、ハドリアヌスは軍事面での改革に努めた（「ハドリアヌスの生涯」十節）。ハドリアヌスは、軍隊の規律を引き締めて厳しい訓練を課す一方で、兵士たちの士気を高めるために自ら兵士と同じ生活を実践し、兵士たちをひいきではなく、公正に昇進させた。軍営から華美なものを取り除き、自ら病気の兵士の元を訪れ、軍営を置く土地を選び、勇敢で評判の良い兵士のみを百人隊長に選び、兵士たちの武装を改善したと言う。ハドリアヌスは自ら帝国中の属州を巡行し、国境の防御を強化した。属州ブリタニアの北辺では、全長一一八キロメートルの石造の防壁（ハドリアヌスの長城）が一二二年から十年の歳月をかけて建造された。ライン河やドナウ河に沿った北方の諸属州でも、リーメスと呼ばれ、後方の駐屯地兼要塞と前衛の砦、見張り塔から成る辺境の防御施設網が整備された。

ハドリアヌスは、辺境の軍事地帯のみならず、治世の半ば以上の歳月を費やして帝国の各属州を巡る旅行を実行した（「ハドリアヌスの生涯」十二〜十三節および十九節）。ハドリアヌスは、各地の都市で莫大な支出を伴う神殿や公共建物を新築し、また古い建物を再建した。彼は、特にギリシアの諸都市では、数々の贈与や公共建造物の建築事業を実施した。彼は、アテナイではエレウシスの秘義に参

加し、悲劇や喜劇のコンテストが行われる大ディオニュシア祭を主宰した。ハドリアヌスの大巡行の目的は、現代のある研究者によれば、ローマ帝国がそれまではローマ人による征服地の支配であったのを、共通のヘレニズム文化を共有する文明化された市民たちの国家へと変容させることを目指していたとされる。

さらにハドリアヌスは、法学者のサルウィウス・ユリアヌスに命じて、毎年のプラエトルが独自解釈に基づいて定めていた多様な訴訟形式を固定する「永久告示録」を発布した。この「永久告示録」は、後の皇帝の命令による法典編纂の最初のモデルとされる。また、ハドリアヌスは、それまで皇帝の解放奴隷を長とする家産的な組織に代わって、騎士身分の公職者からなる有給の職業的官僚機構を発展させたとされている。

後継者問題とハドリアヌスの死と死後の評価

一三六年、ハドリアヌスは、ルキウス・ケイオニウス・コンモドゥスと言う人物を養子に指名して後継者とした。この人物は、ハドリアヌスの治世の最初に処刑された有力元老院議員ニグリヌスの娘の夫でもあった。ところが、彼は間もなく病没した。その後、ハドリアヌスは、一三八年二月二五日、すでに五〇歳を過ぎていた老練な元老院議員である後のアントニヌス・ピウス帝を後継者とした。一方で、ハドリアヌスの姉の夫であるセルウィアヌスは、高齢にも拘わらず自分がハドリアヌスの後継者と自認しているため、ハドリアヌスよりも長生きして帝位を狙わないように、孫のフスクスと共に自殺を強いたとされる(「ハドリアヌスの生涯」十二―十三節および二五節)。ハドリアヌスは、その治世の最初と最後に高名な元老院議員たちを殺害したのである。その後、ハドリアヌスは一三八年の七月十日に、南イタリア、カンパニア地方の別荘地バイアエで逝去した。

ハドリアヌスの逝去の報が伝えられると、数多くの非難の声が挙がった。元老院では、ハドリアヌスの統治行為を無効にすることが真剣に議論され、後継者のアントニヌス・ピウスが願わなかったら、慣例となっていた死後の神格化も実現しなかったと伝えられる(「ハドリアヌス・ピウスの生涯」二七節)。また歴史家カッシウス・ディオ(『ローマ史』六九巻二三節二)は、ハドリアヌスは、その優れた治世にも拘わらず、治世の最初と最後の彼が行った有力元老院議員の殺害によって市民たちに憎まれていたと述べる。

⊙参考文献

南川高志「憎まれた賢帝ハドリアヌス―政治史からみた五賢帝の実相」(『史林』七一、一九八八年)

アエリウス・スパルティアヌス「ハドリアヌスの生涯」(『ローマ皇帝群像』)

121−180年
五賢帝最後の皇帝。公明正大な統治を目指すも、ゲルマン諸族の侵入に忙殺された。

マルクス・アウレリウス
…Marcus Aurelius…

五賢帝もやはり人の子! 哲人帝の大誤算

新保良明

十八世紀のイギリス人エドワード・ギボンは『ローマ帝国衰亡史』の中で「もし世界史にあって、もっとも人類が幸福であり、また繁栄した時期とはいつか」と自問し、それは五賢帝の御代であったと即答している。つまり、この時代に「ローマ帝国史上、最良」ではなく、「人類史上、最良」と最大限の評価を与えたのだ。そして五賢帝時代と言えば、ローマ帝国の安定、平和、繁栄の代名詞とされてきた。但し、その最後を飾るのが、マルクス・アウレリウス・アントニヌス帝(在位一六一―一八〇年)なのである。彼は『自省録』の著者としても名高いストア派哲学者であり、「哲人皇帝」とも称される。このように政治史、文化史の両面で著名なマルクス帝がなぜ最後の五賢帝になってしまったのであろうか。

マルクス帝とハリウッド映画

銀幕の世界から話を始めてみよう。マルクス・アウレリウス帝が登場する映画と言えば、ソフィア・ローレン主演の『ローマ帝国の滅亡』(一九六四年)とラッセル・クロウ主演の『グラディエーター』

（二〇〇〇年）が即座に挙げられる。奇妙なことに、この二作品の共通項はマルクス帝が皇太子コンモドゥスではなく、他の人物を後継者に据えようとしたがゆえに暗殺されてしまい、結果的にコンモドゥスが後継帝になったという点にある。確かに、同時代を生きたギリシア人の元老院議員史家ディオ・カシウスはコンモドゥスを喜ばすために医師が父マルクスに手を下したという情報を残しているが、死に際に父帝は自分の死因を息子と結びつけさせないため、彼の即位を兵士らに推したとも記している。その一方で、マルクス帝逝去の前後に生まれたとされるギリシアの史家ヘロディアヌスは死因を病気に置いているし、四世紀のラテン史家アウレリウス・ウィクトルなども同様に病死としている。ここでは、少なくとも、息子による父殺しを明記する史料はなく、父が息子の後継阻止に向かった史料もないという点を確認しておこう。そして従来の研究も暗殺を否定してきた。四世紀の『ローマ皇帝群像』「マルクス伝」の描写に基づき、死因を具体的に胃がん、もしくは肺がんに帰す研究もあれば、何らかの疫病を死因とする見解も提起されてきているのである。

さらに、後述するように、マルクス帝が没する三年も前にコンモドゥスは父と同じ「皇帝」の座に付いていた。すなわち、共治帝になっており、彼には父を暗殺する理由がそもそもなかった。ここまで立場と肩書きが整えられておれば、息子の帝位世襲は揺るぎようがなかったからである。以上の史料と政治状況から、マルクス帝は暗殺されたのではなく、一八〇年三月十七日、ウィーン（死没地については諸説あり）の陣営で病没したと研究史的には解されてきた。

ならば、二本のハリウッド映画が息子による父親殺しというショッキングな筋立てにこだわったのはなぜなのか。実は、ここにこそ五賢帝という枠組みに由来する「神話」が潜んでいる。しかしながら、この謎解きは最後に取っておこう。

「養子にして養父」というダブル養子縁組

マルクス帝は一二一年四月二六日、ローマ市に生まれた。父アンニウス・ウェルスは現スペイン、つまり属州出身の元老院議員であり、母も同じくスペイン出身のトラヤヌス帝（実は、初の属州出身皇帝！）の姪の子供であった。したがってマルクスは生粋のローマっ子とは言えないにせよ、両親ともに権力の中枢に近いところにいたことは間違いない。では、彼はどのようにしてローマ皇帝に登りつめたのであろうか。というのも、皇帝である父の後を継いだ御曹司ではないからだ。

真相は以下の通りである。家系図からわかるように、五賢帝の三代目、ハドリアヌス帝は子供に恵まれず、そこで、一三六年夏にケイオニウス・コンモドゥスなる議員を養子に迎えた。しかし彼は一三八年一月に死亡してしまう。これを受けて、ハドリアヌス帝は同年二月二五日に妻の異父妹の娘婿アウレリウス・アントニヌス（後のアントニヌス・ピウス帝）を養子に迎えるとともに、このアントニヌスに対して彼の妻の甥アンニウス・ウェルス（後のマルクス帝）とケイオニウスの遺児（後のルキウス・ウェルス帝）を養子に迎えるよう命じた。こうして、二世代にまたがる養子縁組が成立したわけである。つまり、五賢帝の継続性という点でハドリアヌス帝の役割は著しく大きかったと言わねばなるまい。彼は後継帝のみならず、その次の皇帝まで事実上の指名を行ったに他ならないからである。

アントニヌス・ピウス帝は即位前に二人の息子を亡くしていた以上、帝位の移譲を円滑に進めるためには、養子縁組という選択肢しかなかったのだ。

ここで、ローマ皇帝の即位方法について最低限、確認しておこう。ローマの正式国名は「SPQR」(Senatus Populusque Romanus元老院とローマの民衆)である。現在でも、この四文字はローマ市の水道栓、マンホールなどに刻印されている。それは「市議会とローマ市民」という意味なのであろう。イタリア人はこの種の洒落が好きなようで、ボローニャ市であれば、「SPQB」(市議会とボローニャ市民)と表記されるところとなる。そして古代ローマの上記国名からすれば、皇帝とは主権者たる元老院や民会などの投票もしくは支持により選出されるような存在であったと推測される。だが、このような実態はなかったし、元老院が皇帝を弾劾したからといって、帝権剥奪という緊急措置が制度上、自動的に執行されたわけでもなかった。

ならば、元老院は皇帝即位をどのように認めたのか。総じて、次の三パターンが現れる。A実子もしくは養子が次期皇帝になる、Bクーデタを起こした軍事司令官(多くが属州総督)が皇帝に勝利すれば、次期皇帝になる、C皇帝が突如暗殺され、跡継ぎがいないというドサクサにまぎれて、主に近衛隊長官が次期皇帝を推戴する。すなわち、マルクス帝の即位は前帝の養子として、Aに基づく既定路線であった。一方、ネロ帝亡き後の六九年は四名もの皇帝を数え、それに伴う内乱を経験したが、これはBの軍事衝突が連続して生じたことを証言してくれる。では、Cに該当するのは誰か。もちろん、歴代皇帝の中に多くを数えるのであるが、ここでは五賢帝が焦点になっているので、彼らの中に例を求めたい。そして一名がまさにCに合致する。五賢帝の初代、ネルウァ（在位九六—九八年）である。前帝ドミティアヌス（在位八一—九六年）が後継者なきまま暗殺され、空位が生じる中、近衛隊長官がネルウァを担ぎ出した。その結果、元老院は近衛隊の武力を意識せざるをえず、ネルウァの即位を承認するところとなった。このように、五賢帝時代は現実問題として、皇帝暗殺という血塗られた非常事態から始まった点を改めて確認しておきたい。さらに、A～Cのパターンにおいて鍵を握ったのは何か。それは軍隊である。軍隊の支持こそが即位にとって最重要な因子であった。従って、「市民の中の第一人者」と位置づけられてきた皇帝が死亡した後、「市民の中のナンバー・ツー」が自動的に繰り上げ即位するわけでは全くなかったのである。

共治体制の誕生と東方戦線

これまで見てきたように、ハドリアヌスからアントニヌス・ピウスを経てマルクスへの帝位のバトンタッチは養子縁組を通してスムーズに進められたかのように見える。ところが、実際は紆余曲折を経た。ピウスはマルクス・アウレリウスとルキウス・ウェルスの両名を養子に迎えるよう養父ハドリアヌスから求められる中、一三八年二月二五日、彼はこれを受け入れ、二人を養子とした。なぜか。南川高志氏はスペイン系のマルクス、イタリア系のルキウスをともに養子として迎え入れることで、属州出身議員勢力とイタリア出身議員勢力のバランスを図ろうとしたと解した。実に興味深い指摘ではあるが、ここで詳論することはできそうにない。そこで、事実関係を中心にマルクス帝の治世をたどってみよう。

まず、ピウス帝が一六一年三月七日死去すると、元老院は直ちにマルクスの即位に同意し、彼は同日、「皇帝Imperator Caesar Augustus」の称号を授与された。ところが、元老院は義弟ルキウスを皇帝に据えようとまで考えていなかった。しかし、ルキウスも皇帝称号を同日に授与されている。つまり、マルクス帝自身がこれを望んだのであり、ここにローマ帝国を二人の皇帝が治めるという体制が初めて導入されるところとなった。この共治体制が以後、半常態化していき、その延長上にディオクレティアヌス帝による帝国四分治制が現れるようになるのであった(後述)。とはいえ、マルクス、ルキウスの間には年齢差があった。即位時にマルクスは四〇歳、ルキウスは三〇歳であり、これを受けて前者が主導権を握ることはきわめて自然であったろう。その証拠に、一六二年早々、マルクス帝はアルメニアを巡って東方のパルティア王国と敵対したことを受け、援軍をルキウス帝に託し、当地に向かわせた。ルキウスは期待に応え、見事、パルティアに勝利を収め、一六六年一〇月十二日には首都ローマにおいて凱旋式が執り行われている。ところが、この東方への遠征が帝国に想定外の災厄をもたらすことになった。あろうことか、帰還兵らが伝染病を持ち帰ってしまったのだ。諸研究はそれを天然痘とも発疹チフスともペストとも推定するが、一説によれば六〇〇万人以上の死者を出し、人口減ひいては税収減をもたらしてしまう。なお、マルクス自身は、『自省録』の中で伝染病の発生原因をただ単に「空気の汚染や変化」に帰している。これは伝染病についての当時の社会的通念を伝えようが、逆に予防や治癒に向けての医療の無力さを教えよう。

このように、マルクスは即位後まもなく東方との戦争に直面したわけだが、対外戦争はこれだけですまなかった。つまり、彼は「ローマの平和」の終焉にあらがって必死に対処した皇帝であったのである。その統治は二〇年に及んだが、帝が首都ローマで過ごしたのはその半分にすぎず、残り半分は属州視察や戦争指揮に費やされた。彼を「哲人皇帝」という文化人的イメージでのみ捉えることは大きな間違いなのである。

マルクス帝の内政

以下では、主に『ローマ皇帝群像』を参考にしながら、マルクス帝の人となりを見ておきたい。

第一に、傲慢、冷酷さの欠如について。彼は劇場で役者から嘲弄の的にされながらも、その者を罰しようとしなかった。帝政期に人気を博した劇は、プラウトゥスなどの古典的ローマ喜劇ではなく、パントマイム劇であった。これはセリフなし、身振り手振りのみで行われるので、誰でもわかるネタで、かつ演技も過剰であらねば、観客に内容が伝わらなかった。その結果、衆目の的となる皇帝などが恰好の題材とされたわけである(なお、下ネタも多かった)。他方、アウグストゥス帝治世末期を起点として、法の拡大解釈から大逆罪という独自の犯罪概念が発展、成立を見た結果、一世紀において既に皇帝侮辱は処罰の対象となっていた。このような事情がありながらも、マルクス帝は自分への嘲笑を平然と受け流した。彼は絶対的権力を誇示する圧政者ではなく、あくまでも一市民としてふるまうスタンスを貫こうとしたわけである。

第二に、司法について。帝政期の重要な裁判所として、常設国家法廷、元老院裁判、皇帝裁判、属州総督裁判が挙げられる。そもそも、皇帝が「市民の中の第一人者」という立場を標榜する一方で、明確な司法権なきまま死刑判決まで下すことができるという皇帝裁判の存在にはかなり無理があるが、この裁判権も帝政初期から出現したのであった。だが、マルクス帝は本来、皇帝が裁くべき案件を、できるだけ元老院に委ね、元老院を尊重したという。さらに、元老院議員を被告とする裁判には、身分的に劣位の騎士を罪状確認と刑罰の諮問に関与させなかったとも伝えられている。その上、彼はいかなる罪状であろうと、被告の元老院議員に死刑判決が下されないよう求め、寛容の姿勢を示したとまで言われる。

第三に、強欲さの欠如について。歴代の皇帝は自らの奢侈や戦争により生じた赤字財政の補填を増税で賄おうとした。ところが、マルクス帝は戦争に明け暮れる日々を送りながら、そのツケを帝国民に負わせなかった。帝は宮廷の各種調度をオークションにかけ、宝石や立派な食器に加えて、あろうことか皇后の衣装さえ競売の対象としたのであった。

第四に、公正さの担保について。マルクス帝は軍事であれ、民政であれ、何らかの案件を抱えた場合にには、いつも最良の人々と協議することを常とした。彼の口癖によれば、「かくも多くの立派な友人諸君の助言に私が従う方が、友人諸君が私一人の意向に従うよりも、より公正」だからであった。

以上のように、我々はマルクス帝が公明正大な理想的統治を志向したという印象を抱かせられ、まさに五賢帝の一人として彼を再確認していいのかもしれない。そんな彼の治世においてもキリスト教徒迫害が一七七年、属州ガリア・ルグドゥネンシスの州都ルグドゥヌム（現リヨン）で発生している。とはいえ、これは彼の命令によって始まったわけではなく、あくまでも現地での暴動、リンチという形を取ったことを強調しておこう。

他方、『ローマ皇帝群像』は次のような逸話も伝えているので、紹介しておきたい。つまり、見世物の中で綱渡り芸人が落下する事故が発生したので、マルクス帝は落下しても大丈夫なようにクッションを置くよう命じた。それゆえ、綱の下に網が広げられるようになったという。さて、真偽のほどは定かではなく、サーカスの起源をここに求めるのはいささか早計であろうが、同史料は帝が剣闘士競技について限度を設けたとも明言している。これは何を意味するのか。実は、一七七年、剣闘士競技費用に関する詳細な元老院決議が出されているのである。剣闘士の人材は専ら奴隷（共和政末期のスパルタクスを想起！）と罪人に求められた。前者は戦争捕虜を前身とした一方で、後者は「訓練所行きの刑」を科された下層民であった。この訓練所とはまさに剣闘士養成のための施設である。そして、言うまでもなく剣闘士競技とは生死を賭けた殺し合いにほかならないが、これが帝国各地に伝播していった結果、熱狂的な人気を博すに及んだ。この競技の人気が高まれば高まるほど、開催費用が高騰したのは自明である。剣闘士は基本的に敗北による死亡を前提とした消耗品にすぎず、彼らの需要が高まっても、供給がそれに追いつかなくなっていたからだ。剣闘士の対戦料金が高騰していけば、名誉を求めて見世物を自腹で提供してきた富裕層は深刻な過重負担にあえぐことになる。都市の自治や繁栄を担う彼らが競技提供にこだわれば、経済的に没落しかねず、これは都市にとって得策ではなかった。以上の事情を踏まえ、マルクスの意を受けた元老院が対戦料に上限を設けたわけである。

北方戦線とウェルス帝の死

そもそもローマ帝国とゲルマン人との北方国境はおおむねライン川とドナウ川にあった。もちろん、マルクス帝以前にも、ゲルマン人の南下、渡河による戦争は確かにあった。しかしゲルマンの部族が単独で侵入してきたケースがほとんどで、ローマ軍はこれを個別撃破し、川の北側へと押し戻すことができたのであった。ところが、マルクス帝下には情勢が変わり、複数の部族が同盟を結び、結託して帝国への侵入を試みるところとなる。こうなっては、帝国軍は個別撃破という作戦を取れず、戦線は伸びて戦争は長期化した。ゲルマン軍の中心部族の名にちなみ、これはマルコマンニ戦争と呼ばれる。

ドナウ国境を守るため、マルクス帝はルキウス帝とともに、一六八年春にローマを出発し、北イタリアのアクィレイア市に冬営を設けた。ところが、ルキウス帝は体調を崩し、首都に戻ることになる。その帰還中の一六九年一月、ルキウス帝は脳卒中で不帰の客となった。享年三八であった。いやがおうにも、マルクス帝は同僚を欠いたまま、単独で帝国を治めるところとなったわけだ。

同年九月、マルクスは再びゲルマン人と戦うため、北方に向かった。一七〇年、ゲルマン人は北イタリアにまで押し寄せる一方で、バルカン半島を南下してギリシアさえ脅かし、帝国に大きな危機をもたらした。いずれにせよ、戦争は長期化し、泥沼状態に陥る。ところが、この非常事態の中にありながら、驚くべきことに帝は『自省録』を著し始めている。第一巻末尾に、「クァディ族に囲まれたグラン川にて」という但し書きが認められるからである。

そして上記ディオ・カシウスは一七四年、ローマ軍を救った奇跡譚を伝えている。それによれば、マルクス帝率いる軍隊はクァディ族との戦いで大苦戦を強いられ、炎に囲まれる反面、水を飲むこともできず、絶体絶命の窮地に追いこまれていたところ、突如、豪雨が降って兵士らは水分を補給でき、また雷が次々と敵を襲った結果、形勢は逆転し、ローマ軍の勝利に終わった。これらは神々の加護のおかげという、よくありそうな逸話である。しかし、すべてをディオの創作記事として終わらせるわけにもいかない。というのも、ローマ市のコロンナ広場にそびえるマルクス・アウレリウスの記念柱（コロンナ）の表面を飾る螺旋状のレリーフは、マルコマンニ戦争の各場面を描いたローマ版絵巻物になっており、そこに雷と雨の奇跡の模様を伝える場面が刻まれているからである。

第二次マルコマンニ戦争

ところで、このような未曽有の難局に対し、マルクスは抜本的対策を講じなかったのであろうか。南川氏によれば、軍事経験を積んだ騎士将校を元老院に特別編入した上で、今や元老院議員となった彼らを軍事属州の総督に任じるという変則的人事がいくつも認められる。即ち、戦争指揮を最大限に優先した結果、軍事に長けた手練れの騎士を元老院議員にした上で、彼らを議員軍事職に登用するという現実路線をマルクス帝は採用したのであった。これが奏功したのか、一七五年にゲルマン人と講和が結ばれ、戦火はやんだ。

しかし、一難去ってまた一難。元老院議員にしてシリア総督のアウィディウス・カシウスが反乱を起こし、皇帝を僭称したのである。幸いなことに、これは大事に至らなかったが、マルクス帝は後継問題に正面から取り組むべきと受け止めたのではなかろうか。一七七年、わずか十五歳の実子コンモドゥスに「皇帝」の称号を与え、ここに帝国を再び共治体制の下に置いたのである。とはいえ、今回の組み合わせも父子であるため、両者が完全に同等な存在であったとは言えない点に注意したい。

翌年、再びゲルマン人との戦争が勃発した。ところが、今回はローマ軍優勢に進む。ドナウ川以北をローマ軍が占領している事実が確認されているからである。しかし一八〇年三月にマルクス帝は陣没した。では、その後、戦線はどうなったのか。父帝死去により単独帝となったコンモドゥス（在位一八〇―一九二年）は幕僚を集めて、おもむろに占領地からの撤兵を告げる。こうして、国境線は再びドナウ川に戻った。この措置は新帝の弱腰外交と受けとめられてもやむを得ないが、諸研究はそうは解さない。まず、ドナウ川以北の新領土維持には大軍の駐屯が必要となるが、伝染病で疲弊していたローマはマンパワーに欠けていた。次に、大軍を駐屯させても、当地からの税収が費用対効果にかなうか不透明であった。そこで、国境に隣接する部族を厚遇し、ローマの敵ではなく、逆に味方、防波堤として利用するという伝統的外交戦略が取られたというのである。このように、コンモドゥスは「昨日の敵は今日の友」という仕掛けを施し、父のような対ゲルマン人強硬策・全面対決ではなく、和解・同盟という現実路線を選択したのであった。とはいえ、彼は十八歳の青年にすぎなかった。

「養子皇帝制」という神話

ギボンが高く評価した五賢帝の成立要因は「養子皇帝制」に求められてきたと言ってよい。つまり、当該期の皇帝は元老院議員の中から優秀な人材を見出し、彼を養子に迎えた。そして皇帝死後、この養子こそが次の皇帝になる。こうして、養子縁組を繰り返すことで優れた人物が確実に次期皇帝となったがゆえに、彼らは善政を施し、その結果、五賢帝時代が繁栄や平和を享受したのは当然であったという論理が構築されたわけである。従って、「養子皇帝制」の下では、次世代を見据えた人事ヴィジョンを策定した上で、それに応じた人材を探し求める積極的リクルートが採られていたことになる。これはとどのつまり、皇帝が、実子に対し、凡庸で後継帝に値しないと苦汁の判断を下した場合、代わりに優秀な人物をあえて養子に迎えて帝位を継がせる用意をしたという、帝国ファーストのストーリーを紡ぎ出すに至った。これを踏まえれば、マルクス帝が不肖の息子コンモドゥスを次期皇帝に据えたはずがないという明白な道筋が現れる。すなわち、先に紹介したハリウッド映画はまさにこの論理を当然視したがゆえに、実子のコンモドゥスが自らの帝位を確実にするため、機先を制して父を暗殺したという筋書きを用意し、史実をねじ曲げたのであった。

ここで、歴代の五賢帝が養子を迎えた事情を、家系図を基に確認してみたい。はたして、各皇帝は実の息子を差し置いて、有能、有徳の人士を養子に迎えたのであろうか。先ず、ネルウァ帝は老齢の上に息子がおらず、即位の翌年、早々とトラヤヌスを養子にした。ところが、このトラヤヌスも実子に恵まれず、死ぬ直前にやむなくハドリアヌスを養子にしたと伝えられている(とはいえ、これについては、疑義を呈する史料と学説があり、養子縁組自体がグレーな状況にあることを指摘しておこう)。次に、子供がいないハドリアヌスは先述のように、アントニヌス(ピウス)を養子とする一方で、子供のいない彼にマルクスとルキウスの二名を養子縁組させたのであった。つまり、各皇帝は後継ぎとなるべき実子に恵まれなかったがゆえに、養子縁組をせざるをえなかったというわけである。すなわち、偶然ながら、皇帝に息子がいない状況が連続して四代に及んだのであった。ならば、皇帝に息子がいた場合、彼はどう対応したのか。これに該当する皇帝は実はマルクス帝一人に限られたのだ。

家系図で、この点を確認しておこう。一四五年春にアントニヌス・ピウス帝の娘ファウスティナを妻に迎えたマルクス帝は十四名もの子宝に恵まれた。しかしながら、医学や衛生学などが未発達であった古代社会においては、新生児の三〇%ほどが一歳になる前に死亡しており、子供の早世を防ぐ術はなかった。結果的に、マルクス帝逝去の折り、帝位継承可能な男子は息子コンモドゥス以外にいなかったのである(ローマ帝政史上、女帝はいない)。彼は一六一年八月三一日生まれで、一六六年「副帝Caesar」となり、一七七年半ばには「皇帝Augustus」となっている。このような経歴はマルクス帝を父に持つ皇太子としての事情を反映していると言わざるをえない。とはいえ、このコンモドゥス帝は即位後、格闘技マニアという自己の性癖を隠すことなく、最終的には首都のコロセウムで各種競技に参加した。役者や剣闘士というパフォーマーは民衆の人気を博したとはいえ、劣格者とされた。芸人のネロ帝、剣闘士のコンモドゥス帝がいずれも史料的に酷評されたのは当然であったと言えよう。その結果、後者はマルクス帝の実子ではなく、皇后と剣闘士との不倫により生まれた婚外子であったという噂を、史料はまことしやかに伝えてもいる。そしてコンモドゥス帝は暴政を展開したあげく、一九二年の大晦日に暗殺された。

故マルクス帝がこの息子の暴走を予見、覚悟していたという史料もあるが、そこに信憑性をどれほど置けるのか不明である。ここで確認できることは、哲人皇帝マルクスすら帝国に益する優秀な人材を養子に迎えずに、ためらいなく実子を後継者に据えたという厳然たる事実である。そして古今東西を問わず、権力の頂点を息子に移譲する行為は何ら不思議ではない。

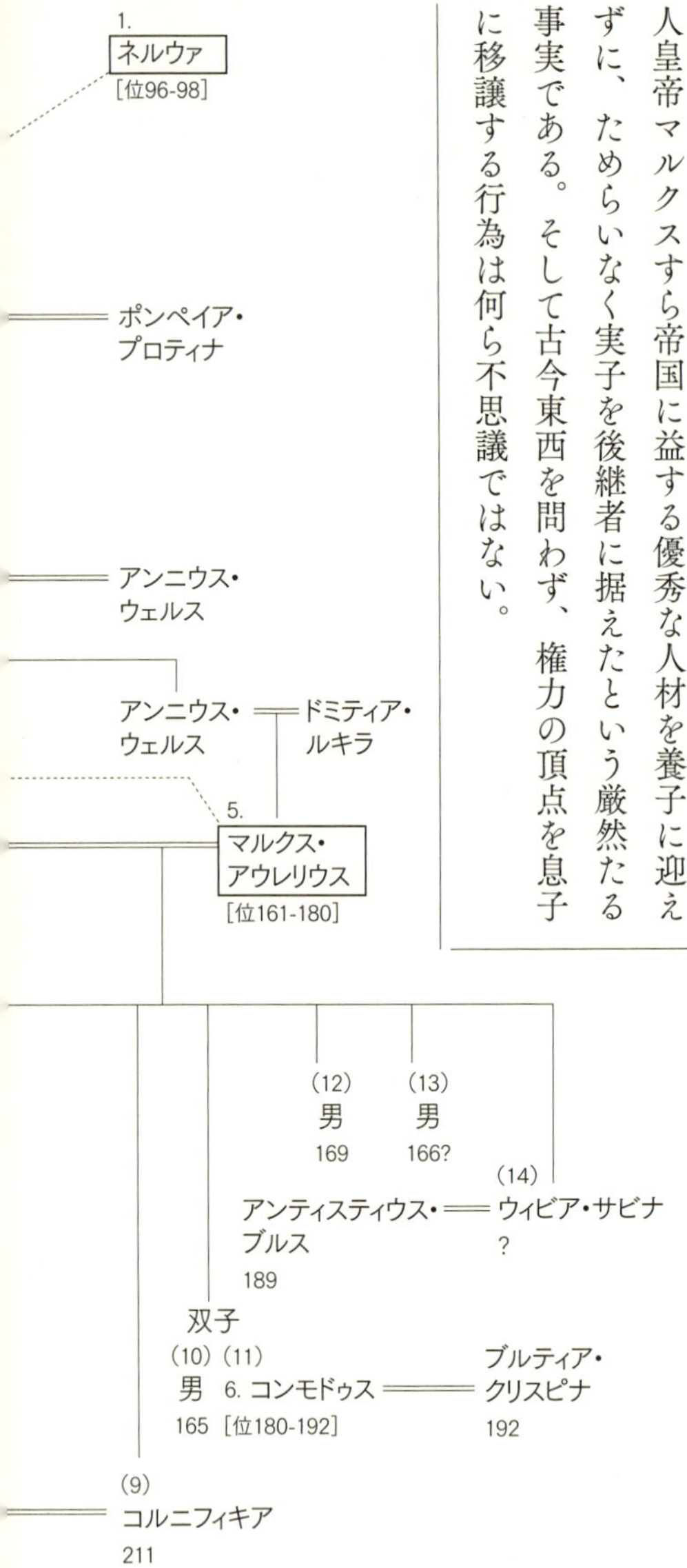

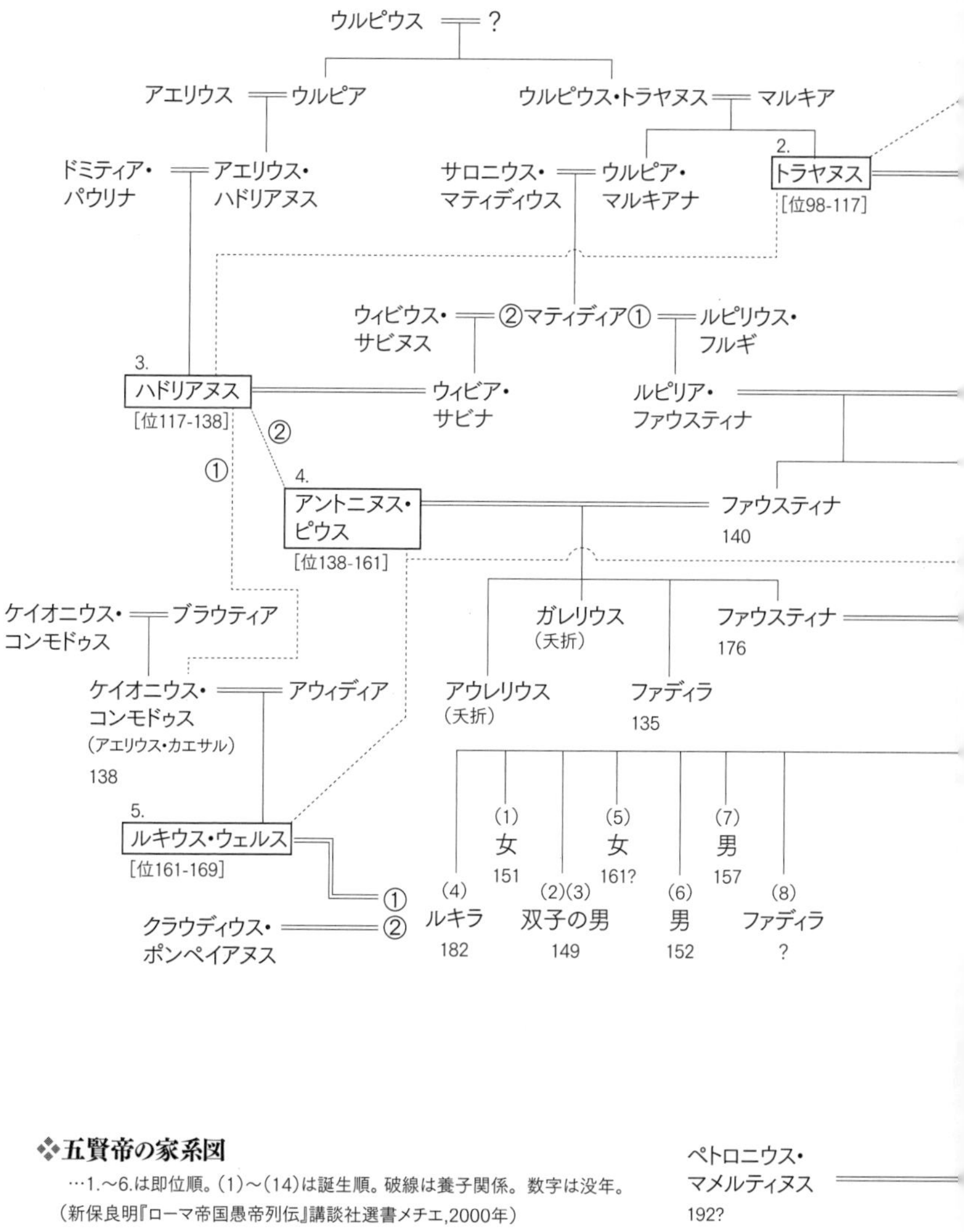

❖五賢帝の家系図

…1.～6.は即位順。(1)～(14)は誕生順。破線は養子関係。数字は没年。
(新保良明『ローマ帝国愚帝列伝』講談社選書メチエ,2000年)

❖年譜

年月日	事項
121年4月26日	誕生(ローマ市):M・アンニウス・ウェルスとドミティア・ルキラの息子
136年3月17日	L・コンモドゥス(L・アエリウス・カエサル)の娘ケイオニア・ファビアと婚約
138年2月25日	アントニヌス・ピウスによる養子縁組:名前がM・アンニウス・ウェルスからM・アエリウス・アウレリウス・ウェルスへ変更
138年7月10日以降	ケイオニアとの婚約解消、新たにピウス帝の娘アンニア・ガレリア・ファウスティナと婚約
139年初	カエサル称号を得る
145年春	ファウスティナと結婚
161年3月7日	ピウス帝死去を受け、皇帝に即位
166年10月12日	ルキウス・ウェルス帝とともにパルティア戦争の凱旋式挙行、「国父」称号を付与される
168年春	首都を出発し、アルプスを超えてドナウ属州の視察旅行へ
169年初	ルキウス帝死去後、ローマに戻る
169年9月	ゲルマン人との戦争に向け出発
174年	雷と雨の奇跡 マルコマンニ族と講和
175年4月	ヤジュゲース族との講和条約締結、シリア総督アウィディウス・カシウスの反乱、反乱鎮圧(8月頃)後、コンモドゥスを連れて東方へ巡幸
176年11月末	首都帰還
176年12月23日	マルコマンニ戦争の凱旋式挙行
177年4月24日	ルグドゥヌム(現リヨン)でのキリスト教徒迫害
178年8月3日	第2次マルコマンニ戦争に向け出発
180年3月17日	死去、ハドリアヌス霊廟(現サンタンジェロ城)に埋葬される、死後神化

以上のように、偶然に次ぐ偶然が五賢帝時代を規定した。マルクス帝がローマ帝国に仇をなしたとすれば、それは息子の後継という路線を当然視しながらも、肝心の息子が将来、想定外の愚行に向かうことを予見できなかった点にある。現代からすれば、マルクス帝は後継者選びに失敗した最後の五賢帝という烙印を押されることになるが、その咎を一方的に彼に課すのはいささか酷ではなかろうか。

⊙**参考文献**

南川高志『ローマ皇帝とその時代—元首政期ローマ帝国政治史の研究—』（創文社、一九九五年）

同　『ローマ五賢帝』（講談社学術文庫、二〇一四年）

新保良明『ローマ帝国愚帝列伝』（講談社選書メチエ、二〇〇〇年）

同　『古代ローマの帝国官僚と行政—小さな政府と都市—』（ミネルヴァ書房、二〇一六年）

樋脇博敏『古代ローマの生活』（角川ソフィア文庫、二〇一五年）

池田嘉郎、上野愼也、村上衛、森本一夫編『名著で読む世界史120』（山川出版社、二〇一六年）

E・ギボン（中野好夫訳）『ローマ帝国衰亡史』第一巻（ちくま学芸文庫、一九九五年）

マルクス・アウレリウス（水地宗明訳）『自省録』（京都大学学術出版会、一九九八年）

クリス・スカー（青柳正規監修）『ローマ皇帝歴代誌』（創元社、一九九八年）

アエリウス・スパルティアヌス他（南川高志訳）『ローマ皇帝群像1』（京都大学学術出版会、二〇〇四年）

A. R. Birley, *Marcus Aurelius. A Biography*, London 1987

D. Kienast, *Römische Kaisertabelle. Grundzüge einer römischen Kaiserchronogie*, Darmstadt^2 1996

188–217年
ローマ皇帝。カラカラは愛称。帝国内の全自由人にローマ市民権を付与、カラカラ浴場を建設。

弟を殺し、エジプトでも住民を虐殺!

カラカラ

…Caracalla…

新保良明

カラカラ帝(在位一九七―二一七年)は「カラカラ浴場」「カラカラ勅令」により知名度が高いローマ皇帝である。前者は彼が築いた巨大公共浴場であり、市民への一大娯楽施設の提供を意味したが、これは現存し、今も偉容を誇っている。一方、後者は帝国内の全自由人にローマ市民権を与えるという「青天の霹靂(へきれき)」的英断であり、この結果、帝国民は権利の点で平等となったわけだ。さて、これらの二項目に注目する限り、多くの読者が彼の善政を当然視するであろう。だが、実態はそれほど単純ではない。暴君のレッテルを貼られる行為がいくつも認められるからである。カラカラ帝に関しては、公共浴場の有り様と帝国民へのローマ市民権付与の理由を眺めつつ、彼の暴君としての暗黒面を確認してみよう。

北アフリカ出自の皇帝

コンモドゥス帝が一九二年大晦日に暗殺された後、帝位はしばらく不安定な状態に置かれた。最終的に安定政権を築いたのがセプティミウス・セウェルス帝(在位一九三―二一一年)、つまりカラカラの父であった。セウェルス帝は現在のリビア出身であり、史料によれば、彼は高齢になってもアフリカ訛りのラテン語を話し、その姉妹にいたってはラテン語を話せなかったという。

ところで、ローマ市のフォロ・ロマーノにそびえ立つ「セウェルスの凱旋門」は写真やテレビなどを通じて誰もが目にしていよう。パルティア戦争の勝利を祝して建造されたのであるが、刻まれた銘文によれば、これはセウェルス帝とマルクス・アウレリウス・アントニヌス帝に捧げられており、二〇三年に竣工したことがわかる。では、二人目の皇帝は最後の五賢帝マルクス・アウレリウスを意味するのか。しかし彼は竣工から二〇年も前に他界しているので、凱旋門と関係するはずがない。では、一体誰なのか。答えはカラカラ帝。これはなぜか。セウェルス帝は上記のように北アフリカ初の皇帝であり、家柄の誇示は全く期待できなかった。そこで、彼は自分が故マルクス帝の養子であると虚偽情報を発し、権威付けに走ったのであった。その結果、長男の本名はセプティミウス・バッシアヌスからマルクス・アウレリウス・アントニヌスへと改名されたわけである。ならば、カラカラ帝という通名は何に由来するのか。「カラカラ」とはケルト風のフード付きマントのことであり、彼はこれを愛用したがゆえに、あだ名となったのである。

さて、上記凱旋門の銘文は最後にセウェルス帝父子を「最善最強の皇帝たちに」として顕彰対象を明確化している。ところが、この部分は改竄されており、元々は「セプティミウス・ゲタ、最も貴顕な副帝へ」と刻まれていた。存在を抹消されたことになるゲタとは何者なのであろうか。

弟殺しと「記憶の断罪」

カラカラの家族関係を家系図で確認しておこう。彼はセウェルスを父として一八八年四月四日に生まれた。そしてゲタとはセウェルスの次男であり、一八九年三月七日に生を受けている。年の近い兄弟は何かにつけ張り合い、対立した。そのような中、セウェルスは一九七年に長男カラカラを「皇帝」にする一方で、次男も二〇九年「皇帝」に据えた。なぜか。そもそも兄弟仲が悪い点を熟知する父帝は、自分の死後、兄弟間で一悶着あることを予見できたからであった。つまり、彼らの間に上下関係があれば、兄による弟の合法的粛清もありえたがゆえに、兄弟を同格の皇帝としたわけである。とはいえ、セウェルス帝は息子らを連れて遠征していた属州ブリタニア（現イギリス）で「兄弟、仲良くせよ」という遺言を残して、息を引き取った。父亡き今、兄弟は互いに暗殺の恐怖に脅えつつ、ローマに戻る。このような緊迫した状況下、先手を打ったのは兄のカラカラであった。彼は母に兄弟の仲裁を依頼する一方で、それを信じ込んで、のこのこ現れた弟を部下に暗殺させた。ローマの建国は双子の兄弟ロムルス、レムスの対立、兄による弟殺害によりかなえられたが、兄弟の不和と刃傷沙汰という悲劇が再来したというわけである。

カラカラにとって、弟ゲタはその存在すら認めがたい不倶戴天の敵であった。このような場合、ローマ人はある慣習を逆利用した。つまり、彼らは自らの存在そのものや功績を後世に伝えようとして、多くの碑文を残すという独特な文化を誇っており、その大半は墓碑であった。そして、嫌悪された人物が碑文からその名前を削り取られた場合、これはその人の存在否定につながった。まさ

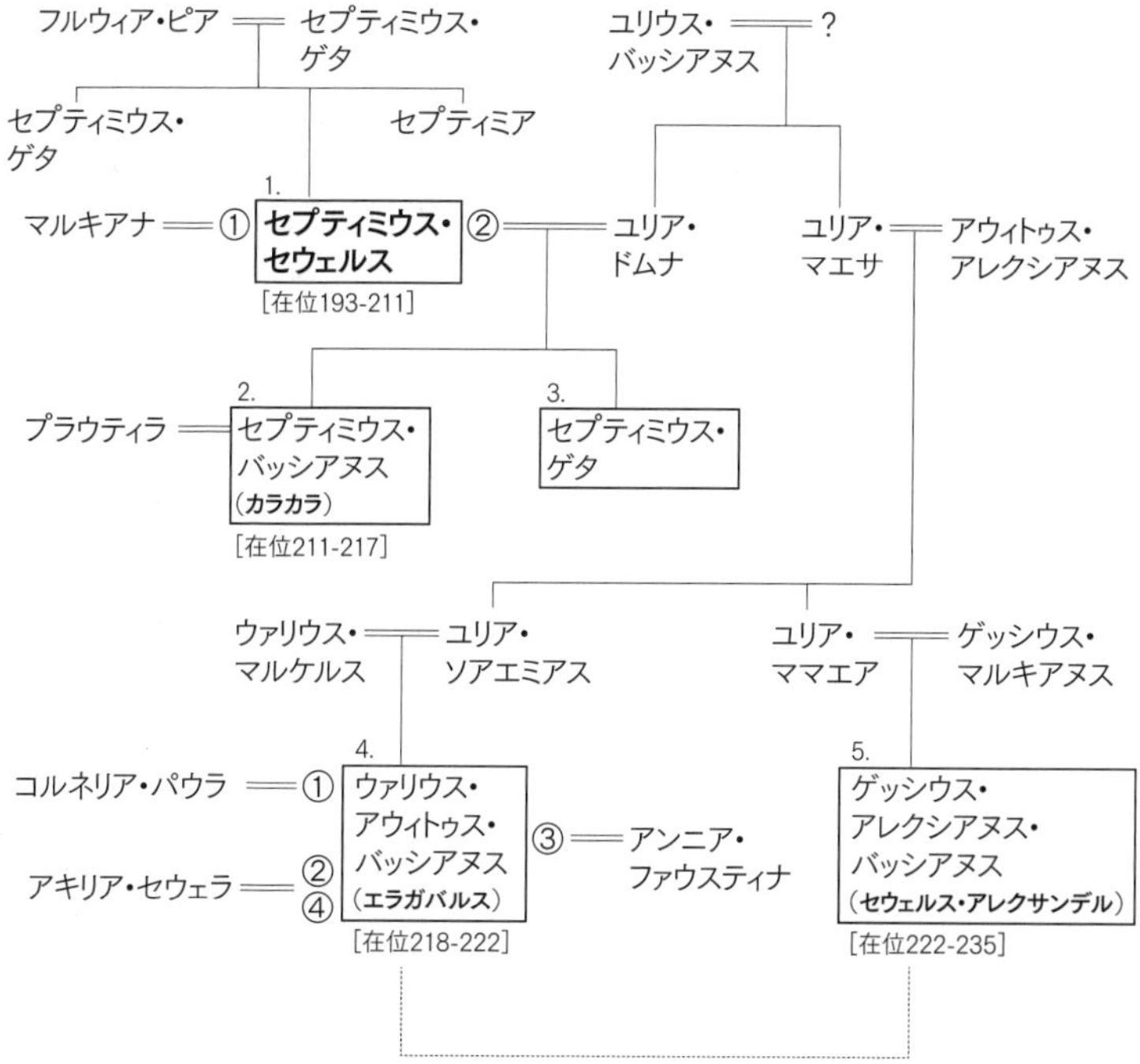

❖カラカラ帝の家系図

…1.～5.は即位順。①～④は結婚順。破線は養子関係。

(新保良明『ローマ帝国愚帝列伝』講談社選書メチエ、2000年より)

に、多大な屈辱と嫌がらせに他ならない。このような行為は「記憶の断罪」と呼ばれている。この伝統に則して、カラカラは弟ゲタを亡き者にしたあげく、その記憶すら残させなかった。既述の凱旋門の銘文修正に加え、セウェルス帝の家族の肖像画から幼小期のゲタの顔だけが塗りつぶされてしまう。これらに、弟への強い憎悪の念を窺うことができるのである。

一方、歴代皇帝は死後、元老院により審判を受けることになっていた。悪帝と判定されれば、上記のような「記憶の断罪」にさらされたが、善帝と評価されれば、神になり昇天したと解された。その結果、神殿や祭司も整えられたのである。つまり、皇帝の「死後神化」が生じたわけだ。では、カラカラは死後、どう扱われたのか。答えは最後に残しておこう。

ゲタ派の粛清

もちろん、カラカラは弟殺しの正当性を主張した。弟が兄殺しの陰謀を企てたため、やむをえず機先を制した、これは正当防衛だというのである。つまり、ゲタは皇帝に対する反逆者というレッテルを一方的に貼られてしまった。その上、今や皇帝はカラカラしかおらず、しかも「死人に口なし」の中、彼の主張が公式見解になるほかなかった。

ところが、弟を殺しても、カラカラの怒りは収まらなかった。同時代を生きた元老院議員史家ディオ・カシウスはゲタの関係者二〇〇〇名が殺されたと記している。その史書はいやがおうでもルポルタージュという性格を帯び、真実を伝えるとも考えられるが、さすがにこの粛清者数をストレートに信じていいものかは疑問である。

とはいえ、カラカラ帝が殺害命令を乱発したのは間違いない。無数の死体が市中を引き回され、市壁の外に投げ捨てられて山積みになったというし、帝国の将来を案じて、兄弟仲の修復改善を以前に進言した人々すら「ゲタ派」と決めつけられ、殺された。さらに、この際、目の上のたんこぶを一掃しようとした形跡も認められる。カラカラが単独帝となった二一一年に、彼の従兄弟、故コンモドゥス帝の甥、故ペルティナクス帝(在位一九二—一九三年)の息子などが死刑に処されている。先帝の血筋を根絶して、自分の玉座を盤石にすることを目指したかのような動きである。さらに、女性にも手加減しなかった。故マルクス・アウレリウス帝の娘コルニフィキアはゲタの死に涙した実母にして皇太后ユリア・ドムナにもらい泣きしたという理由だけで自殺を強いられたのである。

このように、実弟憎悪の激情から粛清の嵐が吹き荒れた。ならば、これは弟に執着しただけの一過性的な悲劇であったのか。この点に迫る前に寄り道をして、「カラカラ浴場」に代表されるローマの公共浴場を垣間見ておくことは無駄ではなかろう。

テルマエ・ロマエとカラカラ浴場

漫画と映画で大ヒットした『テルマエ・ロマエ』は、古代ローマの浴場設計士ルシウス(個人名であればルキウスのはず!)が現代の日本にタイムスリップし、「平たい顔族」(=日本人)の入浴文化の先進性を学んだ後で、古代ローマに戻り、日本の風呂事情をローマに導入するというストーリー展開を示す。では、このローマの風呂文化はいつ芽生えたのであろうか。それは意外にも、初代ローマ皇帝アウグストゥスの登場を待たねばならなかった。理由は明瞭である。入浴に足りる給水量がローマになかったからである。従って共和政期のローマ人は腕と足を毎日洗ったものの、入浴は週一にせざるをえなかった。これを劇的に変えたのがアウグストゥスの右腕アグリッパである。彼が水源地から二本の水道を首都に引き入れた結果、ローマにふんだんな水を供給するところとなった。ローマの有名観光スポットであるトレヴィの泉はアグリッパの水道（ウィルゴ水道）の恩恵をいまだに受けている。ちなみに、トレヴィの泉の背後にあるモニュメントは十八世紀に造られたものであるが、その正面左に刻まれたレリーフはアグリッパと水道技師との打ち合わせ風景を描いている。こうして、首都に公共浴場や私営浴場が林立する一方で、入浴習慣は帝国中に着実に浸透していくところとなった。

さて、カラカラ浴場は敷地十一万平方メートル、浴場施設だけでも二万五千平方メートルに達し、一度に一六〇〇名を収容できたと推定されている。現在もモザイク貼りの床をあちこちに認めることができ、華やかりし往時を偲ぶことが可能である。ここで、浴場の構造を簡単に確認しておこう。客は入場料をまず払うのであるが、史料が伝えるその額は驚くほど安い。そして脱衣所で服を脱ぎながらも、現代のような鍵付きのロッカーはないため、奴隷にチップをはずみ、服の見張りを頼むことになる。床下には熱風が送り込まれており、裸になっても、寒くなく、むしろ浴場内の床は熱いため、歩くには木製サンダルが必需品であった。こうして、室温が保たれた中、人々は風呂に入ったり、サウナ風呂に入ったり、水風呂に入ったりしながら、午後を優雅に過ごしたのだ。のみならず、カラカラ浴場は他にも図書館、談話室、体育場、庭園などを併設しており、スポーツ・文化・娯楽の一大複合施設であったのである。

では、上記『テルマエ・ロマエ』の主人公ルシウスが現代のローマ市ではなく、日本にタイムスリップしたのはなぜか。古代ローマと日本の入浴方法に一致が見られるからである。それはどの部分か。

浴槽に浸かった後に、浴槽外でストリギリスという道具を用いて垢落としを行う点に尽きる。ならば、次なる疑問が当然ながら生じる。なぜ、ルシウスは現代のイタリアに向かわなかったのか。答えは明快である。現代の欧米の風呂は入浴と身体洗いをバスタブ内ですませ、その外に湯がもれないようにする。ここに、浴槽の外で身体を洗う日本式入湯との根本的違いが現れるのだ。ルシウスは現代の日本にタイムスリップするしかなかったと言えよう。

ならば、ローマ帝国亡き後、ローマ式浴場はどうなったのか。簡略に述べれば、それは排除されていった。入浴習慣のないゲルマン人が水道を破壊したこと、ローマ・カトリックが広がっていく中、裸体と混浴が非難を浴びたこと、などが原因として挙げられる。こうして、ヨーロッパでは入浴文化が完全に廃れてしまう。その結果、体臭を隠すために香水の発達を見た。しかしローマ風の入浴文化は意外な方面に継承された。それはイスラーム圏である。清潔を是とする『クルアーン(コーラン)』の教えと合致したからであった。

ところが、十九世紀のヨーロッパで医学や衛生学が発展した結果、病気の主たる原因として「不潔」が全面的に強調されるようになる。今や、入浴が推奨されるに至ったわけだ。だが、公共浴場はもはや存在せず、「清潔」への方策は絶たれていた。そこで、やむなく人々は住居の一角にバスタブを設置し、風呂場にすることにした。だが、床には防水機能も排水機能もなく、ローマ式入浴方法を取れば、床下浸水が生じてしまう。以上のような事情から、欧米諸国はバスタブ内で一切が完結する入浴方法を採用せざるをえなかった。シャワーカーテンも床に湯水が飛び散らないようにするために発明されたのである。

カラカラ勅令の目的

二一二年、「カラカラ勅令（アントニヌス勅令）」が帝国内にあまねく発せられた。カラカラは帝国内の全自由人にローマ市民権付与を下知したのであった。そもそも、ローマはローマ人に市民権を限定するのではなく、長期にわたり非ローマ人にも市民権を与えるというばらまき政策を採用してきた。たとえば、共和政末の同盟市戦争後の前八八年にはイタリアの全自由人にローマ市民権を付与しているし、帝政成立後には非市民の志願兵から成る補助軍兵士に対し除隊時にローマ市民権を与えており、各都市の自治を担った政務官にも同じ権利を認めた。このように、市民権の積極的付与はカラカラ特有のものではなく、ローマ固有の伝統的政策に根ざしていた。すなわち、ローマは「昨日の敵は今日の友」と形容できるような大原則の下、敵を完膚無く壊滅させるのではなく、逆にローマの味方に切り換えるという道を選択してきたのである。こうした政策の終着点がカラカラ勅令であったわけだ。

ところで、この勅令の発布はリンカーンの奴隷解放宣言のように、極めて人道主義的でリベラルなイメージをカラカラに与えよう。しかし本当にそうなのであろうか。勅令発布の理由を押さえておきたい。そこで、参照されるべきは父帝セウェルスの二つの遺訓である。一つが先述「兄弟、仲良くせよ」、もう一つが「兵士を富ませ、他は無視せよ」であった。後者は兵士給与の高額化を図ることを求めている。確かに、父帝セウェルスは兵士の給料を一・五倍にし、さらにカラカラはそれを一・五倍に増額した。この結果、兵士の月収は六七五デナリウス銀貨に達した（現在の日本円にして八一万円ほどか）。セウェルスもカラカラも皇帝権力の支柱が元老院や民衆ではなく、あくまでも軍隊にあることを肝に銘じていたのである。

とはいえ、軍事費が急増するのであれば、それに見合う財源が求められねばならない。カラカラはこれに貨幣改悪という答えを用意した。アウグストゥス帝下、デナリウス貨の銀含有量は九八％を誇ったが、その後、諸帝の下でこの量は減らされ続け、カラカラ帝下にはついに五一％と半減した。単純計算で言えば、一世紀初めのデナリウス貨の二倍が三世紀前半に流通していたことになる。新貨も導入された。大きさはデナリウス貨の一・五倍ながら、二デナリウスの価値をもたせる「アントニニアヌス貨」が発行されたのである。

さらに、カラカラの錬金術は続く。従来、五％だった奴隷解放税、相続税を十％に倍増したのである。ただし、この二つの税は制度的にローマ市民権保有者にのみ課されてきた。従って市民権を有さない属州民には納税義務がないことになる。そこで、同時代の議員史家ディオ・カシウスは非市民を市民にした上で課税するところに、カラカラ勅令の真の意味を読み取った。今や、六千万人と推定される帝国民の総ローマ市民化により、圧倒的税収増がもたらされたわけだ。勅令を人道的見地からの前向きな施策と単純に捉えることは危険なのである。

アレクサンドロス・マニアによる首都での虐殺

上記の史家ディオ・カシウスは興味深い性格分析を伝えている。彼によれば、カラカラは父からアフリカ人の残酷さ、母からはシリア人の狡猾さ、生誕地ルグドゥヌム（現リヨン）からはガリア人の移り気、無鉄砲を受け継いだ、と。もちろん科学的な分析であるはずがないが、多民族国家となったローマ帝国に人種・民族差別がなくても、各民族への偏見は根強くあったことが窺える。これらの特徴が本当に彼に内在したのかどうかは今となってはわからないが、史料は次の性向を述べる。カラカラは若くして大帝国を築いたマケドニアのアレクサンドロス大王への熱烈的崇拝者であり、大王ゆかりのグッズを帝国中から収集したばかりか、大王の生まれ変わりとまで自称した。にわかに信じがたいが、同時代史家のヘロディアヌスは、顔の半分が大王、残り半分がカラカラという滑稽な肖像画も描かれたと記録している。

さて、帝政期、民衆の人気を博した見世物と言えば、劇（パントマイムが主流）、剣闘士競技、戦車競走、体育競技の四つであった。そしてカラカラは戦車競走の大ファンであった。この競技はローマ市では二五万人収容の大競技場、キルクス・マクシムス（現チルコ・マッシモ）で開催され、赤、白、青、緑という四つのプロチームが四頭立て戦車でコースを七周し、速さを競ったのであるが、現代の競馬同様、賭の対象でもあり、サポーターの歓声はいやがおうにも苛烈を極めた。こうした状況の中、悲劇が生じてしまう。二一三年、カラカラが応援する青党の騎手を揶揄する声がレース中にあがった。敵チームへの野次は珍しくないが、これに激昂した彼は過剰反応を示し、誹謗中傷した者を直ちに処刑するよう兵士に命じる。ところが、大観衆の中から該当者の特定はできるはずがなかった。そこで、兵士らは手当たり次第に観客に襲いかかった。大量虐殺が生じたのだ。カラカラは残虐な気質を首都においてさらけだしてしまった。さすがに、彼も罪悪感を抱き、ローマを後にして属州の視察に赴くことになる。

野獣皇帝と虐殺

ところで、カラカラは皇太子として帝位を継いだ。しかし大事に育てられた深窓の御曹司というイメージはない。むしろ、同時代人のディオによれば、長距離の早駆けができ、荒波でも泳げるほど身体剛健で、「野獣皇帝」の異名を取った。のみならず、カラカラは兵士に近い立場を強調した。戦地では兵士と労苦を分かち合い、塹壕掘り、架橋といった兵士に課せられる肉体作業にも従事し、行軍に際しては車に乗らず、歩兵のように徒歩で移動したという。風呂に入らず、着替えもせず、食事も質素で、木製食器で食事をすませることにも平気であった。兵士には「皇帝陛下」ではなく、「戦友」とまで呼ばせていた。給与引き上げに続く、このような姿勢は兵士らを大いに奮い立たせ、彼らは帝を圧倒的に支持した。

さて、カラカラは二一三年秋、北方でゲルマン人に勝利した後、翌年早々、東方へと向かい、ドナウ川に隣接する諸属州を経て属州アシア(現トルコ西部)に入り、二一五年にはエジプトのアレクサンドリアで冬営することにした。当市の開祖は言うまでもなくマケドニアのアレクサンドロス大王である。生まれ変わりを自称するカラカラにとって、この訪問は格別な意味を持ったにちがいない。だが、住民の口さがない単なる中傷をまともに受け取った彼は豹変し、市民の虐殺を命じるところとなった。住民に外出禁止令を出してから、兵士に道路と建物の屋根を占拠させ、その上で、一斉殺戮を指令した。また帝はアレクサンドロス大王の密集隊(ファランクス)を再現するという口実で、当市の若者を一箇所に集めた後、ローマ軍に包囲殲滅させてから、これを皮切りに市内での略奪、虐殺を行わせたとも伝えられている。犠牲者数はもちろん不明であるが、いずれにせよ、アレクサンドリア市が大量の血で染められたことは否定できないのである。

カラカラの最期

このように、カラカラは公共浴場や勅令から想像される善帝的存在ではなく、血塗られた悪帝的存在であった。世界史の教科書とは全く異なる素顔が浮かび上がったわけだ。

一方、二一六年春、彼は東方のパルティア王国と戦闘態勢に入る。首都を離れて既に三年が経過していた帝はさすがに謀略の存在を心配するようになり、首都の著名な占い師にそれを占わせた。そして帝に随行中の側近で近衛隊長官のマクリヌスこそが謀略の首魁であるという結果が得られた。これを伝える緊急通信が届いた際、戦車競走の観戦中であったカラカラは肝心の通信文を代わりに読んでおくよう当のマクリヌスに命じる。そこであろうことか自分の名前を目にしたマクリヌスは、このままでは殺されると考え、通信文を握りつぶして皇帝暗殺を決断した。まもなく、カラカラは少数の護衛を引き連れ、ユーフラテス川流域のカラエにある神殿に行くと言い出した。これ幸いとばかりに、マクリヌスはこの行幸での暗殺を部下に命じる。その道中、カラカラは生理現象に襲われ、衛兵に囲まれることなく、一人で用足しに向かった。しかし刺客はこの絶好機を見逃さなかった。排便中で無防備の帝は背中に剣を突き刺され、絶命する。二一七年四月八日、享年二九であった。

　カラカラには息子も、養子もいなかった。その結果、帝位の空白が生じてしまう。だが、パルティアとの戦争は進行中であり、前線で新帝を擁立することは焦眉の急であった。では、誰が後を継いだのか。皇帝の側近はこの緊急時に近衛隊長官マクリヌス（在位二一七―二一八年）を担ぎ出す。この人物は元老院議員ではなく、第二身分である騎士に属した法曹家であった。つまり、皇帝を「市民の中の第一人者」と

❖年譜

年月日	事項
188年4月4日	誕生（ルグドゥヌム〔現リヨン〕）、セプティミウス・セウェルスとユリア・ドムナの長男
195年春	アウレリウス氏への養子縁組の結果、L・セプティミウス・バッシアヌスからM・アウレリウス・アントニヌスに改名
195年4月4日	副帝となる
197年秋	皇帝に昇格
202年4月9日	近衛隊長官の娘プラウティラと結婚
211年2月4日	父帝セウェルス死去
211年12月19日（または26日）	弟ゲタをローマ市で殺害
212～213年	カラカラ勅令
213年9月	ゲルマニア戦争で勝利
214年春	東方へ出発、ドナウ属州経由でアシア、ビテュニア属州へ
215年	ニコメディアからシリアのアンティオキアへ
215年12月～216年3月	アレクサンドリア市に滞在
216年春	アンティオキア滞在
216年5月27日以後	パルティア戦争に向け出発
217年4月8日	属州メソポタミアのカラエで殺害される

位置づける「元首政」の枠組みは今や、騎士の皇帝の出現により蹂躙されるところとなった。そして、この非議員皇帝の延長上に、一八年後、三世紀の「軍人皇帝時代」が現れる。各地の軍隊が勝手に擁立、廃立する皇帝の中には、元老院議員ではない者が多々含まれたからだ。

皇帝の死後裁判

最後に、カラカラは死後、どう扱われたのかという宿題を確認しておこう。年代は不明なれども、彼は神化されている。しかし後継帝マクリヌスが神化を認めたとは考えられない。カラカラは軍隊で絶大な人気を誇る一方で、元老院での評判は悪かった。従って神化にせよ、「記憶の断罪」にせよ、マクリヌスがどちらかの道を選べば、軍隊と元老院のいずれかから大きな反発を被るのは間違いなかったのである。そこで、彼はあえて中立を貫き、いずれの決定も講じないようにした。結局、反乱で彼を倒して玉座についたカラカラの従姉妹の息子、エラガバルス帝（在位二一八―二二二年）がカラカラの神化を認め、彼と自分とのつながりをアピールするとともに、マクリヌスを「記憶の断罪」に処すところとなる。

このように、「神化」か、それとも「記憶の断罪」か、を宣告するのは元老院決議であったが、皇帝支配の下に置かれた元老院に自由な選択の余地はなかった。元老院は新帝のイニシアティヴを受けて、いずれかの決議を下したにすぎなかったのである。

⊙**参考文献**

弓削達『ローマ帝国の国家と社会』（岩波書店、一九六四年）
南川高志『ローマ皇帝とその時代――元首政期ローマ帝国政治史の研究――』（創文社、一九九五年）
杉田英明『浴場から見たイスラーム文化』（山川出版社、一九九九年）
新保良明『ローマ帝国愚帝列伝』（講談社選書メチエ、二〇〇〇年）
同『古代ローマの帝国官僚と行政―小さな政府と都市―』（ミネルヴァ書房、二〇一六年）
古山正人・中村純・田村孝・毛利晶・本村凌二・後藤篤子編訳『西洋古代史料集［第二版］』（東京大学出版会、二〇〇二年）
歴史学研究会編『世界史史料　一』（岩波書店、二〇一二年）
ヤマザキマリ『テルマエ・ロマエ』全六巻（エンターブレイン、二〇一三年）
樋脇博敏『古代ローマの生活』（角川ソフィア文庫、二〇一五年）
ジュリア・クセルゴン（鹿島茂訳）『自由・労働・清潔―入浴の社会史―』（河出書房新社、一九九二年）
クリス・スカー（青柳正規監修）『ローマ皇帝歴代誌』（創元社、一九九八年）
アエリウス・スパルティアヌス他（桑山由文・井上文則・南川高志訳）『ローマ皇帝群像　二』（京都大学学術出版会、二〇〇四年）
ドミニティック・ラティ（高橋弘美訳）『お風呂の歴史』（文庫クセジュ、二〇〇六年）
D. Kienast, *Römische Kaisertabelle. Grundzüge einer römischen Kaiserchronogie*, Darmstadt² 1996

245?–312?年
一兵卒からローマ皇帝になる。帝国四分統治などの改革を行う。キリスト教徒を迫害した。

帝国の分水嶺、改革と大迫害の二面性
ディオクレティアヌス
…Diocletianus…

新保良明

ディオクレティアヌス帝（在位二八四—三〇五年）は三世紀における政治・軍事の混乱をもたらした軍人皇帝時代に終止符を打ちながら、広大な帝国を四分割して統治する新たなシステムを導入した現実主義的な皇帝であり、帝国の「中興の祖」とも言える存在であった。そしてアウグストゥスに始まる「元首政」はディオクレティアヌス以降、性格を変えて、大規模な官僚制を整備していくとともに、あからさまな君主政へと転換した結果、「専制君主政」と形容されることになる。一方、彼の下では、帝国全土での本格的、継続的なキリスト教徒大迫害も生じている。ディオクレティアヌスははたして善帝であったのか、悪帝であったのか。

軍人皇帝時代

カラカラ帝の暗殺に成功し即位したマクリヌス（在位二一七—二一八年）はカラカラの従姉妹の息子エラガバルス（在位二一八—二二二年）に撃破されたものの、このエラガバルスもあまりの無軌道ぶりゆえに近衛隊により殺害されてしまう。その後を継いだのは彼の従兄弟、セウェルス・アレクサンデル帝（在位二二二—二三五年）であった（本書一八一頁の家系図を参照されたい）。この皇帝は少年の域を出なかったために、主導権を発揮できなかったにせよ、祖母と母が事実上の摂政となり、善政が展開されたと史料は伝えている。しかし、そんな彼もゲルマン人の南下に対処すべく、ライン川方面に出陣していたところ、不満を蓄積した当地の軍隊により殺害されてしまった。その反面、現地軍は兵卒からの叩き上げの軍人マクシミヌス・トラクス（在位二三五—二三八年）を自主的に皇帝に推戴した。確かに、このマクシミヌス帝の治世も以前の皇帝たちに比べ短い。とはいえ、彼の即位は約五〇年間にわたって軍隊による皇帝擁立と短期間での殺害が繰り返される乱世への突入を意味した。二三五年から二八四年までの間、元老院により即位を認められた正統な皇帝は二六名に達しながら、その一方で、自称皇帝も四〇名に及んだ。以上の諸帝は「軍人皇帝」と総称される。そして正統な皇帝の平均的治世ですら計算上は二年に満たず、四〇年間にわたり帝位にあった初代皇帝アウグストゥス（在位前二七—後一四年）との間には雲泥の差が認められる。従って帝国は名実ともに混沌とした時代に転がり落ちたのであった。

そもそも、なぜ多数の皇帝が現れたのか。これは「ローマの平和」の終焉と軌を一にする。通常、アウグストゥス帝の即位以降の二〇〇年間は「ローマの平和（パックス・ロマーナ）」と形容されるが、確かにこの間、北のゲルマン人、東のパルティア王国との攻防は何度もあった。とはいえ、国境防衛に失敗し、帝国存亡に関わるような致命的事態に陥ることはなかった。だが、二世紀後半のマルクス・アウレリウス帝以降、帝国はゲルマン諸部族の同盟軍による侵攻に苦しむ一方で、パルティア王国、続いてササン朝ペルシア帝国による強力な攻撃を受けるところとなる。つまり、皇帝政府はこれまで経験したことがない北と東の二大正面作戦の同時展開を余儀なくされてしまったのだ。

軍人皇帝出現の背景と三世紀の危機

このように帝国が危急の事態に瀕する中、もちろん政府は手をこまねいていたわけではない。セプティミウス・セウェルス帝以降、軍の司令官人事を軍事に疎い元老院議員から軍事経験豊富な騎士将校に徐々に切り換えていくという現実路線が認められるのだ。ところで、一体、誰が最大の危機意識を持ったのであろうか。それは明日にも戦死するかもしれない最前線の兵士であったに相違ない。彼らは皇帝のカリスマ性に期待をかけ、彼による前線での陣頭指揮を熱望した。つまり、皇帝が首都に鎮座し、現地の戦局をろくに知らないまま、ピント外れな命令を出してくることを危惧した。まさに、「事件は会議室ではなく、現場で起こっている」という論理である。その結果、兵士は自らの生存確率を上げるために、元老院議員であろうと、なかろうと、共に前線で戦っている上官を皇帝に推戴するところとなった。こうして、軍人皇帝は出自や家柄と無関係に担ぎ出されたのである。

だが、この時代における皇帝の多さは逆に、皇帝が次から次へと死亡した事実も証言する。そして皇帝はほとんど麾下の軍隊によって殺されたのだ。最初の軍人皇帝とされるマクシミヌス・トラクスは叩き上げの軍人で、『ローマ皇帝群像』によれば、身長二メートル四〇センチを超える巨漢であったと伝えられ、兵士の厚い信頼を集めたが、北イタリアのアクィレイア市攻城戦を続ける中で、軍勢は兵站に苦しみ、食糧不足の責任をマクシミヌス帝に帰して、彼を殺害するに至った。一方、生死不明の皇帝もいる。ウァレリアヌス帝(在位二五三―二六〇年)は東方戦線でササン朝ペルシア皇帝シャープール一世に敗れ去り、捕虜とされたが、その後の消息は一切不明なのである。のみならず、帝国内には分離国家さえ誕生した。ローマ軍による防衛に全幅の信頼を置けないと判断したパルミュラとガリアはローマ皇帝に服さない独立国家を樹立したのであった。

以上のように、軍人皇帝時代における政治的・軍事的不安定さは諸帝に軍事費確保を急がせざるをえなかった。その結果、行われた貨幣改悪はいやがおうでも通貨量の急増を招いてインフレを惹起し、物価の上昇をもたらした。のみならず、金銭ではなく、現物確保への欲求も強まる。軍隊による物資や役畜の徴発が各地で横行し、帝国民を苦しめるところとなった。こうして、政治、軍事、経済、日常生活の混乱が同時進行した。これこそ「三世紀の危機」と称される事態であったのである。

ディオクレティアヌス帝の登場と皇帝の出身地

ディオクレティアヌスは二四五年頃の十二月二二日、属州ダルマティアのサロナ市(現クロアチアのソリン)に生まれた。父は解放奴隷であったと伝えられているため、彼は下層民として生まれ育ち、やがて軍功による出世を夢みて入営を志願し、一兵卒となったと考えられる。そして、やがて頭角を現し、皇帝にまで成り上がったのであるから、立志伝中の人物であったと言える。では、彼はどうやって帝位を射止めたのか。即位前の彼の職務はペルシア遠征に向かうカルス帝(在位二八二―二八三年)と次男で副帝のヌメリアヌスを護衛する司令官であったが、前者は敵の首都クテシフォンに迫りながら落雷で死亡し、その後、正帝となった後者も二八四年十一月に原因不明のまま、死亡してしまう。皇帝不在という非常事態に直面した遠征軍は直ちに同月二〇日、ニコメディア(現トルコのイズミット)でディオクレティアヌスを皇帝に擁立する道を選んだのであった。

しかし故カルス帝には、帝国西部を任されていた長男の正帝カリヌス(在位二八三―二八五年)がいた。当然ながら、彼は自らの正統性を公然と主張し、ディオクレティアヌスと敵対関係に入る。両者はマルグス川(現セルビアの首都ベオグラードに近いモラヴァ川)で激突した。史料によれば、カリヌス軍が戦いを優勢に進めながら、最終的にはカリヌスのこれまでの様々な不品行を理由に裏切り者が続出して彼は殺されてしまう。ディオクレティアヌスは戦さに負けながら、勝負には勝ったと言えよう。

ところで、井上文則氏の指摘によれば、軍人皇帝時代の後半には顕著な共通点が認められる。つまり、皇帝の多数が同郷であったというのである。なるほど、皇帝の出身地は一世紀にはイタリアに集中したものの、二世紀にはヒスパニア(現スペイン)やガリア(現フランス)を数え、さらに二世紀末から三世紀前半にかけてアフリカやシリアへと帝国規模での拡大を見せた。アラブ人、ベルベル人の皇帝さえ現れる。では、軍人皇帝を輩出した最大の出身地とは一体どこか。イリュリア地方、つまりドナウ川沿いのバルカン半島北西部(現在のクロアチアやセルビア)であった。ここに皇帝の生地が集中するのはなぜか。再び井上氏によれば、初代皇帝アウグストゥスから西ローマ帝国最後の皇帝ロムルス・アウグストゥルス（在位四七五—四七六年）までの正規皇帝は七七名を数えるが、出身地に着目すれば、バルカン半島出身者が二四名と最大を占めた。そして上記のように、三世紀以降、軍は実戦経験者を司令官に求めたのであるが、この条件はまさに軍隊での成り上がりを目指すイリュリア人に当てはまった。即ち、当地が輩出した元老院議員数の少なさに照らせば、富裕者が多数いたとは思われず、その理由は気候と地力に由来する農業生産性の低さに求められよう。大土地所有制の利点が生かされなかったのである。このようなマイナス面に加えて、農家の次男以下は土地の相続も見込めない。そんな彼らに生存のため、もしくは社会的上昇のため、いかなる道が残されていたのか。二世紀初めの作品であるが、風刺詩人ユウェナリスは『サトゥラエ』の中で平民の息子が成り上がるためのコースを三つ列挙している。つまり、法に長けた弁護人、商い上手の商人、百人隊長、

❖年譜

年月日	事項
245年頃12月22日	属州ダルマティアで誕生
284年11月20日	ニコメディアで皇帝に推戴
285年8～9月	マルグス川（モラヴァ川）の戦い、カリヌス帝の死亡、元老院が皇帝として承認
285年後半	首都訪問
285年10～12月	マクシミアヌスを副帝に
286年4月1日	マクシミアヌスを正帝に、ヨウィウス（ユピテル）を名乗る
288年	属州ラエティアでゲルマン人との戦争
289年	サルマタエ族との戦争
293年5月21日	ガレリウスを副帝に
294年	サルマタエ族との新たな戦争
294年11月20日	即位10周年祭
296年	ササン朝ペルシアがアルメニアを占領
297－298年	エジプトの反乱を鎮圧
298年末	ササン朝ペルシアとの講和
301年11～12月	最高価格令
303年2月23日	キリスト教徒大迫害の開始
303年11月20日	即位20周年祭
305年5月1日	ニコメディアで譲位し、アスパラトスに隠棲
312(?)年12月3日	死亡

である。最後の百人隊長は兵卒の中から抜擢される叩き上げの下士官であり、騎士への身分上昇も享受しえた。従って辺境のイリュリア人の若き男性の多くは立身出世を夢見て、法律の勉強や商取引に向かわずに、積極的に入営を志願したに違いなく、前線のドナウ川攻防戦などを通じ軍功を挙げ、栄達への邁進という可能性を大いに保持していたのだ。

帝国四分治制の導入

「ローマの平和」の下では、皇帝が一人で広大な帝国を治めるという体制は当然視されていた。ところが、「三世紀の危機」の下では現実路線への転換が強いられることになる。例えば、ウァレリアヌス、ガリエヌス父子が皇帝となった上で、帝国を東西に二分して分担するといった共治制が現出したのであった。上記カルス、カリヌス帝父子もこれに当たる。そして、この延長上に、テオドシウス帝(在位三七九―三九五年)の死後に東ローマ、西ローマという「帝国分裂」の固定化が現れたことは言うまでもない。

さらに、三世紀の軍制の変化も指摘しておこう。そもそも、アウグストゥス帝以来、政府は国境属州に軍団を厚く配備して総督に委ね、内地の軍隊配備を薄くしてきたのであるが、この体制は皇帝直属の軍隊欠如を意味した。皇帝が直ちに自ら動くべきと判断しても、実際に指揮できる軍がなかったのだ。そこで、三世紀の皇帝は直接率いる中央機動軍を編制するようになる。即ち、皇帝は敵制圧のために属州総督に具体的下知を発するのではなく、自ら軍を率いて敵の殲滅(せんめつ)を目指す戦場

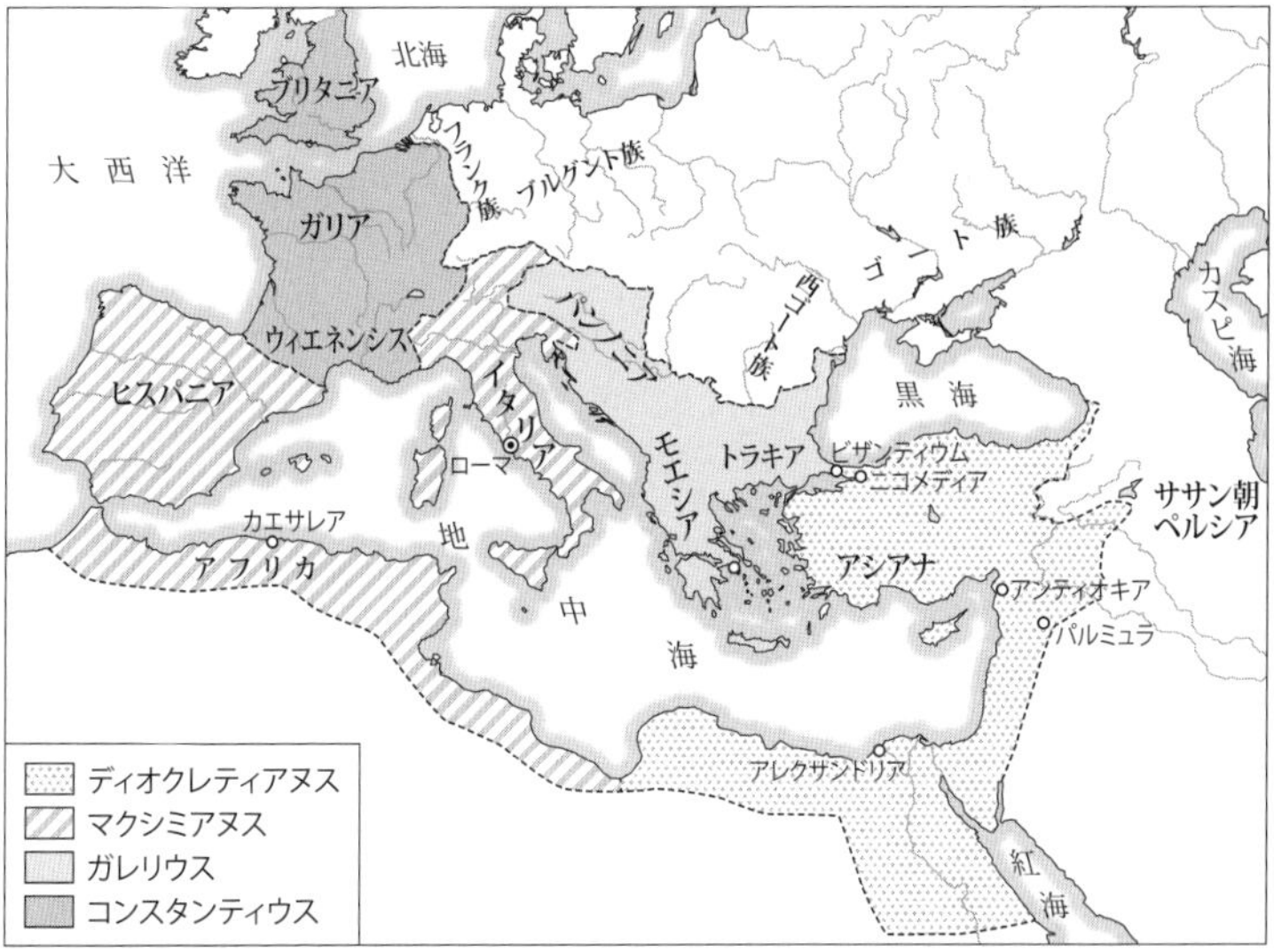

ディオクレティアヌスによる帝国四分治制地図

での主役へと身を投じたわけだ。皇帝の判断が軍隊の動きに直結するのであるから、その使い勝手と機動力はいや増した。

しかしながら、天下統一を果たしたディオクレティアヌスはあえて分治制を採用し、四分治制（テトラルキア）を導入したのであった。先ず、二八五年晩秋、マクシミアヌスを副帝に据えてから、翌年四月一日に彼を西部の正帝とした。次に、二九三年三月一日、コンスタンティウス（マクシミアヌスの養子）を西部の副帝、さらに同年五月二一日、ガレリウス（ディオクレティアヌスの養子）を東部の副帝にした。もちろん、肝心のディオクレティアヌス帝は東部の正帝となった。上の地図はこれらを整理したものである。

帝国四分治制は各帝が抱える中央機動軍の急派により管轄地域への攻撃に対し迅速、かつ有効な防御をかなえ、反撃を加えることも可能にした。かつては各属州の防備に携わる軍団は固定配備されていた結果、それが攻撃され危機に陥っても、皇帝には直ちに差し向けるべき予備軍がなかった。これに対し、今や皇帝直属の下、編制された機動軍は変幻自在な行動を許されたのである。そして東西の正帝二名、副帝二名の分担は帝国の四分割を意味し、各帝は常設機動軍を保持したことになる。今や、外敵による一点突破攻撃に対し、帝国軍が一斉に動く必要はなく、防衛の分業体制が機能するところとなったわけだ。とはいえ、ローマ軍は二世紀半ばの三七万人から、今や五〇万人にまで増強されたとも言われる。この増強に対し、ディオクレティアヌスの大迫害を生き延びたキリスト教作家ラクタンティウスは『迫害者たちの死について』と題した小冊子の中で、給料をもらう兵士よりも納税者の方が少なくなり始めた、と当時の事態悪化を報告している。この記事を事実とみなす必要はないにせよ、兵士増が帝国に多大な負荷を課した点は認めねばなるまい。

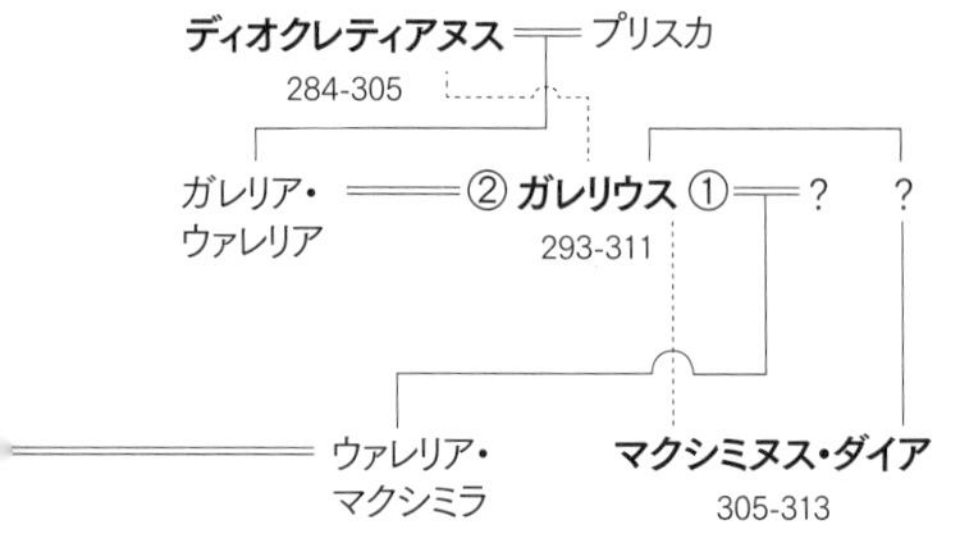

行政改革

帝国四分治制の導入の結果、各帝は独断でそれぞれの管轄地域に対し独自の命令の徹底を図ったり、独自の制度を創出したりしたのであろうか。これが事実であれば、四帝が担当領域に対し自分勝手な命令をばらばらに発した結果、ローマは帝国と

❖ディオクレティアヌス関係系図

太字は帝国四分治制下の皇帝たち、数字は帝位にあった年代、①②は結婚順、破線は養子関係（筆者作成）

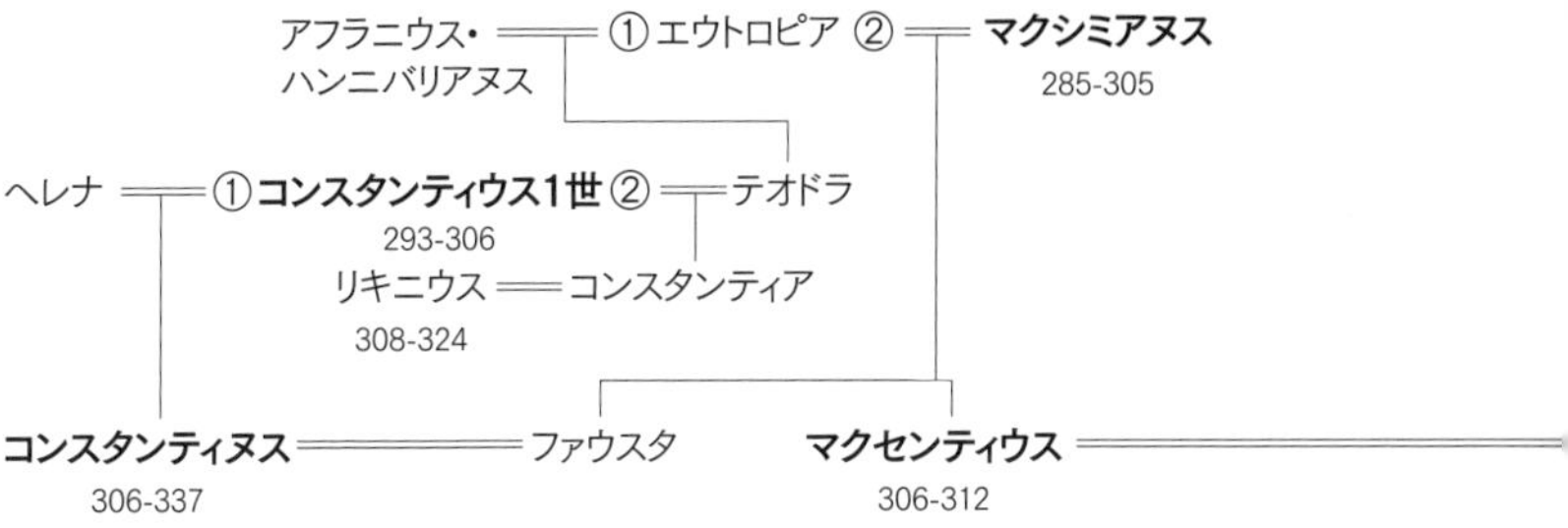

してのー体性を喪失し、事実上、分裂したと言わざるをえない。だが、そうはならなかった。四帝の内、最高位を占めたのはあくまでも東の正帝ディオクレティアヌスであり、彼の勅令こそが帝国全土で有効と公式に認められていたのだ。

さらに、彼は行政改革も断行した。これを明らかにする前に、帝政前期の行政構造に若干触れておきたい。二世紀を基点にすれば、帝国は面積五〇〇万平方キロを数え、その人口は六〇〇〇万と推定されている。ところが、これを統べる帝国官僚は三〇〇名に満たなかった。官僚数はあまりに少なかったのである。このような特殊ローマ的な統治体制は帝国政府が各地の都市に治安の維持と国税の徴収を委ねる一方で、それと引き換えに都市に広範な自治を与え、逆に帝国政府の介入を不要にしたことにより成立した。だが、三世紀に変化が訪れる。そもそも「三世紀の危機」の前には、主に元老院議員が務めた総督職が文武の両側面を担ってきたのに対し、三世紀には行政と軍事という経験に応じた民政軍政分離が進行した。言わば、文官が行政を、武官が軍事を担当するという分業化が生じたのである。

これが官僚数の倍増をもたらしたのは当然である。

のみならず、ディオクレティアヌス帝は次なる施策を断行した。先ず、属州の細分化は各総督の担当面積を狭め、行政効率の上昇に資したが、これは総督人数の急増を意味した。次に、財政破綻回避のために都市監督官が多くの都市に派遣された。以上のように、官僚数はいやがおうでも増加せざるをえなかったのである。しかも、官僚職を担ったのは今や騎士身分であった。

さらに、属州の管理体制も刷新された。属州を支配の最大単位とする従来型の統治から、諸属州を十二管区に再編する体制へと切り換えられた。ちなみに、ディオクレティアヌスはニコメディアを東部の首府としつつ、小アジア、地中海東岸、エジプトを担当し、ササン朝ペルシアと正面から対峙する責任を背負うところとなった(地図を参照)。

経済改革

思い切った改革は税制にも認められる。そもそも、ローマは属州の設置と共に属州民に税を課す一方で、この安定した税収増を背景に、前一六七年以降、イタリア居住ローマ市民に対する直接税を廃止した。ただし、帝国規模で同一の税体系はなかった。なぜなら、ローマは旧宗主国の税制をそのまま引き継いだからである。これならば、支配者が交替しても、人々の納税方法や税負担に変化は生じず、無用な軋轢(あつれき)は生じなかった。その結果、属州ごとに税率、課税対象、納入方法(現物納か貨幣納か)は自ずと異なったのだ。だが、初代皇帝アウグストゥスは直接税を人頭税(じんとうぜい)と地租の二本立てへと修正した。そしてディオクレティアヌスはさらなる税制整備に至る。つまり、人頭税（カピタティオ）と地租（ユガティオ）の一体的査定がなされ、現物納が求められたのである。これは「カピタティオ＝ユガティオ制」と称される。帝は四分治制を導入しながら、帝国規模での税体系の確立を目指したわけだ。

また軍人皇帝時代の産物である物価の高騰にも対処した。三〇一年、ディオクレティアヌスは帝国全土に対し「最高価格令」を発布しているのだ。その品目は千を超える。例示してみよう（なお、度量衡については、現代の尺度に換算した）。「小麦六・六キロ＝一〇〇デナリウス」「塩八・七リットル＝一〇〇デナリウス」「高級ワイン〇・五リットル＝三〇デナリウス」「農業労働者の食費込み日当＝二五デナリウス」「大工の食費込み日当＝五〇デナリウス」といった具合である（現代日本への通貨換算は至難の業であるが、筆者の試算によれば、一世紀の場合、一デナリウス≒一二〇〇円となる）。

ところが、諸研究は物価高の首都においてすら、一世紀の小麦六・六キロの購入価格を二デナリウス程度と算定している。つまり、三世紀末までに小麦価格は五〇倍に急騰していたということになる。さらに、一世紀後半の『博物誌』の著者として有名なプリニウスの甥で養子となった小プリニウスは自らの解放奴隷一〇〇名に対し基金を遺贈し、その利子収入で彼らに扶養費を毎年支給するよう遺言したことが碑文から知られる。この条件に基づけば、一人当たり二八〇デナリウスが支給されたことになる。この年間支給額が現代の生活保護費に相当したのか、年金に相当したのかは不明である。とはいえ、上記の労働者の日当と比べれば、三世紀に生じた物価高騰がいかにすさまじかったかがわかる。

専制君主政（ドミナートゥス）への転換

初代皇帝アウグストゥスが創始した「元首政（プリンキパートゥス）」の特質は彼が事実上の皇帝でありながら、支配者であることを否定し、共和政継続を唱えたという虚構性に求められてきた。通常、君主は衣服、冠、錫杖などのアイテムで君主であることを殊更に誇示するのが古今東西を問わない定番の支配スタイルであったのに対し、元首政は確かに特異性を呈したわけである。ところが、ディオクレティアヌスは支配者としての実態を隠そうとせず、ここにむき出しの君主政（つまり、「専制君主政（ドミナートゥス）」）が現出したと説かれてきた。二つの政体の違いはどこにあったのであろうか。ディオクレティアヌスに注目してみよう。

先ず、皇帝に謁見する者は、謁見自体がまれであるがゆえに、帝の恩寵を受けることができた証しとして、跪いて皇帝の服に口づけするよう強いられた。これこそ、ペルシア的儀礼の流れを汲む「跪拝礼」である。皇帝は露骨なまでに「君主」としての立場を誇示し、彼以外はその「臣下」に他ならなくなったわけだ。元首政期の「皇帝＝市民の中の第一人者」という構図は崩れ去ったのである。のみならず、公文書に「我らが主君（ドミヌス）」という皇帝の表記が現れることになった。

さらに、ディオクレティアヌスは自らをヨウィウス（ユピテル）にたとえ、西の正帝マクシミアヌスをヘルクリウス（ヘラクレス）とした。つまり、ディオクレティアヌスはローマ神とのシンクロを強行したのである。

キリスト教徒大迫害

さて、キリスト教はローマ帝国下、恒常的に迫害されていたというイメージがあるのではなかろうか。つまり、江戸時代の「絵踏み」のような識別行為が人々に定期的に強いられ、信者をあぶり出してきたのではないか、と。ところが、二世紀初、上記の小プリニウスは属州総督として、キリスト教徒であることを理由に告発された被告の取扱いをトラヤヌス帝(在位九八―一一七年)に問い合わせ、次なる回答を得ている。つまり、(1)棄教者は裁判の対象にならない、(2)被告が裁判の中で棄教することこそ重要である、(3)匿名の告発を受理してはならない。従って、帝国政府は信者の棄教を最優先事項としつつも、それでも信仰を捨てない頑迷な信者のみを処罰の対象に据える一方で、無責任になりかねない匿名の告発を認めなかったのであった。つまり、皇帝はキリスト教徒の殲滅を意図していなかったわけだ。

ところで、松本宣郎氏によれば、帝政前期における迫害は三世紀半ばまで、帝国規模で一律に行われず、継続的になされもしなかった。これはなぜか。迫害が大火、地震、水害など想定外の災害発生直後に起こり、かつ被災地に限定された点に注目したい。どこに怒りをぶつけていいのかわからない被災者らはローマの神々が彼らを保護してくれなかったことへの理不尽さを訴え、その理由を追求したに相違ない。そして彼らは地元の祭儀への参加者不足こそが神々の怒りを招いたと性急な結論を下した。ならば、祭儀に参加せず、都市に災厄をもたらしたのは誰か。それは一神教徒であるキリスト教徒に他ならなかった。こうして、特定都市で発生した大災害の責任はキリスト教徒に一方的に帰せられ、民衆の敵意が頂点に達するや、彼らは教徒を襲い、リンチを加えるに至る。とはいえ、災害の責任転嫁は理不尽であり、確たる証拠もない以上、敵意は日に日に冷めていく。その結果、潮が引くように迫害は終わるのであった。

しかしながら、三世紀半ばから迫害の様相に変化が見られる。軍人皇帝時代のデキウス帝（在位二四九―二五一年）が全帝国民に対しローマの神々への祭儀を命じ、これに応じた者には証明書を発行する一方で、拒否した者には死刑を科した。今や、迫害は帝国政府の主導の下、帝国規模で行われ、継続化された。以前との根本的違いがなぜ生じたのか。再び、松本氏によれば、「三世紀の危機」を目の当たりにした皇帝は、神々がローマを保護してくれない実態を帝国規模で強く認識せねばならず、結果的に、その原因を神々への不信心者に求めた。こうして自ら全土に対する迫害を命じるところとなったわけだ。

この迫害策を受け継いだディオクレティアヌス帝は同時代の教会史家エウセビオスによれば、三〇三年三月、次なる勅令を至る所に公示させたと云う。即ち、教会の破壊と聖書の没収と焼却、帝国政府や宮廷からの信者追放、そして見せしめとしての教会指導者に対する供犠（くぎ）強制であった。従ってデキウス帝は祭儀行為の有無を重視したのであるが、ディオクレティアヌス帝はキリスト教そのものをターゲットにしていた。彼の命令が完全実施されれば、キリスト教と教会組織が根絶されかねない。しかし言うまでもなく、キリスト教は存続し、世界宗教にまでなっていく。

その理由をエウセビオスが再び教えてくれる。信者はローマ人として供犠を義務づけられながら、その抜け道を利用することで、非キリスト教徒と認定してもらえた。以下のような抜け道があったと云うのである。A該当者が供犠をしたという他者による虚偽証言、B信者を押さえつけた上で供犠の強制、C病人や怪我人を連れて行き、供犠への今後の参加を誓わせる。

このように、キリスト教徒迫害を回避する手立てが用意されていたのであった。この抜け道は、帝国政府があくまでも、ローマの神々に対する信仰心を(形の上だけでも)持たせることを最優先した結果、生まれたと考えるべきであろう。

引退と晩年

ローマ皇帝は終身制を取り、その死亡をもって後継者が即位するというスタイルを取った。ところが、ディオクレティアヌスは帝国四分治制維持のため、潔く自ら正帝の座を辞す道を模索した。正帝が身を引かなければ、副帝の正帝昇格はかなわなかったからである。そしてこの昇格人事を蔑(ないがし)ろにすれば、力の論理の発動、つまり内乱の再発も予想された。そこで、治世二〇年を機に、三〇五年五月一日に東西の正帝は譲位することにした。実は、これはローマ帝政史を通じて、唯一の自発的な生前譲位事例なのである。その結果、東の副帝ガレリウスが東の正帝へ、西の副帝コンスタンティウスが西の正帝に昇格し、新たに東西に副帝が任じられた結果、四分治制は維持された。

しかし三〇六年七月二五日、コンスタンティウスがブリタニアであまりに早い死を迎えると、現地の軍は息子コンスタンティヌスを皇帝に擁立した。これを契機に、帝国は再び内乱への道を辿るところとなるが、その経緯は本節の趣旨から逸脱するので、あえて触れまい。

ここでは、譲位後のディオクレティアヌスについて概観しておこう。ドナウ川近郊に生を受けた彼は以前から出身地の近くのアスパラトス(現クロアティアのスプリト)に隠居所として宮殿を建設していた。現在、これは他の建造物群と共に世界遺産に登録されている。とはいえ、迫害帝ディオクレティアヌスの宮殿が後にキリスト教の大聖堂などに転用されていったというのは歴史の皮肉と言うしかない。ちなみに、ローマ市のテルミニ駅に近接する教会とローマ国立博物館もディオクレティアヌス帝の公共浴場を利用しており、建物の各所が往時を偲ばせる。結局、帝は三一二(?)年十二月三日に死亡した。諸史料は死因として自殺、病死などに言及するが、真相は不明だ。

以上のように、彼は自ら帝位を退き、悠々自適な余生を送るという帝政史上、希有な経歴の持ち主であった。従って、ディオクレティアヌスは私人として死亡している以上、彼の存在価値がどの程度あったか疑問であるが、彼は死後、神化されている。やはり、後継帝は前帝とのつながりを大きなアドヴァンテージと捉えたに違いないのである。

最後になったが、ディオクレティアヌスははたして善帝であったのか、悪帝であったのか。事績を単純に見れば、「中興の祖」としての彼は善帝であったと評価されよう。これに対し、迫害者である点に着目すれば、悪帝であったと言えよう。ここでは、一択に向かうのではなく、彼が二面性を有していた事実を率直に認めておきたい。

⊙参考文献

弓削達『ローマ帝国の国家と社会』（岩波書店、一九六四年）
松本宣郎『キリスト教徒大迫害の研究』（南窓社、一九九〇年）
同『ガリラヤからローマへ―地中海世界をかえたキリスト教徒―』（講談社学術文庫、二〇一七年）
豊田浩志『キリスト教の興隆とローマ帝国』（南窓社、一九九四年）
新保良明『ローマ帝国愚帝列伝』（講談社、二〇〇〇年）
同『古代ローマの帝国官僚と行政―小さな政府と都市―』（ミネルヴァ書房、二〇一六年）
古山正人・中村純・田村孝・毛利晶・本村凌二・後藤篤子編訳『西洋古代史料集［第二版］』（東京大学出版会、二〇〇二年）
長谷川岳男・樋脇博敏『古代ローマを知る事典』（東京堂出版、二〇〇四年）
井上文則『軍人皇帝時代の研究―ローマ帝国の変容―』（岩波書店、二〇〇八年）
同『軍人皇帝のローマ―変貌する元老院と帝国の衰亡―』（講談社選書メチエ、二〇一五年）
歴史学研究会編『世界史史料　一』（岩波書店、二〇一二年）
大清水裕『ディオクレティアヌス時代のローマ帝国―ラテン碑文に見る帝国統治の継続と変容―』（山川出版社、二〇一二年）
南川高志『新・ローマ帝国衰亡史』（岩波新書、二〇一三年）
樋脇博敏『古代ローマの生活』（角川ソフィア文庫、二〇一五年）

ジャン＝レミ・バランク（久野浩訳）『末期ローマ帝国』（白水社、一九七七年）
ユウェナリス（藤井昇訳）『サトゥラエ　諷刺詩』（日中出版、一九九五年）
クリス・スカー（青柳正規監修）『ローマ皇帝歴代誌』（創元社、一九九八年）
プリニウス（國原吉之助訳）『プリニウス書簡集』（講談社学術文庫、一九九九年）
アエリウス・スパルティアヌス他（桑山由文・井上文則訳）『ローマ皇帝群像 三』（京都大学学術出版会、二〇〇九年）
同（井上文則訳）『ローマ皇帝群像 四』（京都大学学術出版会、二〇一四年）
エウセビオス（秦剛平訳）『教会史（上）（下）』（講談社学術文庫、二〇一〇年）
ベルナール・レミィ（大清水裕訳）『ディオクレティアヌスと四帝統治』（白水社文庫、二〇一〇年）
ベルトラン・ランソン（大清水裕・瀧本みわ訳）『古代末期ローマ―世界の変容』（白水社クセジュ、二〇一三年）
R. Duncan-Jones, *The Economy of the Roman Empire. Quantitative Studies*, Cambridge^2 1982
D. Kienast, *Römische Kaisertabelle. Grundzüge einer römischen Kaiserchronogie*, Darmstadt^2 1996
S. Williams, *Diocletian and the Roman Recovery*, London 2000

272–337年
ローマ帝国を再統一。果断にして残忍な所業と政治的偉業が同居する稀代の大帝。

キリスト教を公認し、帝国を立て直した大帝

コンスタンティヌス

…Constantinus…

大月康弘

生涯と背景

四世紀は、ローマ帝国の歴史のなかで紛れもなく一大転換期だった。皇帝の権限が強化されたこと、国家強制(課税強化)が推し進められたこと、軍事、民政の分離により地方統治のあり方が大きく改革されたことなどが、主な理由とされる。加えて、ミラノ勅令(ちょくれい)(三一三年)によりキリスト教が公認されたことも、帝国社会が大きく変貌していく上で重要な要因となった。

この歴史的転換の主役こそ、コンスタンティヌスこと、ガイウス・フラウィウス・ウァレリウス・コンスタンティヌスだった。二七二年二月二七日生まれ。三三七年五月二二日に六五歳で亡くなった彼は、その偉業によって大帝Constantinus Magnusと尊称される。

偉大な人物には、光と影があるものだ。コンスタンティヌスについても、数々の「偉業」の傍らで、また悪行も仄聞(そくぶん)される。

多くのテキストでコンスタンティヌス最大の事績と記されるのは、何よりキリスト教の公認だっ

❖コンスタンティヌス系図…○数字は結婚の順

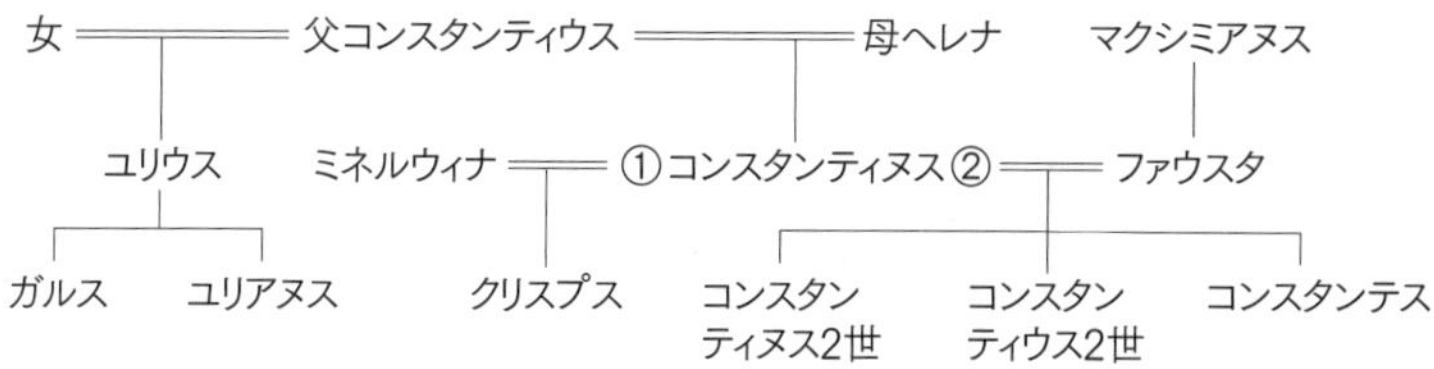

た。これは、キリスト教側のテキストによって多く伝えられる事柄であり、キリスト教徒により多く記述がなされた事情によるところが大きい。没収されていた財産を元の持ち主に返還せよ。そう命じて、迫害されることもあったキリスト教の信仰を許したミラノ勅令（三一三年）は、キリスト者からすれば、何より言挙げすべき事績だったにちがいない。なかでもカイサリアのエウセビオス（二六三頃―三三九年）は、コンスタンティヌスを称賛する作品を多く残し、その後のヨーロッパ世界におけるコンスタンティヌス像の基礎を与えた。

四世紀初頭のローマ帝国は、二八四年にディオクレティアヌス帝（在位二八四―三〇五年）が四分統治tetrarchia（第一回：二八四―三〇五年）を始めて、東西の正帝・副帝が分担する体制になっていた。正帝の任期を十五年に定めたことで、それまで終身だった皇帝のあり方に変化がもたらされていた。皇帝個人に対する崇拝はなお行われたが、任期の導入で国家に奉仕する官吏的要素が添えられた。

コンスタンティヌスは、西帝国の副帝Caesarだった父コンスタンティウス・クロルスに従って、その管区ガリアの地（首都トリーア）で青年期を過ごした。しかし、父が副帝任期を終えて西の正帝になったとき（三〇五年）、彼はニコメディアのディオクレティアヌス帝の宮廷に仕えていた。父が西正帝になった際、コンスタンティヌスは副帝に任命されると期待していたようだ。ところがそうはならず、麾下の軍団ともども不満がくすぶった。父コンスタンティウスが三〇六年にブリタニアのヨークで死去したとき、軍団から推戴されて正帝となることを宣言、これを東正帝ガレリウスに認めさせようとした。

皇帝になるまで

コンスタンティヌスについて語る史料は、三一二年のマクセンティウスとの戦いを彼の人生における転機とする。

マクセンティウスは、第一回四分統治で西の正帝を務めたマクシミアヌスの息子だった。彼もまた、第二回四分統治が始まるとき、自分が副帝に任命されることを期待していた。しかし事態はそうはならず、コンスタンティヌスが皇帝として宣言したと同じ三〇六年の十月二八日に、ローマ市内でやはり皇帝就任を宣言した。

コンスタンティヌスとマクセンティウスは互いに激しい敵愾心をもっていたという。マクセンティウスの妹ファウスタはコンスタンティヌスの妻となっていたが、両者の宥和は結局のところならなかった。

三一二年春、コンスタンティヌスはマクセンティウスとの争いに決着をつけるべく、ヨークから進軍を始め、イタリア北部へと軍を進めた。トリノとヴェローナでの二つの戦いに勝利を収めて、マクセンティウス派の重臣で近衛隊長官（プラエフェクトゥス・プラエトリオ）のルリキウス・ポンペイアヌスを討ち破った。

ある伝承によると、最終決戦地となるローマ近郊ミルウィウス橋に向かう行軍中に、太陽の前に逆十字とギリシア文字ＸとＰの二文字が見えたという。そして、ギリシア語で「汝、これにて勝利せよ」「Ev toutw, ivka」とコンスタンティヌスが聞いた、と信じられている。このエンブレムの組み合わせはラバルム Labarum という。他説によれば、決戦の前日（十月二七日の晩）に、コンスタンティヌスの夢に、XPの組文字を円形で囲んだラバルムが現れ、ラテン語で「この印を以て汝は征服するだろう」In hoc signo vinces と聞こえたという。後者の記事を伝えるのは、当時老齢に達していたラクタンティウス（二四〇頃―三二〇年頃）で、この夢見によって、コンスタンティヌスが「ラバルム」を盾に貼り付けたとしている。

ともあれ、コンスタンティヌス軍は十月二八日の決戦で勝利を収め、翌二九日にローマに入城した。ティベリス川から引き上げられたマクセンティウスの遺体は検（あらた）められて斬首され、ローマ市民が見物する中で市内の通りを晒（さら）し回されたという。式典の後、マクセンティウスの首はカルタゴへ送られた。マクセンティウスの遺児二人は処刑され、マクセンティウスに連なる者は悉（ことごと）く殺害された。

リキニウスとの会談、そして決裂

三一三年、彼はミラノで東正帝リキニウス帝と会談した。異母妹フラウィア・ユリア・コンスタンティアナをリキニウスに嫁がせて同盟を固め、ミラノ会談で、両皇帝は連名でいわゆるミラノ勅令を発した。これは、帝国内で全ての宗教(特にキリスト教)を寛容すると公認するものだった(原本伝来せず)。

ところが、この会談中にリキニウスに敵対するマクシミヌス・ダイアがリキニウスの領土に侵攻したとの知らせが入った。会談は打ち切られ、リキニウスは東方に戻り、戦地に赴いた。リキニウスは結局マクシミヌス・ダイアを破り、東帝国の完全な支配を取り戻した。しかしこの後、コンスタンティヌスとリキニウスの関係は冷え込んでいく。三一四年になると争いが起こり、コンスタンティヌスが勝利した。

三二〇年になって、リキニウスは全宗教を公認した三一三年のミラノ勅令を破り、キリスト教徒に迫害を加えた。これが原因となって、やがて両者は対決していく。争いは三二四年にかけて激しくなった。古来の異教崇敬派(パガニズム)を代表したゴート人傭兵(ようへい)たちがリキニウス帝を支持していた。他方、キリスト教を象徴するラバルムの旗印のもと、フランク人が結集した。決戦は宗教戦争の様相を呈し、劣勢ではあったが熱意に勝るコンスタンティヌス軍が、三二四年、ハドリアノポリスやクリュソポリスでの戦いを制した。敗れたリキニウスは翌三二五年に処刑され、コンスタンティヌスは全ローマ帝国で唯一の皇帝となった。

新ローマの建設

リキニウスの敗北が意味したものは、古いローマ帝国の終焉（しゅうえん）だった。そして帝国の中心が、東方に移ることが確定的となった時代の幕開けだった。

当時のローマ帝国は、メソポタミア地方を「境域」としてササン朝ペルシア帝国との攻防戦に引き込まれていた。事実上の最前線基地は、ヘレニズムの古都アンティオキアだった。この国際状勢に応じてディオクレティアヌスは、二八四年に第一回四分統治を始めたとき、東正帝の宮廷をマルマラ海の東端に位置するニコメディア（現在のトルコ共和国セルデュク）に置いていた。

コンスタンティヌスが三二五年に単独皇帝になったとき、教育も富も文化財も、国家の中心が東方に移ることとなった。コンスタンティヌスはギリシア人の小邑ビュザンティオンに遷都して、これを「新ローマ」（羅：nova Roma、希：nea Rome）と名づけた。彼の名を冠して「コンスタンティノポリス」と通称されることになるこの新都に、旧都ローマに倣（なら）って元老院や種々の役所を設置した。

コンスタンティヌスはまた、キリスト教を公認したことで、聖遺物を集めて帝都を飾ろうとした。イエスの磔刑（たっけい）に使われた聖十字架、モーゼが用いたとされる鞭をはじめとして、キリスト教世界第一級の聖遺物を集めた。近年の研究では、聖遺物をもってキリスト教世界の中心になろうとした、とされる。もとよりキリスト教世界には、イェルサレムやローマ、またアレクサンドリアなど、古来、篤い信仰の中心地が存在した。また、ヘレニズム哲学者でもあった教父らが各地にいて、互いに熱い教義論争を展開していた。キリスト教世界の地図からすれば新来の町に過ぎなかったコンスタンティノープルを聖遺物で壮麗に飾ることで、この町の権威を高めようとした、と考えられている。

新ローマ（コンスタンティノープル）は、各地の聖遺物を集積することで、聖人らによって守護された都、と見せることができた。この政策のきわめつけは、聖使徒教会Agioi Apostoloiの建設だった。エウセビオス『コンスタンティヌスの生涯』によるとコンスタンティヌスは、十二使徒の遺骸を集め、その中央に自らの石棺を置かせようとしたという。さすがに、十二使徒を従えるような配置に異論も出て、プランは変更されたというが、聖使徒教会は、このあと長らくコンスタンティノープルを代表する存在となったらしい。エウセビオスの記事には、金箔（きんぱく）で覆われた丸屋根に太陽の光が照り返し、遠方からも船で帝都にやってくる者の目に眩（まぶ）しく輝いていた、と記される（当時は、船で帝都に入る者が多かった）。

この聖堂には、ともかくコンスタンティヌスの棺が設置され、その後、一〇二八年に没するコンスタンティノス八世まで歴代皇帝の墓が置かれた。いわばキリスト教ローマ帝国の聖所となったのだった。だから、一四五三年にオスマン帝国のスルタン、メフメト二世がこの町を征服したとき、彼はこの聖使徒教会を破壊し、しかしその部材を使ってファーティフ・ジャーミー（「征服者モスク」の意）を建設した。現在でもそこには、メフメト二世とその妻ファトゥンが眠っている。

コンスタンティヌス一世の功罪

コンスタンティヌスは、名君、大帝Magnusと賞賛されることが多い。ただ、彼を称揚する史料テキストの書き手は、多分にキリスト教的史観に立つ人たちであったから、彼らがコンスタンティヌスの事績のすべてを網羅的に書き残しているわけでもないことも留意しなければならない。

例えば、降伏したリキニウス(在位三〇八―三二四年)とその息子リキニウス二世、およびリキニウスとの戦いの中で優れた才覚を示して兵士たちに絶大な人気のあった自身の長男クリスプスを、コンスタンティヌスは幽閉して殺害した。クリスプスについては、自分の妻ファウスタとの密通の廉で、ローマ再統一後に幽閉して殺している。このことなどは、エウセビオスをはじめとするほとんどのキリスト教歴史記述者からは無視されている。

甥の一人だったユリアヌス帝(在位三六一―三六三年)は、異教復活を夢見てキリスト教徒からは「背教者」Apostataのレッテルを貼られたが、伯父のコンスタンティヌスを快楽への欲望の虜だったと罵倒している。上述のリキニウス父子殺害、また自身の長男クリスプスと妻ファウスタの殺害の記事は、著者不明の『梗概』Epitome de Caesaribusに伝えられる「事実」だが(Epitome, 41.11–12)、『梗概』にはまた、コンスタンティヌスが讃辞を受けるのを非常に好んだ、と彼の俗物ぶりが伝えられてもいた(Epitome, 41.13)。

キリスト教寛容令、キリスト教徒の官吏への登用、新都に造営したハギア・ソフィア聖堂はじめ帝国各所における教会堂の建造、聖地イェルサレムにおける記念堂建立。多くの史料で語られるコンスタンティヌスのキリスト教に対する行為は、けだしその後のローマ帝国またヨーロッパ世界を方向付けることになった。この点でコンスタンティヌスの所業は、ローマ帝国の軌道を大きく変更した。

彼は、帝国内で教義をめぐり論争をしていたキリスト教徒たちの宥和を図った。そのため、三二五年には第一となる全地公会議Ecumenical Synodを小アジアのニカイアに召集した。以後、ビザンツ帝国では、教会事項の統一をめざし、皇帝が全地公会議を召集するならわしとなる。「一なる教会」una ecclesiaの政策を推進したコンスタンティヌスだったが、しかし歴史の真実はそうならなかった。教義解釈をめぐる論争、イエス認識の相違（人性と神性をめぐる問題）、フィリオクェ問題等によって、教会の統一は実現せず、結局のところ五本山Pentarchia制が確立することとなる（四五一年のカルケドン公会議）。

他方で、ローマ古来の神々の世界は、凋落（ちょうらく）していくことになる。神々への崇拝は残ったものの、旧来の神々を描いた図の多くはキリスト教の図に代えられ、また加筆された。また、アフロディテを祀る神殿が建てられるべき場所に、新しく聖使徒教会が建てられたのだった。古来の異教信仰は、ユリアヌス帝の時代（三六一―三六三年）を例外として、やがて衰退し、三九二年には禁じられることとなった。

信仰上のこの変化は、コンスタンティヌス時代に端を発し、エウセビオスら宮廷に出入りした聖職者らの努力の結果と見ることができる。これには、われわれが史料として扱う同時代テキスト、そこで語られる記事内容の選択の問題があった。

例えば、エウセビオス『コンスタンティヌスの生涯』には、父コンスタンティウスは非キリスト教徒を装っていたが、実はキリスト教徒だった、と記されている。四分統治における他の三人(東正帝ディオクレティアヌス、西正帝マクシミアヌス、東副帝マクシミヌス)が「神の教会を包囲して壊し……破壊し」ていたときも、コンスタンティウスは、キリスト教迫害には加担しなかったというのである(一・一三)。その真偽は定かでない。

より真実味をもつのは、コンスタンティヌス大帝の生母ヘレナ(父コンスタンティウスの最初の妻)が熱心なキリスト教信者だったこと。また、これは本当ならば一大事だが、彼女が聖十字架(イエスが磔刑になった十字架)を発見したことだろう。ともかく、ヘレナには多くの伝説が残されており、かかる逸話が語られたことによる社会的効果を思わずにはいられない。

コンスタンティヌスがキリスト教を厚遇したのは、政略的にキリスト教を利用しようとした側面が大きかった。帝国西半部の支配者だった時代、キリスト教に寛容な政策をとることで、ライバルのリキニウスとキリスト教徒との折り合いを悪くすることが目的であったといわれる。第一回ニカイア公会議では、アタナシウス派とアリウス派のどちらを正当とするかの論争に決着を付けたが、コンスタンティヌス自身はそれらの教義の違いを明確には理解しておらず、判断の基準となったのはそれぞれの支持者の数だけだったという。

コンスタンティヌスは、東方でのペルシア戦線の問題もあって、旧都ローマを軽視した。これに反感を抱く者も少なくなかった。新都への移住を招致された旧都ローマの元老院身分の者たちも、結局のところ、イタリア半島に留まる家門が多かった。逆に、キリスト教徒でありながらコンスタンティヌスを神格化したのも、旧都冷遇に対するローマ市民のささやかな反抗であったともいわれる。

さて、ノヴァ・ローマこと新都コンスタンティノープルは、三方を海に囲まれた美しい地勢の町ではあった。しかし、戦乱後の時期に華美な都を建設するだけの財力はなかった。コンスタンティヌスは、旧都ローマや各地にあった彫刻などを移送して、この町のそこかしこに設置させた。この強奪は、キリスト教徒によって美談として語られるが、評価はいろいろありえただろう。

新都にも元老院は必要だった。上述の通り、旧都から名門家門の移住ははかばかしくなかった。その結果コンスタンティヌスは、アンティオキアを中心に東方地域から地方名望家層を招致するしかなかった。アンティオキアの異教徒で修辞学者だったリバニオス（三一四—三九三年）は、のちにコンスタンティノープルの元老院を「三文役者たち」と嘲笑している。

地方社会との関係の点でいえば、コンスタンティヌスはコロヌスcolonus制を推進して農民の農奴化を推し進めた点も重要だろう。ローマ帝国は、もとより農業社会だった。農作物の収穫量が国家財政を支えていたから、国力（経済力、軍事力）を維持するためには、農業部面での収穫高を確保することが最重要な政策課題だった。コンスタンティヌスは、農民が生まれた土地（原籍地）から離れてはならない、と定めた。これによって都市部への人口の流入を防ぎ、財政収益の安定を図った。コロヌスは「国家隷属農民」とも訳される。つまり、土地に緊縛された農民だった。かつて二〇世紀の歴史学者には、これを「ビザンツ封建制」の始まりと考える者も少なくなかった。

キリスト教と結びつき、華麗な式典を行ったことで、皇帝の権威はキリスト教の典礼の装いを帯びて高められることになった。農村では重税に喘ぐ農民たちの姿があったが、帝都では壮麗な式典が繰り広げられていた。豪華な宮廷には、宦官もはびこるようになるが、その功罪は同時代ではまだ定かではない。ヒエロニムスが伝えるところによると、コンスタンティヌスは死の床にあって洗礼を受けたという。その数刻後、三三七年五月二二日の早暁に彼は息を引きとった。

好戦的だったが、賢明で寛容だったフン族の王

アッティラ

…Attila…

395–453年
フン族の王。東ローマ帝国領バルカン半島や西ローマ帝国領ガリア、イタリアに侵入した。彼の死後、フン族の大帝国は崩壊。

島田誠

アッティラは、フン族の王（在位四三四～四五三年）であり、ドナウ川中流域、現在のハンガリーに当たるパンノニアを本拠地にして、カスピ海北方の草原地帯からドナウ川、ライン川に至る大帝国を支配した。東ローマ帝国への侵入を繰り返し、大きな損害を与え、東ローマ皇帝に貢納を課したため、キリスト教徒のローマ人からは「神の災い」「神の鞭（むち）」と恐れられた。一方、西ローマ帝国とは友好的な関係にあったが、皇帝の姉との婚約問題をきっかけに、四五一年、大軍を率いて西ローマ帝国領のガリアに侵入し、大損害を与えたが、西ローマの将軍アエティウスの指揮下のローマ・ゲルマン諸族連合軍にカタラウヌムの戦いで敗れた。翌四五二年にイタリアに侵入したが、恐らく疫病と食料不足のため侵攻は停滞し、ローマ教皇レオ一世の説得を受け入れてパンノニアに撤退した。翌四五三年、アッティラは死亡した。若い妻との結婚の宴の最中であったと伝えられる。アッティラの死後、彼の帝国は息子たちの内紛によって瓦解した。

アッティラとフン族

アッティラに対する歴史的評価は、彼が支配者であったフン族の評価と密接に関わっている。フン族は、ゴート族をはじめとするゲルマン民族の大移動を引き起こし、結果として西ローマ帝国の瓦解、ローマ帝国の下で繁栄していた古代ギリシア以来の古典文明の衰退をもたらすこととなった。同時代のローマ人にとって、フン族の出現と彼らによる東西ローマ帝国への軍事的な圧迫は、神の懲罰であり、文明の崩壊を予感させるものであった。そして、アッティラが、フン族のもたらす恐怖を体現した人物と見なされていた。

「レオ1世とアッティラの会見」(部分、ラファエロ画)
(バチカン美術館蔵、アフロ提供)

以下では、まずローマ帝国のヘゲモニーの下にあった西方世界へのフン族の出現からフン族と東西ローマ帝国との関係、彼らへのローマ人の評価から述べてみたい。最後に、アッティラと東ローマ帝国との外交交渉から、アッティラの性格について述べたい。

フン族の西方世界への出現

フン族の存在をローマ人が初めて明確に認識したのは、フン族が同じ遊牧民であり、カスピ海北方に居住するイラン系アラン族を破った三七〇年頃のことと思われる。同時代である四世紀のローマ人歴史家アンミアヌス・マルケリヌスは、「フン族は、昔の記録からは僅かしか知られていない」と記している(『歴史』三一巻二節)。

フン族は、ボルガ川を渡って西進し、アラン族を破って、アラン族の大半を服従させた後に、さらに西進して、現在のウクライナに当たる黒海北岸地域に定住していた東ゴート族を襲撃した。フン族の猛攻を受けた東ゴート族の王エルマナリクスは、自殺し、跡を継いだ甥の息子ウィティミリスが三七六年に戦死すると、東ゴート族の多くはフン族に服従した。東ゴート族の一部はドニエストル川西岸の西ゴート族の領土に逃れ、さらに西ゴート族とともにドナウ川を越えてローマ帝国領へと逃れて、保護を求めた。これらのゴート族は、三七八年にアドリアノープルの戦いでローマ軍を破って、東の皇帝ウァレンスが戦死した。いわゆるゲルマン民族の大移動の始まりであるとされる出来事である。

三九五年には、フン族が直接に東ローマ帝国への侵入を図ったことが記録されている。フン族の軍勢は、バルカン半島南部のトラキア地方に侵入する一方で、小アジア方面のアルメニア地方やカッパドキアを略奪し、シリアの大都市アンティオキアを脅かしたが、撃退された。

五世紀初め頃のフン族とローマ帝国

五世紀になると、フン族の指導者や王の個人名もローマ人に知られるようになった。歴史的にその存在が確実な最初のフン人は、五世紀初めのフン族の軍事的指導者ウルディンである。彼は、四〇〇年に東ローマ皇帝に叛いたゴート人の軍人ガイナスを破って、彼の首級を東ローマ皇帝に贈った。その後、四〇五～四〇六年にゴート人ラダガイスがイタリアに侵入すると、ウルディンは、西ローマ帝国の同盟者としてラダガイスの軍勢と戦い、ローマの勝利に貢献した。四〇八年、ウルディンは、東ローマ帝国領に侵入し、多額の貢納金を要求したが、ウルディン麾下の多くの部族が東ローマ側に寝返ったため、翌四〇九年にウルディンはドナウ川以北に撤退して歴史からその名前は消えた。

このウルディンについては、かつてはアッティラの祖父に当たるフン族全体の王であるとの説が有力であったが、ローマ人が彼を王（レクス）ではなく、小王（レグルス）と呼んでいることなどから、現在では複数存在した軍事指導者の一人であると考えられている。

ウルディンに次いで知られるようになるのが、ルーア（あるいはルーガ、ルギラ）とオクタル（あるいはウプタル）の兄弟である。彼らは、恐らく四二〇年代からオクタルが西方のフン族を、ルーアが東方のフン族を支配していたと考えられている。そして、この兄弟は、アッティラの伯父に当たる。四三〇年にオクタルが西方のゲルマン人であるブルグント族への遠征中に急死すると、ルーアがフン族全体の単独の王となった。

恐らく、ルーアとオクタルがフン族の王となった頃の四二二年に、フン族はドナウ川を越えて東ローマ帝国領に侵入し、東ローマ皇帝テオドシウス二世は、毎年三五〇ローマ・ポンド（約一一五キログラム）の黄金をフン族に給付することを約束した。さらに単独支配者となったルーアは、四三四年、コンスタンティノープルのテオドシウス二世の下に使節を送り、東ローマ帝国領に逃れて保護されていた諸部族をフン族からの亡命者として引き渡すことを要求した。ルーアは大軍を率いて東ローマ帝国領に侵入したが、雷に打たれて急死した。東ローマ側は神の恩恵による皇帝の大勝利であると祝ったと伝えられている。

東ローマ帝国との対立の一方で、ルーア時代のフン族は、西ローマ帝国、特に有力な軍人のフラウィウス・アエティウスと友好関係にあった。アエティウスは、少年時代にフン族の下でも人質として過ごした経験があった。彼は、四二三年の西ローマ皇帝ホノリウスの死に伴う西ローマ皇帝位をめぐる内戦において、東ローマ皇帝が推す新皇帝に敵対して敗北した陣営に属していたにも拘わらず、フン族の軍事力の支援でガリア軍司令官の地位を獲得した。彼は、ガリアにおいて西ゴート族をはじめとするゲルマン諸族を破る一方で、西ローマ皇帝の宮廷の要人たちとの権力闘争を展開した。四三三年には、不利な状況となったアエティウスは、ルーアの下に逃れたが、最終的に、フン族の支援で西ローマ帝国の最高軍司令官となった。

ローマ人の見たフン族の特徴とその評価

ローマ人とフン族が初めて接触した四世紀に、ローマの軍人出身の歴史家アンミアヌス・マルケリヌスはフン族の様々な特徴について次のように述べている（『歴史』三一巻二節）。

> （先ず身体的特徴については）誕生した最初から鉄の刃物で幼児の頬に深い傷が刻まれる。……彼らは去勢された男に似て、髭なしで何ら魅力なしに年齢を重ねる。彼らは、皆、小柄で頑丈な手足と太い首を持ち、怪物のように醜く、二本足の獣か、あるいは橋の手すりとして武骨に切り出された棒切れのようなものと見做されるほど奇形である。

また、フン族の生活習慣については、

> フン族たちは、不快ではあるが、人間の形をしており、暮らしでは、（煮炊きのための）火も味付けられた食物も必要とせず、野原の植物の根や、どのような獣でも、その半生の肉を食べるほど野蛮である。……彼らは、何か建物によって保護されることは決してなく、日々の生活の使用から隔離された墓のようにこれらの建物を避けている。確かに、彼らの元では葦で屋根を葺いた小屋すら見出すことができない。さて、定住しない彼らは、山地や森林をさまよい、幼い頃から冬の寒さ、餓え、渇きに耐えることに慣れていた。他国では、彼らは、最大の必要に迫られない限り、屋根の下に入らない。なぜなら、彼らは、屋根の下に留まっているときには、安全ではないと判断しているからである。

と述べる。

そして、フン族と馬については、アンミアヌス・マルケリヌスは、次のように特記する。

フン族たちは、ほとんど馬に貼り付いている。その馬は頑健だが不格好である。彼らは、時には女のように(横座りで)同じ馬に座ったままで、慣れた仕事を行う。この種族の誰もが、夜通し、さらに昼間中、馬上で売り買いをし、飲食をし、その馬の狭い首に寄り掛かって、いろいろな夢を見るほど眠りに耽(ふけ)る。

と。

これらの記述から、当時のローマ人の眼には、フン族の外観は醜い怪物か獣のようで、ほとんど人間とは見えない存在であり、その振る舞いも文明の恩恵を拒否して頑健ではあるが、野蛮きわまりないものと映っていたと考えて間違いないだろう。

アッティラの登場と東ローマ帝国との交渉

四三四年に全フン族の王であったルーアが、東ローマ帝国への侵入中に急死すると、ルーアの兄弟ムンズクの息子であるアッティラとブレダが支配権を継承した。

継承の直後、歴史家プリスコスによれば(コンスタンティヌス七世ポルフィロゲネトス編『外国人へのローマ人の使節』からの断片一の一)、東ローマ帝国の首都コンスタンティノープルの元老院からの使節がドナウ川沿いの都市マルゴスの郊外でフン族側の使節と屋外で馬上のままで会談し、以下の条約が締結された。東ローマ側は今後フン族からの亡命者を受け入れず、過去に受け入れた亡命者は引き渡すこと、フン族の捕らえたローマ人捕虜に対して一人金貨八枚の身の代金を支払うこと、東ローマはフン族の敵と同盟を結ばないこと、交易所ではローマ人もフン人も同権であり、安全を保障されること、毎年七〇〇ローマ・ポンド(約二三〇キログラム)の黄金がローマ側から給付されることであった。

恐らく四四一年には、フン族からの攻撃によって東ローマ帝国とフン族との合意は破られた。プリスコスによれば(同『外国人からローマ人への使節』からの断片二)、フン族の軍勢がドナウ川北岸の交易所で多くのローマ人を殺害した。条約違反に対する東ローマ側の追及に対して、フン族は都市マルゴスの司教がドナウ川を渡ってフン族の地に入り込んで、フン族の王墓を盗掘したとして、その司教を、条約違反で東ローマ帝国に保護されている亡命者とともに、引き渡すように求めた。東ローマ側は拒絶し、四四一〜四四三年にフン族の軍はドナウ川を渡って、東ローマ帝国の要塞を攻略し、諸都市を略奪した。東ローマ帝国は、毎年の支払う黄金を増額することで平和を獲得した。

さて、この後、恐らく四四四年か四四五年にブレダが死亡して、アッティラがフン族の単独支配者となった。アッティラが単独支配者として支配体制を固めるためには、数年間を必要としたと考えられる。そして、この間、東ローマ帝国はドナウ川沿いの辺境の軍を増強した上で、フン族への毎年の黄金の支払いを停止していた。

四四七年、フン族の単独支配者としての地位を固めたアッティラは、ドナウ川を越えて東ローマ帝国領に侵入し、迎え撃ったローマ軍を破って南下して、コンスタンティノープルに迫る勢いを示した。東ローマの歴史家であるプリスコスによれば(同『外国人からローマ人への使節』からの断片三)、アッティラが既存の条約に従って、フン族からの亡命者の引き渡しと黄金の給付を求めたのを東ローマ皇帝の廷臣たちが拒絶したことが、この侵入のきっかけであるとされる。このアッティラの軍勢の侵入に強いられる形で、東ローマ皇帝テオドシウス二世は、不利な条件で条約を再締結した。フン族からの亡命者が引き渡され、六〇〇〇ポンド(約一九六五キログラム)の黄金が過去の条約不履行の賠償として支払われること、毎年黄金二一〇〇ポンド(約六八八キログラム)を給付すること、東ローマ帝国はフン族からの亡命者を受け入れないこと、ローマ人捕虜の身の代金は一人金貨十二枚とすることが同意された。このフン族に送られる多額の黄金の支払いは、東ローマ帝国の住民に重い負担を課すことになった。

その後も、亡命者の引き渡しを求めるアッティラの要求は継続した。その結果、プリスコスによれば(同『外国人からローマ人への使節』からの断片七)、東ローマ皇帝テオドシウス二世の宮廷において、新たな状況打開策が企てられることになった。

四四九年の東ローマ皇帝の遣使とアッティラの性格

四四九年、アッティラの要求を伝える使節がコンスタンティノープルを訪れた。使節の一人エデコンは、アッティラの従士であり、護衛隊隊長の一人であった。このエデコンを皇帝テオドシウス二世の側近の宦官が買収を試み、アッティラ暗殺の実行を引き受けさせることに成功し、帰還するフン族の使節団に東ローマの使節団が同行することとなった。この使節団には、正使であるマクシミノスの要請で歴史家プリスコスが加わっていた。マクシミノスとプリスコスはアッティラ暗殺の陰謀について何も伝えられないまま、使節となっており、陰謀を知っていたのは通訳ビギラスのみであった。この間の事情をプリスコスは詳細に記録している(同『外国人へのローマ人の使節』からの断片八)。

彼らは、アッティラの軍の攻撃ですっかり荒廃したバルカン半島の諸都市を通り過ぎ、切り倒した木を刳り貫いた丸木舟に乗ってドナウ川を越えてフン族の領土に入った。使節団は、移動するアッティラの一行に追いついたが、なかなかアッティラに謁見することができなかった。これは、エデコンが裏切って陰謀をアッティラに漏らしていたためであった。フン族兵士の大軍が円形に配備されて警護するアッティラの天幕で行われた第一回目の謁見で、通訳のビギラスは名指しで非難されてローマ領に帰ることをアッティラから命ぜられ、他の使節はフン族の下に留まることとなった。

残りの東ローマの使節団は、フン族の領域を北上するアッティラ一行に随行することとなった。彼らは平原の平坦な道を進み、幾つもの大河を丸木舟で越えた。途中で深夜の嵐で天幕を飛ばされて、近隣のフン族の村を支配するブレダ王の未亡人の一人に助けられ、さらに西ローマ皇帝と将軍アエティウスから派遣された使節団と遭遇したとも伝えられている。このような旅の果てに、東ローマ皇帝の使節団は大都市のように人口の多い村に到着した。この村には磨き上げられた板と丸太からなる木製の壁に囲まれた豪奢なアッティラと彼の家族や重臣たちの屋敷が存在した。この村で東ローマの使節団は、前後二回にわたってアッティラに謁見した後に無事に帰国することになった。

アッティラの性格と風貌について、六世紀の東ローマの歴史家ヨルダヌスは恐らく、四四九年の使節団に関するプリスコスの記述に基づいて、次のように記している（『ゴート史』三五巻一八二）。「彼は本当に戦いを愛していたが、行動は抑制されており、思慮は深く、嘆願者には寛大であり、一度保護下に受け入れた者たちに対しては哀れみ深かった。彼は短躯（たんく）であり、胸板は幅広く、頭はとても大きい。両目は小さく、顎鬚（あごひげ）は少なく、白髪交じりであった。彼の鼻は平たく、顔色はくすんでおり、彼の出身を現している」と比較的客観的に述べる。その一方、同じ箇所で、ヨルダヌスは、アッティラが「この世界に、諸種族を揺るがせるために誕生し、あらゆる土地を荒らし回った。彼は、自分について喧伝された恐ろしい噂によって、彼は全人類を何らかの点で恐れさせた」と、文明の敵であるフン族の代表としてのアッティラの描写を繰り返している。

この使節団に関する歴史家プリスコスの記述の中で注目されるのは、アッティラの重臣の宴席で出会ったローマ人の旧捕虜の述懐であろう。東ローマ帝国の都市でそれなりに裕福な暮らしをしていたこの人物は、フン族の捕虜となったが、戦いで手柄を立てて自由を回復し、現在のフン族戦士としての生活に満足していると言った。東ローマの人々が戦時では危険に晒（さら）され、平時には重税と富裕者に左右される裁判の不正によって苦しんでいることに比べると、フン族の生活が良いと語ったのである。プリスコスはローマの法と制度の優秀さを諄々（じゅんじゅん）と説いたが、この元ローマ人捕虜のフン族戦士は、涙ながらに「法は素晴らしく、ローマの制度は優れている。しかし（現在の）支配者は、往古の支配者のように考えておらず、その制度を腐敗させている」と述べたと伝えている。

プリスコスの記述から知られるように、アッティラと東ローマ皇帝は、軍事衝突を繰り返す一方、互いに虚々実々の外交交渉をくり広げていた。この四四九年の交渉では、フン族の戦士を買収してアッティラの暗殺を企てた東ローマ側に対して、アッティラが全てを見透かした上で、使節団を引見して無事帰国を許すという寛大さを示している。もちろん、この寛大さは、東ローマ側に対する交渉において優位に立とうする駆け引きかもしれない。しかしながら、東ローマ側の手段を選ばない態度に比べて、アッティラの思慮深さと寛大さが際立っていると言えよう。ローマ人にとって、アッティラは野蛮な文明の敵であるフン族の代表だったが、その賢明さ、ゲルマン人やローマ人の捕虜も含めて自らの麾下に入った者たちへの寛容さと統率力の強さは認めざるを得なかったのである。

⊙参考文献

Hyun Jin Kim, *The Huns*, London and New York,2003.
Christopher Kelly, *The End of Empier: Attila the Hun & The Fall of Rome*, 2008, New York.
The Fragmentary History of Priscus: Attila, the Hus and Roman Empire, AD430-476, translated with an Introduction by John Given, Merchantville, New Jersey, 2016.

455?–526年
東ローマ皇帝の命でイタリアに進撃、東ゴートを建国したゲルマン民族の王。

政策として略奪を行った王

テオドリック

…Theodoric…

鈴木明日見

テオドリックは東ローマ(ビザンツ)皇帝の委任により、イタリアに攻め入ってオドアケルを破り、四九三年に東ゴート王国を建国した。その後も領域を拡大し続け、支配地域はスペインからバルカン半島にまでおよんだ。その間、ローマ帝国時代の旧制度を守ってローマ人との融合をはかったため、イタリア半島は平和と秩序を保つことができた。しかし、アリウス派信仰であったため、他のゲルマン諸族と同様に王国は比較的短期間で崩壊した。

東ゴート族の盛衰は、東ローマ帝国との関係が大きく影響していた。東ゴート族は、時には略奪を行って東ローマにとって「悪」ともなり、時には東ローマの軍としてその対外政策に協力した。東ローマから見れば、テオドリックの相反する政策はなぜ行われたのだろうか。

一枚岩ではなかった東ゴート族

ゴート人は、バルト海沿岸地方に居住していた頃から、緩やかな結合で結ばれたいくつもの集団から成っていた。二世紀後半には黒海方面へ移動をはじめ、黒海北部(現ウクライナ)に居住した東ゴート人と、黒海北西部(ドナウ、ドニエストル両河の地域)に達した西ゴート人に分かれた。しかしフン族が西進すると、ともに破壊的な打撃を受け、東ゴート人は長くフン族の勢力下に入ることになった。その後フン族の王アッティラ(在位四三四頃―四五三年)の死によってその支配からようやく抜け出し、東ローマ皇帝マルキアヌス(在位四五〇―四五七年)と同盟を結び、北パンノニアを得た。

この地はアマル家のウァラメル(在位四四七―四六五年)、ティウディメル(在位四五一頃―四七四年頃)、ウィディメル(在位四五一―四七三年)の三兄弟によって治められることになった。一人の王の下でその王の兄弟が統治に協力するという形式は、分割相続を慣習としてきたゲルマンの相続法とは異なっているが、主権が完全に一人の王の下に統一されていたかどうかは曖昧である。この三兄弟の場合、一定の共同の政策によって、兄弟が各々の居住地域で住民を支配した。

しかし、この三人の王たちに東ゴート族すべてが従っていたわけではなかった。他にもバルカンに四散している東ゴート人がおり、一地域を支配して「王」と名のる者や東ローマの軍人として生計を立てる者もいた。つまり、五世紀後半の東ゴート族は一人の統率者の下で政治的に統合していたわけではなく、いくつかの政治的単位に分かれて、ドナウ河流域からバルカン半島にかけての広い地域に定住していたのである。

二人のテオドリック

この東ゴートの諸集団は、ある時は東ローマ皇帝に仕え、帝国の軍隊で最高位を占めたが、ある時は反旗をひるがえして帝国領土を荒廃させた。その中で二人の人物が頭角を現す。二人ともテオドリックという名前であった。

一人は、後に「大王」と呼ばれるテオドリック(四五四〜四五六頃―五二六年)である。彼は、三兄弟王の一人でバラトン湖の沿岸からドナウ河までの土地を治めていたティウディメルの息子であった。

彼が生まれた頃、東ゴート族は東ローマとの政治的な駆け引きを行っていた。皇帝マルキアヌスは約束した貢税を与えず、三兄弟王に対して不誠実な態度をとったため、東ゴート族はパンノニアで略奪を行った。皇帝は東ゴート族の武力が侮りがたいことを知り、すぐに態度を改め、貢税を与えた。東ゴート族からはティウディメルのまだ幼い息子テオドリックが、講和の人質としてコンスタンティノープルに送られた。人質生活は約十年に及び、その間テオドリックはギリシア・ローマ文化を吸収した。

この事件から、東ゴート族は生計の保障が得られるなら、東ローマに対抗する意図をもたなかったということが窺える。東ゴート族が略奪を行ったのは、皇帝が約束した貢税を与えず、東ゴート族の生計に打撃を与えたからであった。また東ゴート族は、この頃から略奪を政治的駆け引きの材料として使っていたことも窺える。

東ゴート族の勢力は着実に増して、近隣の地域を併合していった。そしてテオドリックの父ティウディメルが、兄王ウァラメルの死後、東ゴート族全体を統(す)べることになった。この状況をみて、皇帝レオ一世(在位四五七―四七四年)はテオドリックを父の所に返した。

帰郷したテオドリックは叔父ウァラメルの治めていた領地を引き継いだ。そして臣下六〇〇〇名を率い、サルマティア族が支配していた東ローマ帝国の都市シンギドゥヌム(現ベオグラード)に強襲をかけて、そこを支配下においた。歴史家ヨルダネス(生没年未詳。六世紀頃)の記すところによると、この戦いは父王ティウディメルには知らされずに行われている。テオドリックは五〇〇年に在位三〇年祭を盛大に催していることから、彼は四七一年のこの戦勝から自己の統治を考えていることが推察される。この後、父王ティウディメルは重病にかかり、王子テオドリックを後継者に指名して死去した。

一方、もう一人頭角を現し始めたテオドリック・ストラボ(?—四八一年、以下ストラボと表記)は、東ローマの軍事長官であり義兄であったアスパルが殺されたことをきっかけに、レオ一世に反乱を起こそうとしていた。これに対して皇帝は、四七三年にストラボを東ゴートの唯一の王と認め、合わせて軍事長官にも任命し、二万リブラを支給することにした。

この結果、バルカン半島にはテオドリックとストラボという二つの東ゴート族の勢力が生じ、政治的に対立することになる。東ローマ皇帝は、この二つの勢力を相互に対立抗争させることによって、漁夫の利を占めようと巧妙な政策を展開した。

テオドリック・ストラボとの対立

四七四年にレオ一世の後を継いだ皇帝ゼノン(在位四七四—四七五年、四七六—四九一年)はストラボを長官から解任した。しかし翌年にあたる四七五年に義母ウェリナ、及び彼女の兄弟バシリスクスより帝都から追われた。それに一役買ったストラボはバシリスクスの意向で再び軍事長官に返り咲いた。こうしてテオドリックとの対立はさらに深まった。

しかし四七六年にゼノンが復帰し、バシリスクスとストラボは失脚する。ゼノンはテオドリックを養子にし、ストラボと同じ官職を与え、下モエシア（ドナウ下流南岸）の彼の領地を同盟国として認可し、助成金を約束した。

テオドリックは東ローマに絶対にストラボとは組まないという約束を取り付けられ、バルカン南部で東ローマ軍と合流することになった。しかし東ローマ軍は現れず、テオドリックは何の援軍もなしに、ストラボと対戦することになった。その後、ローマ人のためにゴート族同士が戦うのは裏切り行為であるという、ストラボの演説に心を動かされ、テオドリックはストラボと和平を結び、今後は両者が力を合わせて東ローマと対抗することになった。

その後、ストラボは未払いの助成金の即時支払いを東ローマに求めた。皇帝ゼノンはストラボを無視し、東ゴート内部を分裂させるためにテオドリックを大金で買収しようとしたが、失敗した。そして、東ローマと東ゴートの戦いが始まった。テオドリックは略奪を重ねつつ、トラキアを横断する形で戦線を広げ、コンスタンティノープルから遠ざかった。その結果、ストラボと東ローマの間に単独の和平交渉がもたれ、ストラボは財産を取り戻し、一万三〇〇〇の兵の補給を受け、テオドリックがもっていた軍事長官の称号を取り戻してしまった。

テオドリックには不利な状況になり、敗戦が続いた。しかし東ローマはどうころんでも大丈夫なように、テオドリックにとどめをさすことを控えた。

テオドリックはマケドニアで散々暴れ、町を破壊し住民の虐殺を行った。ゼノンはたまりかねて、再びテオドリックを同盟国の王にしようと決意して使節をおくり、国土としてルーマニアを用意した。しかしテオドリックはこれを拒否し、西に向かって移動を開始した。

テオドリックにとって略奪は東ゴート族の権益を守り、自己の地位を固めるものであった。こうした政治的駆け引きを繰り返したが、ストラボが急死したため、東ローマに圧力をかけ、四八三年には東ローマの軍事長官に任命された。翌年皇帝ゼノンから執政官(コンスル)に任命され、皇帝の養子となった。またアマル家はフラウィウスという名前をもらい、ローマ貴族としてローマ市民権を得ることになった。

オドアケルを倒し、東ゴート王国が成立

この頃、イタリアでは傭兵隊長(ようへい)オドアケル(四三三―四九三年)が、四七六年に反乱を起こし、皇帝を廃位させ、西ローマ帝国を滅ぼした。そしてオドアケルは、東ローマ皇帝ゼノンからパトリキウスの称号を受けた。オドアケルは、ゼノンのために、四八〇〜四八二年にダルマティア、四八七〜四八八年にルジ(現オーストリア地方)などを制圧した。

しかしオドアケルが東ローマに内政干渉を行いはじめたため、皇帝ゼノンは、東ローマ族をまと

めつつあったテオドリックにイタリア遠征を依頼した。そしてオドアケル制圧後は、皇帝代理としてこの地を支配することを確約した。つまり皇帝はテオドリックに戦いを行わせることより、イタリアの安定をはかり、ゲルマン人と共存共栄することをめざしたのである。

四八八年、テオドリックはモエシアを発ち、翌年リュブリャナ平原のイゾンツォ側でオドアケルの軍勢を破ると、ヴェローナ、ミラノを占領、西ゴートの援軍を得てラヴェンナを包囲した。ラヴェンナは難攻不落の要塞で、二年間は海側から補給が確保されていた。そのためテオドリックは苦戦したが、四九二年、ラヴェンナの海上封鎖に成功した。その後、オドアケル側は食糧の欠乏に苦しんだため、ラヴェンナの聖職者に仲介を依頼し、四九三年に和平交渉が行われた。そしてテオドリックはラヴェンナ入城を果たし、降伏したオドアケルが陰謀を企てていたため、和平の酒宴で暗殺した。

こうしてイタリアを手に入れたテオドリックは「王」を名のり、四九三年ラヴェンナに東ゴート王国の都をおいた。

テオドリックは簒奪者であったが、ゴート人の間でもローマ人の間でも名声が高かった。四年におよぶオドアケルとの戦いで、彼を数回にわたって敗走させることによって、イタリアでの自己の勢力を不動にし、イタリアに住む人々の心に彼の名声を焼き付けたからである。また彼の政策はゴート人にもローマ人にも恩恵をもたらした。

テオドリックの政策

テオドリックは東ゴート王国の王であったが、彼のイタリア支配は東ローマ帝国からの完全な独立ではなく、ローマ人にとって彼は皇帝から任命されたイタリアの軍事長官であった。そのため、テオドリックは公文書に自分の年代を記さず、皇帝に従ってでなければ貨幣の鋳造も行わず、法律も作らなかった。彼はローマ皇帝の衣服を着るとか、皇帝になることはせず、最後まで「王」で通した。

テオドリックの政策は西方における他のゲルマン諸勢力との関係を調整し、東ローマ帝国との関係に留意することに基礎を置いていた。

まず西方におけるゲルマン諸勢力との調停をはかるため、巧みな婚姻と養子縁組政策を展開した。フランク王クローヴィス一世(在位四八一—五一一年)の妹アウドフレダを妻に迎え、娘を西ゴート王のアラリック二世(在位四八四—五〇七年)に、妹をヴァンダル王トラスムント(在位四九六—五二三年)に、姪をチューリゲン族の王ヘルミニフリドゥス(在位五〇七頃/五一一—五三二年頃)に、嫁がせた。またヘルル族の王の息子を養子にした。これにより西方ゲルマン諸勢力と平和を保ち、東ゴート王国の地位を固めた。

テオドリックはまたローマ人とゴート人という二民族を統治しなければならないという明確な意識を持っていた。

そのため、東ゴート人は軍事と治安を掌握したものの、行政は従来のままローマ人によって運営されるようにし、テオドリックはゴート人とローマ人を分割して統治した。そのためローマ人には正統派、東ゴート人にはアリウス派を信奉するよう求めた。テオドリック自身はアリウス派だったが、母エレリレヴァが正統派だったこともあり、ローマ人の宗教に対しても寛容であった。また彼はボエティウスやカッシオドルスなどのローマ系有力者を登用して大臣に任命した。

最盛期には、孫である幼王の摂政を務める西ゴート領を含めると、スペインからバルカン半島にまで広がる大版図を築いた。また産業文化を保護し、円形劇場や野外競技などの娯楽も与え、湿地開拓、港湾整備の事業にあたった。近隣の諸都市にも多くの恩恵を与え、水道、城壁、浴場、宮殿、司教座教会、礼拝堂などの建設を行った。さらに彼の治世下では全イタリアの城門は開放され、交易が自由に行われた。このような政策によって商人が諸地域から集まり、国家の繁栄を促進した。

テオドリック治世下の三〇年、イタリアでは外敵侵入を経験せず、宗教上のことを除いては内乱もなかった。そのためテオドリックは「大王」といわれ、カール大帝がテオドリックを尊敬していたこともよく知られている。のちにカール大帝はラヴェンナにあったテオドリックの騎馬像をもちかえり、自分の宮廷においたという。

東ゴート王国のかげりとテオドリックの晩年

テオドリックは当時としては長寿であったが、後継者となる男子にめぐまれず、一人娘アマラスンタにエウタリックというアマル家の血をひいた西ゴート族出身の人物を婿に迎えた。東ローマの承認も取り付けたが、五二三年に原因は不明のまま、エウタリックは急死してしまった。その息子はまだ七歳であり、東ゴート王国にとっては、これがもっとも致命的となった。

そしてテオドリックの晩年には、隣国諸国との問題が相次いだ。まずブルグント王のジキスムントがテオドリックの孫にもあたる王子シゲリックを殺害した。それを機にフランク王国が再びブルグント王国に侵入し、今度はジキスムントが殺された。テオドリックはブルグント王国がフランクのものになるのを阻止しようと、五二三年にデュランスの北からイゼール川までを占領した。しかしこの安定は一時的なものであった。

続いてヴァンダル王国が東ゴートから東ローマに同盟の相手をかえた。テオドリックの妹アマラフリーダはその政策変更に激しく抗議したが、殺害され、東ゴート族の虐殺も行われた。テオドリックは復讐をしようとしたが、地中海の制海権をもつヴァンダルを倒すには艦隊が必要であり、結局復讐は行われなかった。

さらに王国内部でも問題がおこった。ローマの有力貴族が王位継承問題について東ローマ皇帝ユスティヌス一世(在位五一八―五二七年、『ローマ法大全』を編纂させたユスティニアヌスの叔父にして先代皇帝)と交渉していたことが判明した。その弁護をしたのがボエティウスであった。テオドリックは、ボエティウスがコンスタンティノープルと通じているのではないかと恐れたため、一年以上彼をパヴィーアの獄に入れた。そこでボエティウスは『哲学のなぐさめ』を執筆した。しかし五二四年に、釈明の機会を与えられないまま、財産を没収された後、長い間鞭を受けて、ボエティウスは無残な死をとげた。また彼の岳父も娘婿と同様に逮捕され処刑された。

それらの事件をきっかけとして、テオドリックはウェロナ市郊外にある泉と聖ステファヌス教会を破壊するように命じた。またローマ人に小ナイフに至るまで、武器を所持することを禁止し、機会あるごとにローマ人に暴虐を加えた。

皇帝ユスティヌス一世は、これら事件を正統派に対するテオドリックの迫害ととらえ、東方に残ったアリウス派、つまりゴート人から信教の自由を奪う法令を出した。これに対して、テオドリックは教皇ヨハネス一世(在位五二三―五二六年)などを中心とした使節団を東ローマに派遣して弁明に努めたが、もはや何の役にも立たなかった。東ローマとの関係は次第に悪化した。

その後テオドリックはヨハネス一世とも不仲になり、彼を自宅に軟禁してしまった。そして五二六年に教皇が亡くなった後、テオドリックは、自分に友好的なフェリクス四世(在位五二六―五三〇年)をその地位につけることができたが、もはや一度生じた亀裂を埋めることはできなかった。

テオドリックの晩年は、彼が行ってきたゲルマン諸勢力との宥和政策が破綻し、宗教問題によって東ローマとも、また王国内部でも問題がおこった。そのためテオドリックは東ゴート王国を維持するために、強硬な政策にでたのである。

しかしこうした問題を解決することなく、五二六年八月三〇日にテオドリックは疫病によってこの世を去った。その霊廟(れいびょう)は現在でもラヴェンナでみることができる。

ローマ人とゴート人、正統派とアリウス派、二つの文化を調和させようとした彼の努力は実らなかった。二民族を混合しようとせず、一緒に統治したことが、真に統一された王国の基礎を確立できなかった理由といえるだろう。

テオドリックの死後

テオドリックの死後、東ゴートには急激な衰退が訪れた。そしてテオドリックの娘アマラスンタの殺害で緊張は頂点に達した。ヴァンダル王国を滅ぼした東ローマ皇帝ユスティニアヌス帝(在位五二七—五六五年)はアマラスンタ殺害を口実に、テオドリックの甥テオデハト(在位五三四—五三六年)にゴート王としての正統性を認めず、五三五年開戦に踏み切った。この戦争は過去二世紀のあらゆる蛮族の侵入よりも、徹底的にイタリア半島を荒廃させた。疫病や飢饉が頻発し、かつて一〇〇万以上の人口を誇ったローマは無人の廃墟と化したという。五五五年、東ゴート王国は滅亡し、彼らは完全に消滅した。東ゴート王国の存続は六〇年あまりと短かった。

⦿参考文献
Theodor Mommsen,(Hrsg.): *Auctores antiquissimi 5,1: Iordanis Romana et Getica.* Berlin 1882 (Monumenta Germaniae Historica, Digitalisat)
岡地稔「ゲルマン部族王権の成立—東ゴート族の場合—」(佐藤彰一・早川良弥『MINERVA西洋史ライブラリー⑩ 西洋中世史(上)—継承と創造』ミルネヴァ書房、一九九五年)
神崎忠昭『ヨーロッパの中世』(慶応義塾大学出版会、二〇一五年)
尚樹啓太郎『ビザンツ帝国史』(東海大学出版会、一九九九年)

長友栄三郎「東ゴート王国の形成とテオドリクの宗教政策（二）」（『宮崎大学教育学部紀要』第三五号、宮崎大学教育学部、一九七三年）
松谷健二『東ゴート興亡史　東西ローマのはざまにて』（白水社、一九九四年）
Jonathan J. Arnold: *Theoderic and the Roman Imperial Restoration.* Cambridge University Press, New York NY 2014
Peter Heather, *King of the Goths, in Early Medieval Europe. Bd.4, Nr.2,* 1995, S.145-173
Jufith Herrin, Byzantium : *The surprising life of a medieval empire,* London, 2007（ジュディス・ヘリン著、井上浩一監訳『ビザンツ　驚くべき中世帝国』白水社、2010年）
Georg Ostrogorsky, *Geschichte des byzantinischen Staates, Groningen,* 1984（オストロゴルスキー著、和田廣訳『ビザンツ帝国史』恒文社、2001年）
Patrick J. Geary, *The Myth of Nations:The Medieval Origins of Europe,* Princeton University Press, 2003（パトリック・ギアリ著、鈴木道也・小川知幸・長谷川宣之訳『ネイションという神話　ヨーロッパ諸国家の中世的起源』白水社、2008年）

ユスティニアヌス

…Justinianus…

世界帝国の再興を夢見たローマ最後の大帝

大月康弘

483–565年
ローマ法を集成し、失われた版図を回復。ササン朝との攻防戦に疲弊し、没後に帝国は弱体化。

ユスティニアヌスとは誰か

ユスティニアヌス一世は、東ローマ(ビザンツ)帝国の皇帝である。正式名は、フラウィウス・ペトルス・サッバティウス・ユスティニアヌスといった。四八三年生まれで、五六五年十一月十四日に八二歳で没した。五二七年八月一日から没するまでの三八年間、ローマ帝国の単独皇帝として数々の事績を残した。

ローマ帝国は四世紀にキリスト教を国教とし、その後一四五三年まで、版図を縮小させながらも存続することになる。この一〇〇〇年を超える世界帝国にあって、大帝の名を冠されたのは、コンスタンティヌス一世(在位三〇六—三三七年)、テオドシウス一世(在位三七九—三九五年)、そしてユスティニアヌスの三名だけであった。彼らに共通するのは、広大な帝国を単独で統治したこと、帝国外の諸民族をも帝国秩序のなかに取り込もうとしたこと、そのために世界宗教としてのキリスト教の布教に注力したこと、などである。

ユスティニアヌスは、まさに「大帝」の名にふさわしい。後期ローマ帝国(四―六世紀)における最も重要な人物といってよい。その治世は、後述するように東ローマ帝国史における画期的な時代をなした。彼の事績は多いが、まずもって当時の帝国の版図を押し広げたことが特筆される。これは「帝国の再興」renovatio imperii活動の一環だった。この野望は、ローマを含む西ローマ帝国の領土を部分的に回復したことによって、一部であったとはいえ実現した。しかしその栄光の時代も、五四三年の黒死病(ペスト)の流行によって終わりを告げた。ペストによる国力消耗後、ローマ帝国は領土的に縮小の時代に入り、九世紀まで回復することはなかった。

出自と背景

彼はバルカン半島の今のマケドニア共和国付近、属州ダルダニアの出身だった。ユスティニアヌスが誕生した頃は、すでにコンスタンティノープルに都が定められて一五〇年を経ていたから、帝国の公用語はギリシア語に転換しつつあったが、ユスティニアヌスの生地近辺はなおラテン語を話す住民が多かった。ユスティニアヌスの一族も、ラテン語を母語とする環境で暮らし、彼自身もまた終生ラテン語で思考したと考えられている。

彼の家族は、トラキア系ないしイリュリア系ローマ人だった。ユスティニアヌスは治世中に、出身地から遠くない場所に壮麗な町ユスティニアナ・プリマを建設したが、皇帝の事績を伝えるプロコピオスによると、これは「故郷に錦を飾る」行いだった。なお、彼の通称「ユスティニアヌス」は、いわゆるコグノーメン、日本語の語感では「愛称」と言ってよいものである。これは、叔父ユスティヌス一世の養子となったことを意味していた。

ユスティニアヌスの両親についてはほとんど知られない。父親の名がサッバティウス、母親はウィギランティアという名だった。叔父でのちに皇帝となるユスティヌスは、四五〇年頃の生まれと考えられ、母ウィギランティアの弟だった。叔父ユスティヌスは、コンスタンティノープルに上り、軍団勤務を経て、アナスタシウス帝（在位四九一―五一八年）崩御後に、皇帝に推挙された（五一八年）。

ユスティヌスは、甥のユスティニアヌスをコンスタンティノープルへ呼び寄せ養子として養育、もう一人の甥ゲルマヌスも呼び寄せていた（ゲルマヌスは後に東ゴート王ウィティギスの后だったマタスンタと結婚する）。彼自身は終生文盲で、皇帝の御璽を添える勅令には「LEGI」（「私は読んだ」という意味のラテン語）の文言をくり抜いた木の枠が用意され、これをなぞって「署名」したという。無学だったためか、甥のユスティニアヌスには若い頃から高い教育をほどこしたらしい。ユスティニアヌスは、法学、神学、また歴史（ローマ史）について十分な教養をもつようになっていた。

ユスティニアヌスもまた、叔父と同じく近衛隊に勤務した。成人に達した頃、宮廷警護隊の「白の軍服組」candidatiになっており、叔父が皇帝になった時点（五一八年）では、皇帝の身辺警護隊である宮廷儀仗隊の隊長に就任していた。

その後、首都駐屯歩兵・騎兵の両軍総司令官に、また五二一年には執政官に任命された。執政官就任に当たっては、祝儀として二八万八〇〇〇枚の金貨を祝賀行列に集まった市民に配布したと伝えられる。市民の政治的歓心を買う術に長けていたことをうかがわせるエピソードである。

五一八年七月九日、アナスタシウス一世が死去して、叔父ユスティヌスが新皇帝として即位したとき、この新帝即位に当たって、ユスティニアヌスは大きな働きをしたと伝えられる(真偽のほどは確かではない)。

六八歳で皇帝に推挙されたユスティヌスだったから、有能な若い世代の助力なしには統治を行えなかったかもしれない。甥ユスティニアヌスの助力は最大のものだったようだ。史料には、ユスティニアヌスが、ユスティヌス一世の治世(五一八―五二七年)にあって常に皇帝の腹心だったと記される。プロコピオスによれば、ユスティニアヌスは大望を抱いており、共同皇帝になる以前から事実上の摂政(せっしょう)の役割を果たしていたとされる。ユスティヌス治世の末年になると、皇帝が老衰したので、事実上ユスティニアヌスが帝国のあらゆる事項について決済をし、事実上の統治者となっていた。

ただ、ユスティヌス一世の統治を支えたのは、ユスティニアヌスばかりではなかった。

例えば、アナスタシオス一世に対して三度にわたり反乱したビタリアノスは、首都駐屯の歩兵・騎兵両軍総司令官など、軍人として活躍し、五二〇年には執政官に任命されていた。ユスティニアヌスは、このライバルの勢力拡大を嫌って、ビタリアノスと彼の側近パウロスらを粛清した。これ以後、ユスティニアヌスの影響力は大きくなっている。

法務長官プロクロスが唯一のライバルとして残ったが、彼も五二七年までには死去していた。こうして同年(五二七年)四月一日に、かねてより元老院から推挙されていたユスティニアヌスが何の支障もなく共同皇帝となった。

皇后テオドラとの結婚

五二五年、ユスティニアヌスは十五歳も年下の踊り子テオドラと結婚した。この結婚については、当初、階級の違いのためにユスティヌスの后エウフェミアが猛烈な反対をした。もっとも、エウフェミア自身も、もとは奴隷で、ユスティヌスと内縁関係にあり、旧名をルピキナといった。夫とともに戴冠(たいかん)され皇后Augustaとなったことから、より高貴な名エウフェミアと改名していた。しかし、皇后エウフェミアが逝去すると(五二四年)、ユスティヌス一世は、異なる階級間の結婚を認める勅令を発布した。これが、ユスティニアヌスとテオドラの結婚を見据えた措置だったことは明らかである。

彼女は、四九七年頃に生まれ、父親アカキオスの一団に加わり、ビザンツの大都市に建設されていた馬車競技場circus/hippodromeで、レースの合間に行われた見世物興行に従事する「踊り子」だった。アレクサンドリア、アンティオキアで巡業した一座は、五二〇年頃、帝都で執政官(コンスル)となっていたユスティニアヌスと出会う。

プロコピウス『秘史』Anecdotaの記事によれば、彼女は下層の男たちを相手に売春行為を行っていたという。もっとも、『秘史』で記されるテオドラに帰される性的乱行は、文学的テーマを誇張したとの見解もあり、真偽のほどは定かでない。当時の社会では、「観客大衆にその身を見せる女優は、大勢の客にその身を提供する女性と同一視されていた」のだった（フランス人研究者J・ボカンの主張）。
テオドラは、ある時期アレクサンドリアで生活していたようで、彼女が単性論を信奉していたのは、このエジプト経験と無関係ではない。

テオドラは、ユスティニアヌスの妻になると同時に皇后として戴冠された。そして、実質的に政治的役割を果たすようになった。例えば、彼女は、ホスロー一世や東ゴート王テオデハトのもとへ必要に応じて独自の外交使節を派遣した。また、自らの寵臣（ちょうしん）を高位の官職に推挙し数名の主教の選出に関与している。他方、気に入らない高位官職者を排除しようと画策もした。テオドラの名を冠した都市が多く建設され、彼女を顕彰して彫像が造られたのは、彼女が皇帝同様の扱いを帝国に求めた結果だった。例えば、イタリアのラヴェンナにあるサン・ヴィターレ聖堂には、ユスティニアヌスとテオドラを顕彰するモザイク画がある。壮年期の皇帝夫妻を、建堂者である歴代司教らが讃えるために作成したものだ。左右対称の構図に堂々と描かれる皇后の姿に、この時代の女性の地位の向上を読み取る学者もいる。

彼女は帝国内に独自の広大な所領を保有していた。そこから廷臣への贈与、またキリスト教会に多大な寄進を行った。これらの事実は、皇后という特殊な立場の話ではあるが、女性の社会的地位が、従来にくらべて上昇した証左と見ることができる。女性の財産権は、長い歴史をもつローマ法上、まったく新しい事項だったのである。

ともあれ皇后テオドラは、帝国の政治に大きな影響を与えた。注目されるのは、ユスティニアヌス以後の皇帝たちも、貴族階級以外から妻を娶るようになったことである。ローマ元老院身分(元もとの出自がいかなるものであれ)は、下級階層出身の女性を正式の妻とすることを避けていたが、ユスティニアヌス以後、階級間を超えた結婚が散見されるようになった。

プロコピオスによれば、テオドラは非常に知的で聡明、抜け目がなく、大胆な性格をもってユスティニアヌス治世の前半を支える大きな存在となったという。

なお、ユスティニアヌスの容姿については諸説ある。同時代人マララスの『年代記』(十八・一)は「背丈は幾分低めで、胸幅は広く、鼻筋は通り、色白で、縮れ毛で丸顔であった。身体全体の均整は整い、額は禿げていて、顔の色つやは良く、頭髪と顎鬚には白髪が混じっていた」と伝えている(和田廣訳)。これはおそらく壮年期から老年期にかけての風貌、と考えられている。もう一人の同時代人、プロコピオスによる『秘史』によれば、ユスティニアヌスの外見は暴君ドミティアヌスのようだったという。しかしこれは、後述するように、プロコピオスがユスティニアヌスの「暴君」性を強調しようとして用いた比喩的表現であって、おそらく中傷的表現であった。

サン・ヴィターレ聖堂のほか、コンスタンティノープルのハギア・ソフィア聖堂や、ラヴェンナのサン・アポリナーレ・ウオヴォ教会には、ユスティニアヌスの姿を描くモザイク画がある。そこには、意志堅固な面立ちの壮年の美丈夫の姿が描かれている。

単独皇帝として

ユスティヌス一世は五二七年八月一日に逝去する(享年五七)。前述の通り、その死が迫っていた同年四月一日に、ユスティニアヌスはカエサル(副帝)に就任しており、ユスティヌス帝崩御のその日をもって単独皇帝となった。

単独皇帝となってからのユスティニアヌスの活動はめざましかった。活発な対外戦争、ローマ法典の編纂、帝国全土にわたる旺盛な建築活動、特にコンスタンティノープルにおけるハギア・ソフィア大聖堂の再建が大きな事業として知られる。

対外戦争は、以下のような展開をみた。

ササン朝との戦争(五二七—五三二年)
北アフリカ征服(五三三—五三四年)
イタリア戦役第一段階(五三五—五四〇年)
ササン朝との戦争(五四〇—五六二年)
イタリア戦役第二段階(五四一—五五四年)

東隣するササン朝ペルシアとの攻防戦は長期にわたり、結局のところササン朝のコスロー王の優勢のなか、五六二年に同国優位な「恒久平和」条約をもって小康状態に落ちつくまで続いた。他方、北アフリカにおけるヴァンダル王国、イタリア半島における東ゴート王国との戦いは、将軍ベリサリオスの活躍でこれらを征服することに成功した。ローマ帝国の西半部を一部回復したことは、「帝国の再興」renovatio imperiiという理想を(一部)実現したことになる。

法典編纂については、後に『ローマ法大全』Corpus Juris Civilisと呼ばれる法集成を完成させた。これは『ユスティニアヌス法典』Codex Justinianus(五二九年成立)、『学説彙纂』Digesta(五三三年成立)、『法学提要』Institutiones(五三三年成立)、『新法』Novellaeから構成されていた。『法典』は、歴代皇帝の発布した勅法群を十二巻に編集し、六世紀当時の現行法として通用するかたちで一部修正(インテルポラチオ)したものである。『学説彙纂』はギリシア語名でパンデクテンとも呼ばれ、二世紀以来の法学者たちの見解を系統的にまとめた大部な冊子となった。『法学提要』は学生が使用するマニュアル、『新法』はユスティニアヌス自身の発布した勅法の集成である。

『学説彙纂』『法学提要』の編纂作業中に、ニカの乱が起こったが(五三二年一月)、作業は中断されなかった。

治世の転機、振幅の大きい評価

ユスティニアヌスの治世は、前半と後半でトーンがかなり違うことが大きな特徴だった。前半は、政治的影響力の強かった皇后の活躍もあってか、内政、外交(対外戦争)両面で大変エネルギッシュな動きが見られた。ところが、テオドラ逝去(五四八年六月二八日。おそらく乳癌による)後のユスティニアヌスには、それまでの積極的な政治的活動が見られなくなる。むしろ神学的活動、あるいは瞑想にも似た静謐が基調となっていった。彼の事績を伝えるテキストは少なくないが、主としてユスティニアヌス治世前半に属する記事を伝えている。

主要史料となるのは、歴史家プロコピオスの作品である。彼は、将軍ベリサリウスの秘書官で、各戦線に随行していた。主要著書は三つあり、まずもって戦線随行記でもあった『戦史』をもって知られる。それは全八巻からなり、第一〜二巻が対ペルシア戦、第三〜四巻が対ヴァンダル戦、第四〜八巻が対ゴート戦および対諸族戦線について伝えていた。そこでプロコピオスは、ユスティニアヌスの征服活動を大いに賞賛している。第二の著作『建築について』でも、ハギア・ソフィア大聖堂をはじめとするユスティニアヌスの建築活動を、これまた称えていた。

他方、第三の著作である『秘史』は、いわば裏ノートであった。そこにはユスティニアヌス、皇后テオドラ、ベリサリウス夫妻への批判が書き連ねられていた。皇后になる以前のテオドラのスキャンダラスな行状も、『秘史』に記されている。宮廷における様々なスキャンダルを述べており、皇帝夫妻に対し非常に辛辣（しんらつ）である。

「人間の皮をかぶった悪魔」ユスティニアヌス。「悪逆非道の女帝」テオドラ。『秘史』は、ユスティニアヌスやテオドラをそう酷評する。皇帝、皇后の手によって殺害された犠牲者の実例を挙げながら、二人がいかに悪辣な性質をもち、恣意的な権力行使をして、殺人、破壊、また浪費を重ねたか、を描いている。そして、その酷評は、彼らの忠実な手先として働くベリサリオスとその妻アントニナにも及ぶ。

彼のパトロンであったはずの皇帝と皇后。また、長年にわたり仕えたベリサリオスについて、これほどまでに個人的視点からあげつらう筆致に、読む者は驚くばかりである。プロコピオスはなぜこの書物を執筆したのか。皇帝、皇后、また主人たるベリサリオス夫妻に相当の恨み、憎しみ、嫌悪、反感があったと思うのが常道であるが、成り上がり者ユスティニアヌスに対する嫌悪感があった、との説もある。確かに、帝都となって二〇〇年にも及んでいたコンスタンティノープルには、名門と呼んでよい家門も少なからず存在したから、一代で皇帝にまで上り詰めた農民出身のユスティニアヌスに対する反感はあったにちがいない。

また、長年にわたり仕えた主人ベリサリオスが、ヴァンダル・東ゴート両戦役で功績があったにもかかわらず、皇帝から冷遇されたこと（不敬罪で罷免、財産没収）、主人と敵対する宦官ナルセスを厚遇したことで、ユスティニアヌスに対する憎しみを強めた、とも考えられる。他方、ベリサリオスに対するに辛辣な筆は、彼が皇帝のいうがままになっていた不甲斐なさへの反発と考えられる。

いずれにせよ、他の記述史料が総じてユスティニアヌス称賛の筆致であるのに対して、プロコピオスの著述は、ユスティニアヌス帝期の事情を知る上で重要な史料となっている。著者プロコピオス自身が、従軍する官僚であったこととともに、帝国支配の実態をかいま見る貴重な窓であったといえようか。

ユスティニアヌスの時代とは

ユスティニアヌスは積極的な遠征を行い、ローマ帝国時代の旧領の多くを奪還した。だが、ユスティニアヌス本人が親征に赴くことはほとんどなく、実際にはベリサリオスの功によるところが大きかった。ベリサリオスは民衆から喝采を浴びて、その名声は帝国内にとどろいた。ところが、ユスティニアヌスはその功績に報いるどころか、むしろその才覚と名声に嫉妬(しっと)し、数度にわたり財産没収、公職追放の冷遇を見せた。

他方、こうした大事業の多くは結果として国家財政の破綻を招いたほか、それを補うための重税によって経済は疲弊した。東ゴート王国との戦いは長期化し、相次ぐ戦乱でイタリアの諸都市は破壊された。荒廃した国土であった上に、戦費調達のためもあって重税を課した。そのため征服地は完全に疲弊したといってよい。このような統治に、旧西ローマ帝国領でローマ帝国の復活を望んでいた人々の期待もしぼみ、やがて離反していったのだった。

ただ、『ローマ法大全』を編纂させ、ハギア・ソフィア聖堂の再建や帝国内各地に都市を建設するなど、文化的功績も数多く残したことは、改めて強調されてよいだろう。これらの事績は、後代のヨーロッパ世界を規定することとなるのである。

ユスティニアヌスは、五六五年十一月十四日に八二歳で亡くなり、コンスタンティノープルの聖使徒大聖堂に埋葬された。

「悪の歴史」

中東編

610–680年
初のイスラーム王朝であるウマイヤ朝の初代カリフ。ダマスクスを都として、巨大帝国の礎を築く。

悪役にされた王者

ムアーウィヤ

…Mu'āwiya…

高野太輔

ムアーウィヤは、イスラーム史上初の世襲王朝であるウマイヤ朝の初代カリフ（在位六六一―六八〇年）。クライシュ族の名門ウマイヤ家に生まれ、七世紀中葉に巻き起こった第一次内乱を勝ち抜き、シリアのダマスクスを新たな都として、東西六〇〇〇キロメートルにも及ぶ巨大なアラブ＝イスラーム帝国の礎を築き上げた。

内乱のはじまり

ムアーウィヤという君主は、後代の人々にとって好き嫌いが分かれる人物のようである。一部のムスリム史家は、彼を狡猾（こうかつ）で卑怯な策略家、節操のない大食漢として、否定的に描いている。とりわけ、シーア派の人々からは、アリーからカリフの位を簒奪（さんだつ）した悪逆非道の反逆者として、蛇蝎（だかつ）のごとく嫌われてきた。その一方で、ムアーウィヤは偉大な王者のひとりであり、ヒルム（忍耐の美徳）の持ち主であったと、素直に褒めているアラビア語史料も少なくない。はたして、その実体はどのようなものであったのだろうか。

西暦六一〇年頃、ムアーウィヤはアラビア半島のメッカで生まれた。父親はアブー・スフヤーンというウマイヤ家の大物で、親族のみならず、クライシュ族全体に号令を掛けることのできる有力者であった。当初、この父子は預言者ムハンマド（五七〇頃―六三二年）の宣教に対して積極的に反対の立場を採っていたが、ムスリム軍にメッカが占領されると、他の多神教徒たちと一緒にイスラーム教に改宗することにした。ムハンマドは才気に溢れた若きムアーウィヤを気に入り、自らの書記のひとりに加えたと伝えられている。

六三二年に預言者ムハンマドが亡くなった後、アラビア半島のアラブはイスラームの旗の下に結集し、「アラブの大征服」と呼ばれる大規模な侵略戦争を起こした。東ではササン朝ペルシア帝国を滅亡に追い込み、西では東ローマ帝国から広大な領土を奪い取って、西アジア世界の新たな覇者となったのである。ムアーウィヤも武将のひとりとして東ローマ帝国と戦ったが、当初は名将として知られる兄のヤズィードほど目立つ存在ではなかったようである。しかし、六三九年にシリアで蔓(まん)延(えん)した疫病によって兄をはじめとする有力な人物が次々に急死すると、思いがけずムアーウィヤのもとにシリア方面軍司令官の座が転がり込んできた。彼は、疲弊した軍の体制を立て直し、艦隊を派遣してキプロス島を攻撃するなど、華々しい戦果を挙げたと伝えられている。

その頃、アラビア半島のメディナにあってカリフの役職を務めていたのは、ムアーウィヤと同じウマイヤ家のウスマーン（在位六四四―六五六年）であった。カリフとは、預言者ムハンマドの後継者としてアラブ＝ムスリムを統率する権限を持つ、イスラーム教団国家の最高職である。ムハンマドと同じクライシュ族から選ばれるのが慣例で、初代はタイム家のアブー・バクル（在位六三二―六三四年）、二代目はアディー家のウマル（在位六三四―六四四年）、そして三代目がウマイヤ家のウスマーンであった。

ところが、このウスマーンの評判が芳しくなかった。彼が即位したのは征服戦争が一段落した時期にあたっており、この頃になると、人々を取り囲む社会状況が一変していて、何事もアラビア半島時代のやり方だけでは通用しなくなっていた。そこでウスマーンは、次々と新機軸の政策を打ち出して時流の変化に対処したのであるが、これが預言者以来の慣例に反するということで、一部の信徒から白眼視されたのである。また、めぼしい土地を占領しつくしたことで征服事業が停滞気味になり、戦利品収入が減少したことも、前線のアラブ兵士が不満を募らせる原因になっていた。不穏な空気を察知したウスマーンは、気心の知れたウマイヤ家の親族を要職に就けることで危機を乗り越えようとしたが、それがまた身内びいきのカリフという悪評をふりまく有様であった。結局、ウスマーンはメディナの屋敷に押し掛けた兵士たちの手によって惨殺され、イスラーム教団国家は未曽有の混乱に陥ってしまう。

その数日後、四代目のカリフとして、ムハンマドの従兄弟であり娘婿でもあったハーシム家のアリー（在位六五六―六六一年）が即位することになった。史料の情報が錯綜していて真相は分かりづらいが、古参のおもだった有力者たちが関わり合いになるのを避けて身を隠してしまい、メディナを占拠していた兵士たちに担ぎ出される形で、即位が決まったらしい。しかし、この人選は教団の総意に基づくものとは言い難かった。カリフとなったアリーが各地の司令官をはじめとする人事を一新しようとすると、たちまち各所から不満が噴出し、アリーに味方する人々と、これに敵対する人々との間に、大規模な武力衝突が巻き起こってしまう。第一次内乱（六五六―六六一年）の始まりである。アリーは前線に近いメソポタミア南部のクーファに本拠を移し、一部の反乱分子を討ち取って、イラク方面軍の兵士たちを掌握することに成功した。ここで本格的に動き出したのが、本章の主人公ムアーウィヤその人である。

反逆者から君主へ

ムアーウィヤは、アリーの周辺が混乱に陥っている状況を見て、今こそ政権を奪い取る絶好の機会が来たと考えた。幸いなことに、ムアーウィヤは殺害されたウスマーンと同じウマイヤ家の出身であったから、血の復讐を唱える当事者として、誰が見ても正当な権利を保有している。彼は、シリア方面軍の兵士に「ウスマーンの血の復讐を果たそう」と呼びかけ、あたかもアリーが前カリフの殺害犯たちを後ろ盾としているような雰囲気を作り出すことに成功した。「殺害犯の処罰を求める軍事行動」という大義名分を利用して、現職のカリフに対する反逆を正当化してしまったのである。

押し寄せるシリア方面軍に対し、アリーもイラク方面軍を押し出して対抗し、六五七年に両軍はシリア北部にあるスィッフィーンという場所で衝突した。激戦は数日間にわたって続いたが、両軍の勢力は互角で決着が付かず、このままでは無駄に戦死者が増えるばかりという膠着（こうちゃく）状態に入ったところで、すかさずムアーウィヤは次の手を繰り出した。突然、アリーに対して和平を申し入れ

ムアーウィア関係地図

たのである。むろん、アリーの陣営では「反逆者と和平など結ぶべきではない」という声もあったが、ムアーウィヤは兵士の槍先にコーランの紙片を結びつけて掲げさせ、「神に裁定を委ねようではないか」と呼びかけさせる芝居を打った。神の名前を出されては、イラク方面軍の兵士たちも黙らざるをえない。和平反対の声は押しつぶされ、アリーは休戦協定に同意する決断を下した。

　ところが、これがムアーウィヤの深謀遠慮だったのである。彼は、協定文書に載せるアリーの名前から、「信徒の長」すなわちカリフの称号を強引に削らせてしまい、「ムアーウィヤとアリー」の間に休戦が結ばれた、という形で協定を結ぶことに成功した。つまり、反逆者であるはずのムアーウィヤが、アリーと対等な一つの勢力であるということを公式に認めさせてしまったのである。数か月後、アラビア半島北部のドゥーマト・ジャンダルで両陣営の代表による話し合いが行われたが、どちらかが折れるはずもなく、会談は物別れに終わった。

　その後、数年間にわたって両勢力の間には小競り合いが続き、このままイスラーム教団国家は東西に分裂するかに見えたが、事態は意外な形で決着を見ることになった。歴史を動かしたのは、アリーの下でムアーウィヤとの和平に反対していた一部の兵士たちである。彼らの考える「神の裁定」とは、正々堂々の戦いによる決着であり、勝手に決めた代表者による話し合いなどではなかった。「アリーは神ではなく人間の裁定に事を委ねてしまった」と主張した彼らは、アリーの陣営から身を引き、各地に割拠して公然と批判を繰り返すようになった。これが、ハワーリジュ派（原義は離脱した人々）と呼ばれる党派の起源である。アリーの方では、これを武力で鎮圧しようとしたものの、かえって彼らの闘争心に火を付ける結果となってしまった。そして六六一年、このハワーリジュ派の一人がクーファに潜入し、とうとうアリーを暗殺してしまったのである。伝承によると、別の一人は同じ日にシリアでムアーウィヤを襲ったが、こちらは手傷を負わせただけで暗殺は失敗に終わったという。

思わぬ漁夫の利を得たムアーウィヤは、ついにイェルサレムの町でカリフへの即位を宣言した。これに対し、イラクの人々はアリーの息子ハサンを次のカリフとして推戴したのであるが、残念なことに、この人物は政敵と争って巨大国家を運営していく覇気に欠けていたようで、あろうことか自分からムアーウィヤに降伏し、好条件と引き替えに隠退する道を選んでしまった。交渉にあたっては、貰える年金の額を何とか釣り上げようとする有様であったと伝えられる。ここに至って、イラクに駐屯するアラブ兵も旧敵に忠誠を誓うほかはなく、ムアーウィヤは唯一のカリフとして君臨することに成功したのである。

虚言を弄して賢臣を手に入れる

西アジア全土を掌中に収めたムアーウィヤであったが、麾下の軍勢が駐屯するシリアはともかくとして、強引に併合したイラクの人々を治めていくことは、さすがに難事業であった。特に、二大駐屯地の一つであるバスラには荒くれ者の部族が跋扈していて、アリーの時代から強盗や殺人が日常茶飯事という治安の悪さであったことも、統制を困難にしていた。そこで白羽の矢が立てられたのは、アリーの能臣として知られていたズィヤードという人物である。

ズィヤードは、アリーの時代に行政官を務めた後、ペルシア地方の知事に任命されて現地に赴任していた。アリーが暗殺された後も、義理を立てて一年間は任地を守り通したが、ムアーウィヤから説得の書簡を受け取って降伏を決断し、ペルシア地方を明け渡してイラクに移り住んだ。彼が優れた行政官であることを知っていたムアーウィヤは、この人物こそイラクを任せるに相応しいと考えたのであるが、旧敵を重職に任じるとなると、ウマイヤ家の親族が騒ぎ立てることは必至であった。また、ズィヤードの母親はスマイヤという女奴隷であったが、諸々の事情で父親が誰なのか分かっておらず、父系の血筋を重んずるアラブ社会にあって、気性の荒い連中から侮られがちなのも困りものであった。

そこで、ムアーウィヤは一つの驚くべき「事実」を発表して、問題を一挙に解決しようとした。ズィヤードの本当の父親は、自分の父であるアブー・スフヤーンだと言い出したのである。これが本当だとすれば、ズィヤードは素性の知れぬ馬の骨どころか、カリフと腹違いの兄弟ということになる。

むろん、そんな無茶苦茶な作り話を信じる単純な人間は少なかったようであるが、カリフのお墨付きに異を唱える勇気がある者もなく、晴れてズィヤードはウマイヤ家の一員として、バスラ総督に就任することができたのであった。

アリーの臣下だった自分を処罰するどころか、兄弟として遇してくれたムアーウィヤの恩に報いるため、ズィヤードは猛然と働いた。四〇〇〇人もの警察隊を組織して市内を巡回させ、犯罪の疑いがある者を片端から逮捕・処刑するという苛烈な恐怖政治を敷いて、バスラの治安を劇的に好転させたのである。彼の在職中、道に落とし物があっても拾い上げて懐（ふところ）に入れる者は一人もおらず、町の女性は家の扉に鍵を掛けなくても安心して眠ることができたと言われている。ムアーウィヤの人心掌握術が見事に奏功した例であろう。

このように、使えそうな人物は敵であっても辛抱強く説得して味方に引き入れるというのが、ムアーウィヤ一流のやり方であった。怒りにまかせて事を起こしたりせず、何事も用意周到に計画を立てる性格であったことから、イスラーム史研究の碩学である前嶋信次などは、「やや徳川家康をしのばす」と評している。ムアーウィヤの遺訓として、「怒りを飲み込めば何よりも甘い味がする」「理性と忍耐こそは人間の最大の資質」といった言葉が伝えられていることからも、その我慢強い人柄が偲ばれよう。

ただし、この話にも例外がある。ムアーウィヤの時代、シリア方面軍の中では、アブド・ラフマーン・ブン・ハーリドという武将が兵士たちの間で人望が高かった。彼は、大征服時代に東ローマ帝国を打ち負かした英雄ハーリド・ブン・ワリードの息子で、本人も父に負けず劣らず勇敢な武将であり、敵国の領土を転戦して回る活躍を見せていた。アブド・ラフマーンの人気を危険視したムアーウィヤは、一人の部下に恩賞をちらつかせ、これを首尾良く毒殺させている。後日、アブド・ラフマーンの息子が暗殺犯を斬り殺して父の仇を討つという事件が起きたが、ムアーウィヤは逮捕された息子を数日間投獄しただけで、あっさりと釈放してしまった。邪魔者は消え、用済みの猟犬も手を汚さずに処分できて、八方丸くおさまったというわけである。やはり、自分の地位を脅かす者に対しては、冷酷な手段を取ることも辞さない一面はあったようだ。

初の世襲王朝

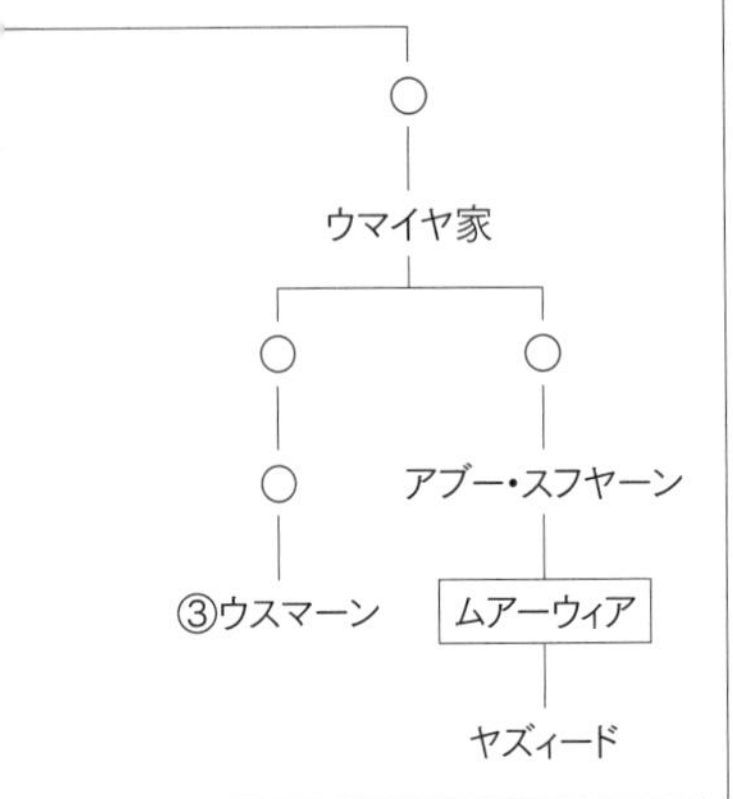

ムアーウィヤには何人かの妻がいたが、特筆すべきはカルブ族出身のマイスーンという女性である。当時のシリアには、イスラーム時代以前から居住していたヤマン系と呼ばれるアラブの諸部族と、大征服にともなって移住してきたカイス系の諸部族とが混住していた。当然ながら、両者の間に微妙な軋轢(あつれき)があったことは想像に難くない。ウマイヤ家をはじめとするクライシュ族はどちらにも属していなかったが、征服者としてシリアに到来した新参者であることに変わり

❖クライシュ族名家系図…丸数字はカリフの継承順

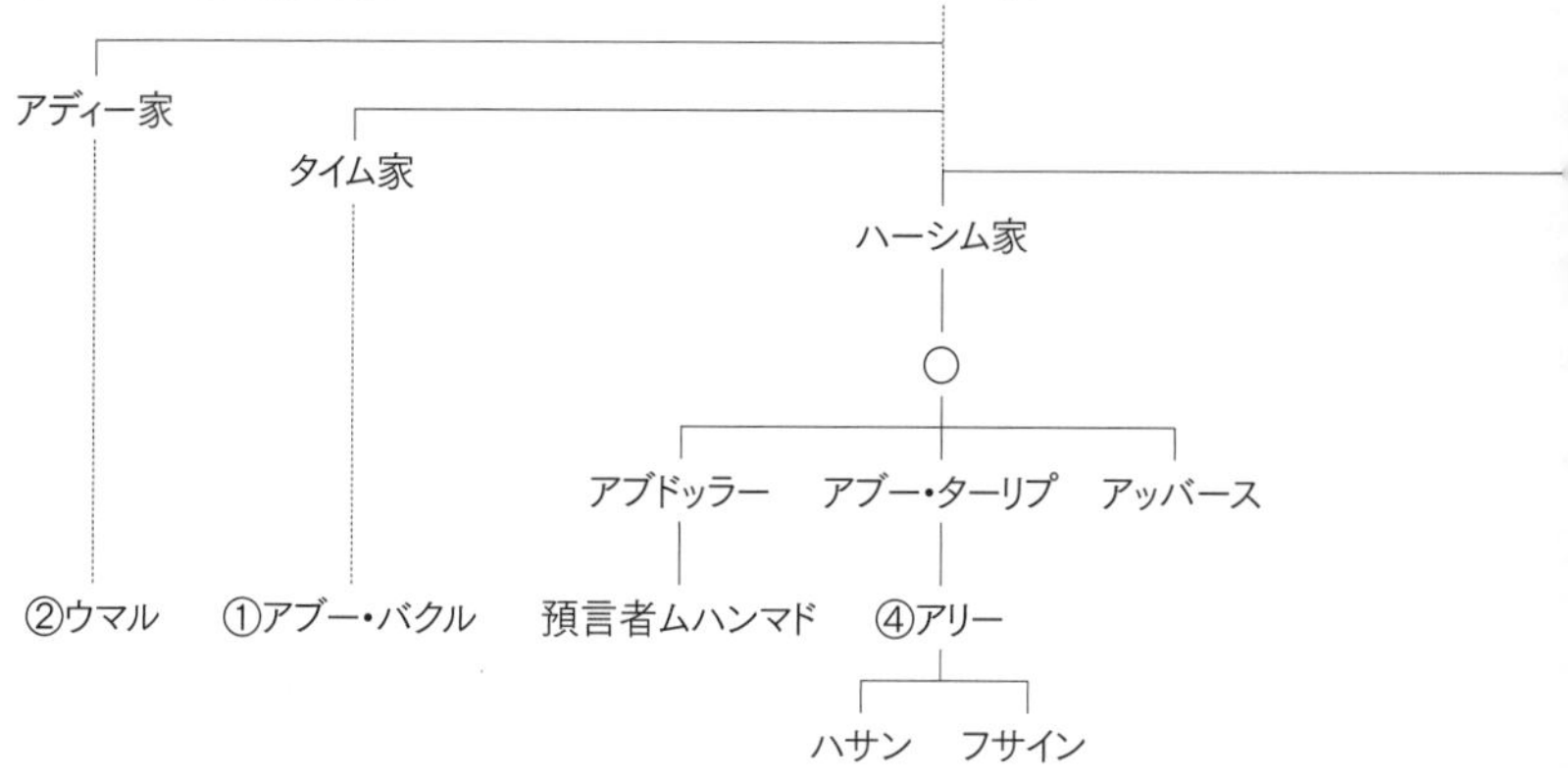

はなく、また系譜的にもカイス系に近かったことから、ヤマン系の諸部族が不満を鬱積させる余地は充分にあった。そこで、ムアーウィヤはヤマン系の中でも勢力の強かったカルブ族の女性を妻に迎え、彼女が産んだヤズィードを自分の後継者とすることにした。父方は征服者の家系、母方は土着の家系ということであれば、双方にとっても異存は無く、全シリア方面軍の支持を集めることができる。ウマイヤ家の屋台骨であるシリア兵の融和には、殊のほか意を砕かねばならなかったのであろう。

しかし、ヤズィードを後継者に定めると言っても、すんなりと事が運んだわけではなかった。それまでのカリフたちは、イスラーム教団の最高職に相応しいと周囲から認められた人物が、直接的・間接的に全信徒のバイア(忠誠の誓い)を受けて即位するという形をとっていた。アリーやムアーウィヤの場合には、満場一致というわけにはいかなかったけれども、その都度、最も適切な人材を見つけてきて推戴（すいたい）するという原則が守られたことには変わりはない。ムアーウィヤは、この伝統を踏みにじり、カリフ位に世襲制を導入しようとしたことになる。

予想通り、ムアーウィヤの次を狙っていた数人の有力者は、素直に言うことを聞かなかった。アブー・バクル（初代カリフ）の息子アブド・ラフマーン、ウマル（第二代カリフ）の息子アブドッラー、アリー（第四代カリフ）の息子で前述したハサンの弟であるフサイン、アリーの治世当初に反旗を翻して敗れたズバイルの息子アブドッラー、預言者ムハンマドの従兄弟イブン・アッバースなど、錚々（そうそう）たる面々がヤズィードの立太子を拒否したのである。ムアーウィヤがどうやって彼らを説得したのかについては様々な説が伝えられているが、ある伝承によると、自らメディナの町に乗り込んで上記の反対派を一人ずつ呼び出し、巧みな誘導尋問で言いくるめてしまったという。反対派の急先鋒が腰砕けになってしまった結果、ほかに表立って逆らおうとする者もなく、ここにカリフ位世襲制の道が開かれたのであった。

その後、ムアーウィヤは六八〇年に病を患ってダマスクスで没し、十九年間の治世に幕を下ろした。享年は諸説あるが、おそらく七〇代であったと推測されている。取り決め通り、次のカリフには息子のヤズィードが無事即位することになった（在位六八〇―六八三年）。しばらくすると、ムアーウィヤの直系は途絶えてしまったが、同じウマイヤ家の出身者が代々のカリフ位を継ぎ、彼らの政権は九〇年間ほど続くことになる。後世の史家は、これをウマイヤ朝と呼び、ムアーウィヤをもってその初代カリフとみなしているのである。

七五〇年になると、預言者ムハンマドの叔父アッバースの子孫であるアッバース家が革命を起こし、ウマイヤ朝を滅ぼして、自分たちがカリフ位を世襲するアッバース朝を建設した。不当にカリフ位を占有したウマイヤ家から政権を奪還したというのがアッバース朝の建前であったから、この時代以降に書かれた歴史書の中には、ムアーウィヤをはじめとするウマイヤ朝カリフを悪しざまに描いているものが少なくない。また、アリーの子孫のみをイスラーム共同体の正統な指導者と考えるシーア派の人々も、現代に至るまでムアーウィヤをカリフ位の簒奪者として毛嫌いしている。しかし、それはあくまでも政敵によって喧伝された悪のイメージであって、ウマイヤ朝のお膝元であったシリアなどでは、ムアーウィヤびいきの風潮がその後も長く残ったようである。アッバース朝やシーア派によって悪玉の烙印（らくいん）を押されてしまったムアーウィヤではあるが、その君主としての知謀には、どこか心を惹きつけられる魅力があることも事実ではないだろうか。

⦿参考文献

小杉泰『興亡の世界史：イスラーム帝国のジハード』（講談社学術文庫、二〇一六年）

佐藤次高『世界の歴史8：イスラーム世界の興隆』（中公文庫、二〇〇八年）

前嶋信次『世界の歴史8：イスラム世界』（河出文庫、一九八九年）

766–809年
ビザンツ帝国へのジハードを行ったアッバース朝第5代カリフ。『アラビアンナイト』の主人公の一人。

イスラーム帝国を彩る光と闇

ハールーン・アッラシード

…Hārūn al-Rashīd…

清水和裕

ハールーン・アッラシード。七六六―八〇九年。アッバース朝第五代カリフ（在位七八六―八〇九年）。彼の治世において、北アフリカから中央アジアにまたがる広大なイスラーム帝国であるアッバース朝（七五〇―一二五八年）は黄金時代を迎え、その版図は最大域に達した。その治世の前半は、宰相一族バルマク家が権勢をほこったが、その後は自ら権力を掌握して親政を行った。また『アラビアンナイト（千夜一夜物語）』の主要登場人物として、数々の物語にその姿をとどめることでも知られる。

繁栄と聖戦の象徴

ハールーン・アッラシード（以下、ラシード）はアッバース朝第五代カリフであり、その治世下にアッバース朝は最盛期を迎えたとされている。
アッバース朝は、先行するウマイヤ朝を打倒して成立したイスラーム帝国であり、その支配領域は北アフリカから中央アジア、インド北西部、現在の国名でいうとアルジェリアからウズベキスタン、パキスタンといった、地中海沿岸からユーラシア西部の広大な地域にわたっていた。この巨大な帝国の事実上の基礎を築いた第二代カリフ、マンスールの偉業は、その息子第三代マフディーを通じて、孫の第五代ラシードに引き継がれたのであった。マンスールの築いた首都バグダードは、ラシードの時代にいたって経済的・文化的な繁栄をきわめた。地中海、紅海、インド洋そしてシルクロードからの物流が、国際商業センターとなったバグダードへと流入し、中国、インド、ロシア草原、アフリカからのエキゾチックな産物が市中にあふれた。バグダードの町には、アラブ人、トルコ人、ペルシア人、ベルベル人から、遠く中国人、インド人、ヨーロッパ人なども到来し、ラシード治世下の繁栄を支えたのであった。

ラシードはマンスールの孫であり、その妻ズバイダも同じくマンスールの孫であった。イトコ同士の婚姻は当時のアラブ社会では珍しくなかったが、奴隷女性を妻とすることの多かったアッバース朝カリフとしてはきわめてまれである。この結婚は、ラシードがマンスールの権力と血統を引き継ぐ帝王としてひとつの完成形に至ったことを象徴している。

ラシード自身の業績としては、三度にわたってビザンツ帝国に対する遠征を成功させていることがあげられる。ビザンツ帝国は、当時のアッバース朝にとって、もっとも強く意識される「眼前の敵」であった。イスラーム帝国は旧ササン朝ペルシア帝国の版図と、ビザンツ帝国のアフリカ・シリアの版図を併合して成立しており、そのイスラーム帝国にとって、敵対するキリスト教国であるビザンツ帝国の小アジア領土を手中に収めることは、悲願であったといってよい。ウマイヤ朝からアッバース朝にかけて、イスラーム勢力はたびたびビザンツ帝国に対する遠征を行っているが、七九七年、八〇三年、八〇六年と三度の遠征でラシードの挙げた戦果は特筆すべきものであった。特に八〇六年にはヘラクレア(現エレグリ)やカッパドキア周辺までを占領したことで知られ、それらが親征の結果であったこともあって、ラシードによる「聖戦」は特別な賛辞をもって賞賛されたのである。

しかし、このような光輝に満ちたラシード像にも、当然のことながら闇は存在する。彼に悪を探し求めるとすれば、それは主に次の二点になる。ひとつは、その治世の前半、弱き帝王として宰相一族の専横を許し、なおかつ突然その一族を誅殺したこと。つぎに、その晩年において、結果的に大きく誤った帝国分割策をもちいて、帝国を衰退に導いたこと、である。

「神に導かれた者アロン」とバルマク家

ハールーン・アッラシードという名前は、彼の本名ハールーンと、「神に導かれた者」を意味するカリフ名ラシード(アッの部分は英語のザに相当する定冠詞)から成り立っている。ハールーンとは、旧約聖書に登場するモーゼの兄アロンのアラビア語名であった。クルアーンによれば、モーゼはアッラーの許しを得てアロンを自らの宰相(助け手)とした、という。しかしハールーン・アッラシード「神に導かれた者アロン」の前半生にあっては、彼は逆に宰相の一族にその権力を奪われる弱いカリフであった。

ラシードの宰相位を担った一族は、バルマク家という。もともとはアフガニスタンのバルフ近郊に存在した仏教寺院群の官長(バルマク)が、イスラーム勢力の侵攻とともに改宗した一族であり、そのひとりハーリド・ブン・バルマクは、マンスールに仕える官僚となった。マンスールは、異教徒からの改宗者を積極的に政府高官に登用したことで知られ、これがイスラーム帝国の活力の源泉のひとつであったが、バルマク一族はその代表例であったといってよい。ハーリドの息子ヤフヤーは、マンスールの息子マフディーの宰相に任じられ、マフディーのもとで采配をふるうと同時に、彼の後宮とも強い関係をつくりあげた。すなわち、マフディーの妻で奴隷出身のハイズラーンと連携し、彼女のお気に入りの息子であるハールーン(のちのラシード)の教育係となったのである。ハーリドの息子ファドルとジャアファルは、ハールーンに付き従って兄弟のように少年時代を過ごした。ハーリドの妻がハールーンに乳を与え、ハイズラーンがファドルに乳を与えたともいわれている。こうして、バルマク家の一族とハールーンは強固な個人的紐帯によって結ばれることとなった。

ハールーンには、同じハイズラーンから生まれた実兄がおり、この兄は父の死後、即位して第四代カリフ、ハーディー(在位七八五—七八六年)として即位した。しかし奇妙なことにハイズラーンは、このハーディーを疎み、ヤフヤーと結託してハールーンをカリフ位に就ける努力をしている。ハーディーは即位後わずか一年で急死しているが、これはヤフヤーを嫌ったハーディーが彼を投獄し処刑しようとした、その当夜の事件であった。当時から、その死の背後にヤフヤーとハイズラーンの影をみる噂は絶えなかった。

ハールーンはこうして二〇歳にして即位しカリフ、ラシードとなったが、事実上の後見人であるヤフヤーが宰相に任じられるなど、その実権は以後一七年間にわたってヤフヤー父子に掌握された。ヤフヤーは行財政を思うままに動かし、カリフの権力を象徴する御璽(ぎょじ)すら自ら保持していたという。二人の息子たちもまた国家の要職に就き、イラン東部のホラーサーン地域など、帝国にとって最重要地域の総督や情報省長官などを歴任した。またファドルはラシードの息子ムハンマド(のちの第六代カリフ・アミーン　在位八〇九—八一三年)の教育係を、ジャアファルはもう一人の息子アブドゥッラー(のちの第八代カリフ・マアムーン　在位八一三—八三三年)の教育係を担った。

このうち、きまじめで厳格なファドルは主に行政面に手腕を見せたことで知られる。後世の伝承によれば、彼はバグダードに初めての製紙場を造らせ、行政文書を羊皮紙やパピルスから紙に変えた人物であるともいわれる。イスラーム帝国における公的な紙の使用は、中東のみならずヨーロッパ史、ひいては世界の文字文化に巨大な影響をもたらした事件である。この伝承が事実であるかどうかは明らかではないが、このような文化史・行政史上の大事件とファドルが結びつけられていることは、彼の行政活動がいかに大きな記憶として、イスラーム社会に残されているかを物語っている。

一方のジャアファルは、逆に享楽的なイメージで語られることが多く、事実ラシードの下で開かれる酒宴を取り仕切ったのは、つねにジャアファルであった。葡萄酒と小姓、歌姫や楽団そして道化師といった華やかな宴会の場は、繁栄の極に達していたラシードの宮廷の一コマであり、そのような場を嫌ったファドルに比して、ジャアファルはラシードの呑み友達としてその関係を深めていったとされている。両者の間に性的な関係があったと推測するものもいる。

バルマク家は、この父子三人を中心に、その親族や郎党をも含めて、帝国行政の各所に権力をふるい、地位を独占し、莫大な私財を築き上げた。この十七年間は「バルマク家の治世」とすら称され、イスラーム帝国の繁栄とラシードのきらびやかな治世の記憶がない交ぜになって伝えられているのである。

しかし、このようなバルマク家の栄華は、わずか一日にして暗転する。

八〇三年一月二九日メッカへの巡礼から戻ったばかりのラシードは、突如としてジャアファルの処刑を命じたのである。ジャアファルの遺骸は切断されて、一年のあいだバグダードの各所で晒しものにされた。また同日ヤフヤーとファドルも捕縛され監禁されて、バルマク家の財産はすべて政府に没収されることとなった。ヤフヤーは八〇五年一一月、ファドルは八〇八年一一月に処刑されている。このような突然の転変に対して、同時代史料はみな戸惑いを隠していない。一七年間の栄華の幕切れは、何の前触れもない唐突な暴挙として、当時の人々に受け取られたようである。ラシードとバルマク家の関係は、少なくとも表面的には蜜月の関係であるかのごとく見えていたのである。

このあまりにも劇的な事件に対して、やはり人々はなんらかの理由付けがほしかったのであろう。やがて有名な逸話が生まれている。それによれば、あるときジャアファルはラシードに対して、ラシードの妹アッバーサとの婚姻を許すように申し出た。本来、血統の格が違う両者の結婚であったが、ラシードはジャアファルとアッバーサの二人を自分の手元から離したくないあまりに、これを認めてしまう。しかし、その際に、あくまで両者が実際の床入りをしない、名目だけの結婚をする、という条件をつけたのであった。ところが、ラシードの知らぬ間に、アッバーサはジャアファルを誘惑して床入りを果たし妊娠してしまう。やがて生まれた子供は、密かにメッカに送られてラシードの目から隠された。しかしメッカ巡礼の際にその事実を知ったラシードは、激怒してバグダードに戻り、かくして苛烈な粛清が始まった、というのである。

一方、現代の研究においても、ラシードの態度の急変については定説といえる解釈が出されていない。主に、ラシードがバルマク家の政治権力掌握に対して密かに反感を持っていたのであろうとの推測はされているものの、なぜ、このタイミングで急激な施政改革が推し進められたのかについては、はっきりしないのである。

いずれにしても、この事件は光に満ちたラシードのイメージに色濃い闇を投げかける出来事であった。

帝国分割と内乱への道

バルマク家の粛清は、そのあまりにも突然な政治路線の変更と、最愛の寵臣の惨殺という点で、よく知られているが、大きな歴史的観点から見るとラシードの「悪」は、もうひとつの失策こそが重要である。すなわち、ラシードは自らの後継者ふたりに帝国を分割相続することによって、結果的に内戦をまねき、バグダードの没落と帝国の解体の引き金を引いたのである。

前述のようにラシードには有力な息子が二人いた。ひとりはイトコであるズバイダから生まれたムハンマド（アミーン）であり、もうひとりはイラン系の奴隷女性から生まれたアブドゥッラー（マアムーン）である。前者はマンスールの血統を受けたアッバース家のサラブレッドであったが、後者こそはのちの治世においてアッバース朝に巨大な変革をもたらした異才であった。すでに七九二年にはラシードはムハンマドを自らの後継者と定め、さらに七九九年にはアブドゥッラーをムハンマドに次ぐ後継者と定めていたが、その一方で、ラシードは両者の優劣を決定することができなかったものと思われる。このことが後世に大きな禍根を残すこととなった。

ラシードの治世における繁栄の陰で、あまり広範囲にわたるイスラーム帝国の版図には、あちらこちらできしみが見え始めていた。対ビザンツ戦線では成功を収めていたものの、東方のイラン各地ではハワーリジュ派と呼ばれる分派が盛んに反乱を起こしており、またシリア、イエメンなどでも反乱が発生している。これらは鎮圧されたものの、北アフリカのチュニジアでは反乱の激化のためアグラブ家の総督に自治権を与えて事態の沈静化を図ることとなり、八〇〇年にいわゆるアグラブ朝が成立した。

このようななかで、八〇二年ラシードは巡礼先のメッカで、カアバ協約と称される一連の誓約書を公表した。これは、すでに決定されていたムハンマドとアブドゥッラーのカリフ位継承順位を確認するものであったが、同時に、将来のムハンマドの治世において、アブドゥッラーに帝国の東半分の統治を認めさせるものであった。すなわち、この協定の中では、ムハンマドがアブドゥッラーを自らの後継者に指名しつつ、アブドゥッラーがホラーサーン地域を中心とした東部に対して絶対的な統治権を持つことを承認しており、これに対してアブドゥッラーはムハンマドをカリフとして受け入れ、絶対の忠誠を尽くすことを誓ったのである。いわば、ムハンマド(アミーン)は、次のカリフ位を保証される代償として、帝国東部の統治権を兄弟に割譲することとなったのであった。

八〇九年三月二四日ラシードは東部で発生した反乱を鎮圧する途上で病死する。二人の息子は、当初ラシードによって結ばさせられたカアバ協約を遵守しようとしたが、しかし、カリフに即位したアミーン宮廷の取り巻きは、カリフの直接統治権が限定されていることに強い抵抗感を示し、アミーンに対してマアムーンから東部統治権を取り上げることを提言し続けた。八一〇年末に、ついにアミーンはマアムーンを廃することを宣言し、マアムーンに対する征伐軍を立ち上げたが、マアムーンもまたイラン地域を中心とした独自軍を編成してこれに対抗し、アミーン軍を撃破して、バグダードに攻め入った。その後、ほぼ二年間にわたってマアムーン軍はバグダードを包囲しつづけ、投石機による市中の砲撃や放火、そしてそれに対する反撃が繰り返された。市中は戦乱による混乱と物資の欠乏によって荒廃し、一方で、バグダード市中のならず者が市民軍を形成してバグダード防衛に乗り出すなど事態は混迷の度を深めていったのである。この戦いは、バグダードを防衛する旧帝国軍とバグダード市民による自衛軍の連合軍に対して、東部イラン地域から徴募された新帝国軍が攻囲を行ったもので、その後のアッバース朝軍の性格を大きく変化させる結果となった。

包囲戦は、八一三年九月二五日アミーンが非業の死を遂げることで終焉を迎えたが、その後、正式にカリフとなったマアムーンに対して、バグダード市民の反感は薄れることがなかった。さらに、帝国の首都を巡って二年間にわたって繰り広げられた内戦の傷跡は大きく、イスラーム帝国アッバース朝では、このマアムーンの治世をきっかけに大きく中央集権体制がくずれていく。前述のようにマアムーン自身は一種の異才であり、ギリシア語文献翻訳運動や独特のイスラーム神学の導入などによって、のちのイスラーム政治思想や文化史にきわめて大きな足跡を残す人物であったが、この内戦がイスラーム帝国解体への最初の引き金を引いたことは間違いがなかった。

ラシードの治世は、イスラーム帝国アッバース朝の黄金時代であったが、最盛期とは衰退への第一歩である。そして、ラシードは、帝国後継策に関して明確な誤りを犯すことによって、まさしく自らその衰退を招いたのである。後世の世界史を概観するならば、この失策こそが、まさしく「ラシードの悪」であったと思わざるを得ない。

⊙参考文献

Abbott, Nabia. *The Queens of Baghdad : Mother and Wife of Harun al-Rashid.* Chicago: University of Chicago Press, 1946.

前嶋信次、池田修訳『アラビアンナイト』全十八巻＋別巻（平凡社東洋文庫、一九七八―一九九二年）

メフメット二世

…Mehmet II…

「兄弟殺しの法令」で名を残す

鈴木 董

1432–82年
オスマン朝第7代スルタン。東ローマ帝国を滅ぼし、イスタンブルを首都にして大帝国の基礎を築く。

メフメット二世は、ビザンツ帝国の帝都コンスタンティノープルを征服したことで、「征服者」(ファーティフ)の異名で知られる。

メフメット二世が即位した頃

オスマン朝は、十三世紀末にイスラーム世界とビザンツ世界とがせめぎ合う、当時のイスラーム世界の西北のフロンティア、アナトリアの西北端に出現したムスリム・トルコ系の王朝であった。そして、十四世紀後半には、アナトリアに割拠する、同じくムスリム・トルコ系の諸君主侯国をも征服しながら、正教を奉じるビザンツ世界に属するバルカンに入り征服を進め、アジア部のアナトリアとヨーロッパ部のバルカンにまたがる、イスラーム世界の西北のフロンティアの帝国となっていった。ただ、一四〇二年、第四代バヤズィット一世が、モンゴル帝国の一部をなす中央アジアのチャガタイ汗国の武将でユーラシアの東西にまたがる大帝国を築きつつあったティムールに、アンカラの戦いで敗れて幽囚のうちに没すると、王子間で跡目争いが始まり、存亡の危機を迎えた。ようやく、一四一三年には王子の一人、第五代メフメット一世が再統一を果たしたが、彼とその子の第六代ムラト二世の時代は、失地回復の時代であった。

メフメット二世は、オスマン朝第六代ムラト二世の子として一四三二年にエディルネで生まれた。一四五一年にエディルネでムラト二世が没し、マニサ県の知事であったメフメットは、急使をえて、エディルネに到り、二月十八日に即位した。そのメフメット二世が第七代君主として最終的に即位した頃には、新たな発展の可能性が開けていた。若きメフメット二世の即位後、ビザンツ皇帝はコンスタンティノープルに亡命していたオスマン王族の監視料の値上げを要求したが、メフメットはこれを無視した。アナトリアでは、ルーム・セルジューク朝のかつての都コンヤに拠るカラマン君侯国が侵攻してきたが、メフメットはこれを破った。

コンスタンティノープルの包囲へ

一四五二年初夏、カラマン君侯国と和議のなった後、メフメット二世は、当時のオスマン帝国の首都となっていた、バルカンの街、エディルネに向かう途上、コンスタンティノープルのアナトリア側の対岸に陣営をはり、ビザンツ領であったボスポラス海峡のヨーロッパ側に砦を築いた。この砦は、ルメリ砦と呼ばれ、今に残る。この砦のおかげで、メフメットの祖父バヤズィット一世が、かつてコンスタンティノープル攻略を試みたとき、アナトリア側に築いたアナドル砦と連動させれば、黒海とボスポラス海峡の往来を遮断できることとなった。ビザンツ皇帝コンスタンティヌス十一世の抗議は無視し、越冬のためにエディルネに帰ったメフメット二世は、未だいかなるムスリムの君主もなし遂げえなかったコンスタンティノープルの征服の策を練った。

コンスタンティノープルは、北は金角湾、東はボスポラス海峡、南はマルマラ海と三方を海で囲まれ、西側だけが陸続きとなっていた。しかし、街の西側には、巨大な三重の城壁がそびえ、さらにその外側には、戦時には海から水を引き込み、少なくも一部は水で満たしうる空濠(からぼり)が巡らされていた。ビザンツ一〇〇〇年の都を守り続けてきた、この三重の大城壁をいかに攻略するかに、その成否がかかっていた。しかし、この最大の難事を解決しそうな人物が、メフメット二世の前に現れた。それは、ハンガリー人のウルバヌスという人物であった。ウルバヌスは、巨砲製造技術を開発し、まずは、ビザンツ側にこれを売り込もうとした。しかし、ビザンツ側は財政難で言い値を払えず、ただ、この技術がオスマン側に売り込まれるのを恐れて、ウルバヌスを軟禁したが、彼は軟禁を逃れて、メフメット二世の下に来たのであった。メフメットは、彼の技術を言い値で買い取り、試作を続けて、改良を進め、大城壁を穿(うが)ちうる巨砲の製作に成功した。それと並んで、冬の間に帝国各地に人員と物資の動員令を発し、春からの攻囲戦の準備を整えた。

コンスタンティノープルの攻防

そして、一四五三年三月二三日に全軍を率いて、エディルネを進発した。巨砲は、七〇〇人の兵士と五〇頭の牛に曳かせた。四月六日、メフメット二世は、コンスタンティノープル西郊に到着した。この都を無傷のまま手中に収めたかったメフメット二世は、イスラームの戒律シャリーアに従い、降伏勧告を送ったが、ビザンツ皇帝はこれを拒否し、攻囲戦が始まった。巨砲による砲撃にもかかわらず、城壁は堅固で、包囲戦は長引いた。もともと、父王以来の大宰相のチャンダルル・ハリル・バシャは、西欧の介入をおもんばかって包囲戦には反対だったが、包囲が長引くなかで徹底論が生じた。しかし、メフメット二世は、断固として包囲戦を続けた。ビザンツ側にはその期待にもかかわらず、西欧世界からの援軍も、三隻のヴェネツィア船を除けば到来しなかった。そして、五月二九日、払暁からの総攻撃で、オスマン軍は大城壁を突破して市中に乱入し、ビザンツ最後の皇帝コンスタンティヌス十一世は乱戦のなかで行方不明となった。後に、皇帝の印たる双頭の鷲の紋章のついた靴を履いた首なしの遺体が見つかり、これが皇帝であろうと思われた。しかし、正教徒のビザンツの間では、「皇帝は神隠しになっておられて、我々の危機には救援のために立ち現れる」という「不滅の皇帝」の伝説も生まれた。

メフメット二世は、もともと、この街を無傷で手中にすることを望んでいたが、攻防戦となったため戦勝の兵士たちに、イスラームの戒律シャリーアに従って略奪を認めざるをえなかった。しかし、それも早々に切り上げ、自ら城内に入って、ビザンツの大聖堂アヤ・ソフィア大聖堂に至り、最初のイスラームの礼拝を行った。そして早速、都の再建にとりかかった。この街は、オスマン帝国の帝都となり、イスタンブルの名で知られるようになっていった。

メフメット二世のその後

メフメット二世は、一四八一年まで在位し、その間に、アナトリアとバルカンのほとんどを征服して支配下におき、オスマン帝国は、かつてのビザンツ帝国の版図を治めるイスラーム世界のフロンティアの帝国として確立した。そしてさらに一方では、陸上から西欧キリスト教世界への進出をめざし、西欧世界の東南端をなすハンガリーへと侵攻するために、ドナウ渡河の要衝ベオグラード攻略を図った。また、海上、エーゲ海と東地中海の連絡をめざし、アナトリア西南海岸の海上にあり、ムスリムの交通を妨げる聖ヨハネ騎士団支配下のロードス島の征服をめざした。しかし、いずれの企ても失敗に帰し、この二つの課題の解決は、彼の曾孫である第十代スレイマン大帝に任ねられることとなった。

コンスタンティノープルを得た後、メフメット二世の権威は高まり、オスマン帝国における君主専制化・中央集権化が急速に進んだ。コンスタンティノープル攻略に反対した大宰相チャンダルル・ハリル・バシャは、歴代大宰相を輩出してきた名門のウレマーすなわちイスラーム教学者出身の人物であったが、罷免(ひめん)・処刑され、その後は、宮廷奴隷出身で小姓(こしょう)として宮廷に仕えた人物が、大宰相に起用される例が増えていった。君主の権威は高まり、父のムラト二世までは、臣下とともに食事をとることがあったが、メフメット二世の時からは、臣下との共食はみられなくなった。

支配の体制が組織化されていくのにともない、オスマン帝国の文化も発展していった。イスラームの教学のシステムも著しく発展し、帝都イスタンブルには、ファーティフ(征服者)・モスクが建設され、その付属施設として、ファーティフ学院が設けられて、帝国のイスラーム教学の最高学府となっていった。

文化のうえでも、イスラーム世界の文学の中心は韻文（いんぶん）、とりわけ古典定型詩であるが、メフメット二世自身が詩人であり、アラビア詩の詩集さえ編まれた。ただ、まだこの頃は、イスラーム世界全体の共通の文化・文明語であるアラビア語と、イスラーム世界の北半で第二の文化・文明語となったペルシア語の詩が中心で、一部の例外を除けば、トルコ語での古典定型詩が発展し始めるのは、第十代スレイマン大帝時代のことである。

それでも、メフメット二世時代にオスマン文化の発達が加速化したのは確かであり、例えば、生活文化の面でも、アラビア語の薬学書のトルコ語訳のなかで補追加筆された部分には、当時のオスマン料理の一端が示されている。

ここで、注目すべきなのは、メフメット二世は、トルコ・イスラーム文化への関心に加えて、西隣の西欧世界、とりわけイタリアに関心をもったことである。イタリアは、いわゆる十五世紀ルネサンスの時代に入っていたが、彼は、ルネサンスのイタリアからイスタンブルに来訪した文人を引見したりしている。さらに、ヴェネツィアに対し、画家の派遣を求め、これに応じてジェンティーレ・ベェッリーニがイスタンブルに来て、一年近くも宮廷に滞まり、メフメット二世の肖像画を描き、メフメット二世の肖像を打ち込んだメダルを作っている。これに加えて、メフメット二世は、宮廷画家シナンに命じてベェッリーニに弟子入りさせた。こうして、オスマン朝独特の肖像画の伝統が開かれることとなった。その作例として、シナン自身、ないしその弟子によるメフメット二世の肖像画が今に伝わっている。

もっとも、メフメット二世のイタリアへの関心は、平和的な文化についてだけではなかった。他方で、軍事的にイタリアを征服することも考えていた。そして、最晩年の一四八〇年には、猛将ゲディク・アフメット・バシャに大軍を授けて、イタリア半島南部に送り、オスマン軍はオトラントを征服して越冬した。そして一四八一年春、メフメット二世は、親征を開始し、イスタンブルからボスポラス海峡を渡ってアナトリア岸に入り、東南に下り始めたところで、陣中で急逝した。

その時点ではなお、メフメット二世は、親征の目的地を明かしていなかった。そこで後代、メフメット二世の最後の親征の目的地がどこであったかが論じられ、一説では、アナトリアを東南に横断して、当時のイスラーム世界の文化的・社会的中心であったエジプト、シリアを支配するマムルーク朝との対決をめざしたのだともいわれる。しかし、いま一つ、メフメット二世の最後の親征の目的地は、既に前年に送ったオスマン軍の待機しているイタリアで、アナトリアを南下してダーダネルス海峡を渡り、バルカンを横断し、アドリア海を渡ってイタリアに入ろうとしたのではないか、ともいわれる。それも、大いにありえたのではないかと思われるのである。

いずれにせよ、メフメット二世の時ならぬ逝去により親征は中止され、イタリアに待機していたゲディク・アフメット・バシャの率いるオスマン軍も呼び返され、オスマン帝国によるイタリア侵攻作戦は、その後、二度と試みられることはなかった。そして、オスマン帝国は、しばし父王の跡目をめぐる王子たちの争いに捲きこまれていくのである。

メフメット二世の「兄弟殺し」の法令とは

さてここで、オスマン帝国は、十三世紀末から一九二二年までの約六世紀半の間存続し、その君主は常にオスマン家の直系の子孫たちによって承け継がれた。しかし、そもそもオスマン朝では、皇位継承について、二つの原則がせめぎ合っていたようにみえる。その一つは、年長者制である。まずは年長の兄弟から年少の兄弟へ、そのあとで兄弟たちの子の世代へと伝わっていく方式である。建国されて二世紀近く後に書かれたものであるが、古い年代記では、初代オスマンが父のエリトウグルルの跡を継ぎ、オスマン集団の指導者となった後、父の兄弟のデュンダルと不仲になり、これを射殺したとの説話があるが、これは、年長者制と父子相続制との葛藤を暗示しているのではあるまいか。実際、皇位継承権者が二人のみにまで減じた十七世紀初頭以降、父子相続制から年長者制へと皇位継承の原則が変じ、これがオスマン朝の終焉（しゅうえん）まで続くこととなる。

この間、第二代オルハン以降、十七世紀初頭までは、父子相続制が定着していた。しかし、王子間の相続順位が一義的に決まることはなかった。実際第二代オルハンの即位をめぐっては、兄弟のアラエッヅィンとの譲り合いの伝承がみえる。これが、第二代オルハンから第三代ムラトへの継承の際には、継承の後に、兄弟が反乱を起こしたため処刑されている。そして、ムラト二世が没し、その子バヤズィット一世が後継者となったときには、バヤズィット一世は直ちに兄弟を処刑している。それ以後は、一方で王子たちは付き人とともに地方に送られ、県知事として帝王学を学び、父王が没すると、兄弟が相争い、勝って生き残った王子が皇位に就くのが例となった。オスマン朝特有ともいえる皇位継承をめぐる「兄弟殺し」を法制化したのは、第七代メフメット二世であったとし、「メフメット二世の兄弟殺しの法令（カヌーン）」なるものが伝えられることとなった。

この「兄弟殺し」の法令すなわちカヌーンは、あることがらについて、イスラームの戒律シャリーアのうえで許されるか否かの問いに対する、ウレマーすなわちイスラーム教学者の解答であるフェトヴァーの形をとっており、「秩序を守るために、殺人は許されるか。許される」という文言からなる。そしてこれが、メフメット二世の「兄弟殺しの法令」として伝えられることとなったのである。そうすると、メフメット二世は、いささか酷な定めを残したこととなる。しかし、史実に照らせば、「兄弟殺し」が始まったのは、既に第三代のムラト一世の時代であり、この時は、反乱者として処刑したのだが、その子の第四代バヤズィット一世の時から「兄弟殺し」が慣行化したのであり、メフメット二世が、この苛酷な皇位継承の原則を定めたわけではないこととなる。

コンスタンティノープルの征服は暴虐か

メフメット二世の評価が大きく分かれるのは、やはりコンスタンティノープルの征服についてであろう。ビザンツ帝国の人々とその子孫、そしてビザンツの正教徒とは不仲であり、包囲の危機を救うための援軍を派遣することもなかったが、同じキリスト教徒としての同情心と宗敵たるイスラームに対する敵意を長らくもってきた西欧キリスト教世界の多くの人々にとっては、メフメット二世は、ビザンツ一〇〇〇年の帝都を征服し、ビザンツ帝国を滅ぼした暴虐な君主であろう。しかし、そもそもメフメット二世は、この都を無傷で手中にすることを望み、イスラームの戒律シャリーアにのっとり、ビザンツ皇帝に降伏勧告を送り、皇帝一族の退去を提案していたのであり、これが拒絶されて始めて包囲戦を開始したのである。そして征服後は、武力で征服した異教徒の都市につき戦勝の兵士たちに略奪を許す条項がシャリーアにあるため、やむなくこれを許したが、その後はまだ無傷で残っていた住民は保護し、この街の再建にあたってはトルコ一色、イスラーム一色の街としてではなく、トルコ系ムスリムを定住させるのと同時に、正教やアルメニア教会派のキリスト教徒たち、そしてユダヤ教徒たちも、あるいは招き、あるいは強制移住させて、多宗教・他宗派の街としての再建をめざしたのであった。そしてこの試みは実現され、十九世紀末に至ってもイスタンブルの街の住民の三分の一以上は、非ムスリムからなっていたことが知られる。こうして確かに、非ムスリムたちは、ムスリムの優位下で不平等な共存を許容されたのではあったが、シャリーアの秩序に反しない限りで、貢納の義務と一定の行動制限に服せば、従来の信仰と生活習慣と法まで保持することが許されており、キリスト教でも正統派のカトリックしか許されず、ユダヤ教徒が差別されるのみならず厳重に隔離されていた中世西欧キリスト教世界より遙かに寛容な共存が実現されていたことを知るべきであろう。

そして、メフメット二世によるコンスタンティノープルの征服とビザンツ帝国の滅亡は、七世紀中葉から八世紀中葉にかけての「アラブの大征服」によるイスラーム世界の形成以来、地中海世界で成立した、ビザンツ世界、西欧キリスト教世界、そしてイスラーム世界の三つの文化世界の鼎立(ていりつ)状況を変じ、イスラーム世界と西欧世界の二つの文化世界の直接対峙状況を生み出したこと、そしてビザンツ世界の中心をなすビザンツ帝国の帝都とその領域をムスリムのオスマン帝国へと包摂したことによって、ビザンツ帝国に代えて遙か北方のモスクワ大公国に重心が移り東欧正教世界の形成をうながしたことは、世界史的意義を有し、その影響は今日まで及んでいるのである。

1470−1520年
オスマン朝の世界帝国化を推し進めた「冷酷な」支配者。

「四万人のシーア派を処刑した」

セリム一世

…Selim II…

齋藤久美子

はじめに――「冷酷者」

セリム一世はオスマン朝の第九代君主(在位一五一二―二〇年)である。わずか八年という短い治世の間に、サファヴィー朝を破ってアナトリア東部からイラク北部を獲得し、マムルーク朝を滅ぼして、シリアとエジプトを手に入れた軍事的天才であった。またこの時代、メッカとメディナというイスラームの両聖都を守護下においたことで、オスマン朝は名実ともにイスラームの盟主となった。こうした輝かしい功績をもつ偉大なるスルタン(オスマン朝の君主)は、オスマン史の本場トルコでは「東方の征服者」として抜群の知名度と人気を誇る。一方、日本での知名度はどうだろう。祖父でありコンスタンティノープルの征服者である第七代君主メフメット二世やオスマン朝の最盛期と称される息子の第十代君主スレイマン一世の時代と比べると、決して目立っているとはいえない。セリム一世の軍事的成功がなければ、次のスレイマン一世の時代の華々しい征服活動もなかったかもしれないのに、である。

現在、多くのトルコ人の間では、驚異的な軍事遠征から想像される雄々しく屈強なセリム一世像が共有されている。しかし勇猛果敢な君主は、裏を返せば冷酷非情ということにもなる。冷酷者という「ヤウズ」のもつもうひとつの意味のように、君主の座をめぐる兄弟たちとの熾烈な争いや容赦なく側近を処罰した気性の激しさでも知られている。セリム一世の冷酷非情さを示すものとして有名なのが、シーア派のサファヴィー教団の信奉者を調査して四万人を処刑したというエピソードである。

サファヴィー教団とキズィルバシュ

十四世紀にイラン北西部のアルダビールで成立したイスラーム神秘主義教団のサファヴィー教団は、十五世紀中頃にはアナトリアで活動を開始し、トルコ系遊牧民の信奉者を多数獲得した。トルコ系遊牧民の信奉者たちは赤い心棒のついた縁なしフェルト帽に白のターバンを着用したことから、トルコ語で「赤い頭」を意味するキズィルバシュと呼ばれるようになった。こののちオスマン朝では、とくにトルコ系遊牧民でなくても、サファヴィー教団の信奉者やサファヴィー朝と関わりのある者たちを、広く「キズィルバシュ」と呼ぶようになる。

一五〇〇年、当時のサファヴィー教団の教主イスマーイール（のちのサファヴィー朝初代君主シャー・イスマーイール）は、アナトリア北東部のエルズィンジャンにアナトリア出身の主にトルコ系からなる遊牧集団数千を集め、当時アクコユンル朝の支配下にあったアゼルバイジャン地方の中心都市タブリーズへと進軍した。一五〇一年、イスマーイールはタブリーズに入城し、ここにサファヴィー朝が成立した。一五〇七年にはアナトリア南東部の中心都市アーミド（現トルコのディヤルバクル）を征服すると、アナトリア南東部から黒海沿岸をのぞくアナトリア北東部までを支配下においた。

東の国境からサファヴィー朝を見つめて

サファヴィー教団が勢力を拡大した十五世紀後半、オスマン朝はメフメット二世からバヤズィット二世へと移り変わる時代であった。有名な一四五三年のコンスタンティノープル征服の後は、トレビゾンド帝国とカラマン侯国を併合して、アナトリア中央部から黒海沿岸部までを領土に取り込んだ。セリム一世が生まれたのはこうした時代であった。一四七〇年、セリムは父親のバヤズィットが帝王学見習いのための知事となったアナトリア中央部のアマスヤで誕生した。オスマン朝では王子たちを地方に県知事として派遣する慣わしがあったが、青年となったセリムの最初の任地は黒海沿岸のトラブゾンとなった。一四八七年にトラブゾン県知事に任命され、一五一〇年まで同地で過ごした。トラブゾンはオスマン朝の東の辺境に位置し、コーカサスやイランの動向がまっさきに伝わる前線であった。緊張につつまれた東の辺境で、セリムは周辺諸国の情報収集や国境防衛、小規模な軍事行動の指揮など慌ただしい日々を送ったであろう。

この時期、東の国境では大きな動きがあった。サファヴィー教団の教主イスマーイールがアナトリア北東部でトルコ系遊牧民の信奉者を糾合し、アクコユンル朝の領土に攻め入ったのである。さらにイスマーイールはシーア派の宣伝および物資・資金調達のためにアナトリア各地に使者を派遣した。イスマーイールの呼びかけに応じて、サファヴィー領への移住やアルダビール参詣のために人々が移動を始めると、物資や資金も東に流出した。

当時のアナトリアでは天災や飢饉に加え、老齢に達していたバヤズィット二世の後継者をめぐる王子たちの争いがおきたことにより、社会が大きく動揺していた。アナトリアの混乱や社会不安を利用して反乱を起こす者もあらわれた。一五一一年に地中海沿岸地方で発生したシャー・クル(「シャーの下僕」の意)の乱では、首謀者シャー・クルは自らをマフディーと宣言し、大勢のトルコ系遊牧民を引き連れて西に向かった。途中で政府への不満を募らせていた軍人たちも合流し、反乱軍は膨れ上がっていった。彼らがあらわれた場所は恐怖とパニックに襲われ、反乱に加わることを拒否した村は跡形もなく破壊され、女であろうと子どもであろうと殺された。礼拝所であるモスクですら破壊をまぬがれなかったという。反乱の討伐には、バヤズィット二世の後継者として有力視されていたセリムの兄のアフメトが送られたが、なかなか鎮圧できなかったことから、オスマン朝軍の精鋭部隊であり、その意向が後継者レースをも左右したイェニチェリ軍の不興を買い、逆にセリムの人気が高まった。

シャー・クルの乱の後、老齢となり病気がちであったバヤズィット二世はアマスヤ県知事をつとめていた王子アフメトに譲位しようと試みた。ところが即位のためにイスタンブルに向かったアフメトをイェニチェリ軍が阻止したため、アフメトはやむなく退却した。逆に、イェニチェリ軍に支持されたセリムは一五一二年にイスタンブルに入ることに成功し、父を無理やり退位させた。その後バヤズィット二世は隠遁先（いんとんさき）のディメトカに向かう途中で亡くなったが、セリムによって毒殺されたともいわれている。

オスマン家の王子たちの争い――サファヴィー朝の影

バヤズィット二世の後継者をめぐる王子たちの争いにはサファヴィー朝もおそらく関わっていた。セリムのライバルであったアフメトとその息子ムラトはサファヴィー朝の援助を画策していたとされる。この時期、オスマン朝とサファヴィー朝の国境はアナトリア中央部と東部の境に位置するスィヴァス付近であり、スィヴァスに近いアマスヤではキズィルバシュが活発に動いていた。こうした状況で、アマスヤ県知事のアフメトと息子のムラトがサファヴィー朝に支援を要請しても不思議ではない。とくにムラトについては「きょうあすにでもタージュ（キズィルバシュの被りもの）を被り、シャー（＝シャー・イスマーイール）に服従する」という噂が流れていた。実際にムラトはこのあとサファヴィー朝に亡命する。

一方、セリムのサファヴィー朝に対する態度は対照的だった。セリムがトラブゾンにいた一四八七年から一五一〇年の間、トルコ系遊牧民の軍事力を背景にサファヴィー朝が成立した。初代君主となったシャー・イスマーイールはシーア派を国教とする宣言をし、アナトリア南東部から黒海沿岸をのぞくアナトリア北東部までを支配下においた。セリムが県知事をつとめた黒海沿岸のトラブゾンはサファヴィー領に近く、セリムは日常的にサファヴィー朝の動向に注意を払い、ときにはサファヴィー領への略奪行を自ら率いた。十五世紀以降、オスマン朝は季節移動する遊牧民に対して定住化を推し進めるなど管理体制を強めていた。これに反感を募らせていた遊牧民の心に訴えかけたのがシャー・イスマーイールであり、使者をつかって送ったトルコ語の詩のなかで遊牧民の文化や伝統に寄り添うように語りかけた。シャー・イスマーイールの目的は、アナトリアの遊牧民を兵士としてリクルートすることと彼らが反乱を起こすよう仕向けることであった。

アフメトとセリム。二人の王子はともにサファヴィー領に近い場所で県知事をつとめたが、サファヴィー朝に対する態度はまったく違っていた。オスマン王家のなかでサファヴィー朝の脅威を最も強く感じていたのがセリムであったことは間違いなく、この違いが、後継者争いにおけるイェニチェリ軍の支持につながった可能性がある。

「冷酷者」の対キズィルバシュ強硬策

セリム一世のキズィルバシュ対策としてよく知られているのが、先に取り上げた、四万人のキズィルバシュの処刑である。一五一三年、兄のアフメトを戦いで破り、兄弟間の争いを終息させたセリム一世は、アナトリアのキズィルバシュを根絶やしにするため、各地に勅令を送り、キズィルバシュを漏れなく記録して報告するよう命じた。こうして四万人ほどのキズィルバシュが記録され、帳簿に名前のあるキズィルバシュ四万人以上が処刑されたという。このときキズィルバシュとされ、かなりの数の人間が処罰されたのは事実であるとしても、四万という数字に信憑性はあるのだろうか。歴史書によっては、四万人のうち、一部が処刑され、残りは投獄されたと記すものもある。歴史書に書かれる数値が誇張されがちなことも考慮すると、ここでも「たくさん」という意味で四万と記された可能性がある。とはいえ、この四万という数字はのちの歴史書に引き写されて現代にまで伝わっている。

セリム一世が粛清したアナトリアのキズィルバシュとは、具体的にはどのような人たちだったのか。その答えのひとつは、セリム一世のライバルであった兄のアフメトと関係があるとされた人々である。一五一三年、アフメトが県知事をつとめたアマスヤ県とその周辺で軍人を対象に調査が開始され、アフメトや息子のムラトとどういった関係があったか、そしてキズィルバシュかどうかが記録された。上述のように、アフメトと息子のムラトは、後継者争いに勝利するため、サファヴィー朝の支援を画策していたとされる。そのため、まずは彼らの支持者が多数いたアマスヤから調査が開始されたのだろう。加えて、アマスヤはキズィルバシュの活動の拠点でもあり、サファヴィー領にも近かった。アナトリアのキズィルバシュのみならず、サファヴィー朝に対するセリム一世の断固たる意志を示すために、アマスヤはふさわしい場所であった。

軍人だけではなく一般の住民も調査の対象になった。一五一四年初頭には、オスマン朝の都イスタンブル周辺でもキズィルバシュに関する調査がすすんでいた。当時のイスラーム法廷記録簿には、自分がキズィルバシュではないことを証明しようとした男性の記録がある。キズィルバシュと疑われたからなのか、それともキズィルバシュと疑われないためなのか、詳細は分からない。いずれにせよこの男性は自分がキズィルバシュではないことを明らかにする必要性に迫られていた。次のような、キズィルバシュと疑われたセイディーなる男性にかんする詳細な記録もある。バヤズィット二世の時代にサファヴィー朝の使者が到着した時、セイディーが日没後に手土産をもって使者の天幕に入り、夜半になって天幕から出て行ったという証言である。このセイディーについては、次にサファヴィー朝の使者がやってきた時も、やはり日没後に使者の宿舎に入り、二人だけで話をしてから、夜半に立ち去ったという別の証言もでてきた。以上の証言の内容が本当かどうかはさておき、こうした証言がでてきた背景として、住民による密告や告発が奨励されていたことがうかがえる。

一五一四年の春、セリム一世はサファヴィー朝遠征に向けイスタンブルを出立し、八月にチャルディラーン(現イランの西アゼルバイジャン州)の戦いで勝利した。このあと、サファヴィー朝のシャー・イスマーイールは自ら軍を率いて遠征に向かうことはなくなり、国事を側近に委ね、自身は狩りと遊興に熱中したといわれている。こうしてセリム一世はアナトリアのキズィルバシュとサファヴィー朝に対して厳しい態度で臨み、アナトリアがオスマン領とサファヴィー領に二分されるのを防いだ。

サファヴィー朝の影響は続く…

時代は飛んで二〇一三年八月二七日、トルコのミッリイェト紙インターネット版に「第三橋の名称はユヌス・エムレで」と題する記事が掲載された。トルコの最大都市イスタンブルのアジア側とヨーロッパ側を結ぶボスポラス海峡に架かる三番目の橋の名称が「ヤウズ・スルタン・セリム」に決定したことに対するアレヴィーの反発を示す記事であった。ヤウズ・スルタン・セリムとはセリム一世のことであり、アレヴィーとは一部でキズィルバシュの子孫ではないかと考えられている人々である。アレヴィーの間では自らのルーツとされるキズィルバシュ四万人がセリム一世によって虐殺されたという「歴史」が共有されているため、セリム一世はアレヴィーに最も嫌悪されている支配者の一人である。

以上のように、現在のトルコではセリム一世に対する対照的な評価が存在する。大多数のトルコ人にとってセリム一世は偉大なる「東方の征服者」であるが、アレヴィーにとっては自分たちの祖先を虐殺した圧政者である。セリム一世による「四万人のキズィルバシュの処刑」はカルバラー事件に次ぐ第二のキズィルバシュ(=シーア派)虐殺事件とされる。カルバラー事件とは、六八〇年、預言者ムハンマドの孫であり第四代正統カリフ・アリーの息子フサインが、ウマイヤ朝と戦うべく向かったカルバラーの地でウマイヤ朝軍により殺害された事件である。シーア派はアリーとその子孫がムハンマドの代理としてイスラーム共同体を率いるべきと考えるため、アリーもその息子のフサインもシーア派の最高指導者(イマーム)である。カルバラー事件ではフサイン一行が一〇〇人ほどであったのに対し、ウマイヤ朝の君主ヤズィードが派遣した軍は数千にも及んだとされ、さらにフサイン一行は水の補給路を断たれてしまい、戦う前から乾きに苦しんだという。アレヴィーの解釈によれば、ヤズィードが命じた行為は冷酷かつ野蛮であり、残虐非道という点でヤズィードとセリム一世はおなじである。ヤズィードと同一視されたセリム一世はまさに「ヤウズ（冷酷者）」の名にふさわしいということだろう。十六世紀初頭の「四万人のキズィルバシュの処刑」は、キズィルバシュ／アレヴィーの虐げられた歴史の象徴であり、忘れられない記憶として今に伝えられている。そしてこの「歴史」はアレヴィー集団の結束のための装置としても機能しているのはいうまでもない。

一五二〇年、セリム一世は背中にできた大きな瘤が原因で亡くなった。当時イスタンブルではペストが流行していたため、ペストによりできた膿瘍の可能性がある。一度も戦いで敗れることのなかった「東方の征服者」も病には勝てなかった。

⊙参考文献

Feridun Emecen, "Selim I," *Türkiye Diyanet Vakfı İslâm Ansiklopedisi*, Vol. 36, 2009, pp. 407-414.

Feridun Emecen, "Şahkulu Baba Tekeli," *Türkiye Diyanet Vakfı İslâm Ansiklopedisi* Vol. 38, 2010, pp. 284-286.

Feridun Emecen, *Yavuz Sultan Selim*, İstanbul, 2013.

Tufan Gündüz, "Şah İsmâil," *Türkiye Diyanet Vakfı İslâm Ansiklopedisi*, Vol. 38, 2010, pp. 253-255.

H. R. Roemer, "The Safavid Period, "Peter Jackson and Lawrence Lochkart eds., *Cambridge History of Iran*, Vol. 6, Cambridge Univ. Press, 2008, pp. 189-350.

Roger M. Savory and Ahmet T. Karamustafa, "Esmāʿīl I Ṣafawī," *Encyclopaedia Iranica*, VIII/6, pp. 628-636.
İlyas Üzüm, "Kızılbaş," *Türkiye Diyanet Vakfı İslâm Ansiklopedisi*, Vol. 25, 2002, pp. 546-557.
桜井啓子『シーア派—台頭するイスラーム少数派』（中公新書、中央公論新社、二〇〇六年）
鈴木董『オスマン帝国—イスラム世界の「柔らかい専制」』（講談社、一九九二年）
永田雄三編『新版世界各国史九 西アジア史II イラン・トルコ』（山川出版社、二〇〇二年）
永田雄三・羽田正『世界の歴史十五 成熟のイスラーム社会』（中公文庫、中央公論新社、二〇〇八年）
林佳世子『オスマン帝国五〇〇年の平和』（講談社学術文庫、講談社、二〇一二年）

1487–1524年
サファヴィー朝初代君主。一代でイラン統一を成し遂げた神がかり的な君主。

アナトリアのトルコ系遊牧民を虜にした

シャー・イスマーイール

…Shāh Ismāʿīl…

齋藤久美子

はじめに――「邪悪なほどの美少年」

シャー・イスマーイールは十六世紀初頭に建国されたサファヴィー朝の初代君主（在位一五〇一―二四年）である。オスマン朝第九代君主のセリム一世と対比されることが多い。ともに名の知れた詩人で、シャー・イスマーイールがトルコ語の詩を多く残したのに対し、セリム一世はほぼペルシア語で詩を書いた。一五一四年のチャルディラーン（現イランの西アゼルバイジャン州）の平野におけるオスマン朝軍とサファヴィー朝軍の戦いは、二つの国家の性格を決定づける重要なものとなった。セリム一世率いるオスマン朝軍がシャー・イスマーイール率いるサファヴィー朝軍を破ったことで、アナトリア中央部から東部にかけてのオスマン朝の支配がほぼ確定した。さらにこのあとオスマン朝はシリア・エジプトにまで領土を拡大する。他方、サファヴィー朝はイラン高原を中心に発展していくことになる。

シャー・イスマーイールはチャルディラーンで敗れた。しかしオスマン朝の中核地域のアナトリアで暮らす人々、とくにトルコ系遊牧民の心をひきつけることに成功したのは、セリム一世ではなく、シャー・イスマーイールのほうであった。鈴木董著『オスマン帝国―イスラム世界の「柔らかい専制」』(講談社、一九九二年)には、シャー・イスマーイールを「余りに美しく、邪悪なものを感じさせるほどだ」と評した西欧人のエピソードが紹介されている。この優れた詩人でもある「邪悪なほどの美少年」は、アナトリアのトルコ系遊牧民たちにシーア派へと誘うトルコ語の詩を送り、彼らを「誘惑した」のだった。

幼少期からサファヴィー朝の建国まで

シャー・イスマーイールは一四八七年にイラン北西部のアルダビールで生まれた。父はシーア派の神秘主義教団であるサファヴィー教団の教主ハイダルで、母はアクコユンル朝君主ウズン・ハサンの娘であった。アルダビールを拠点に成立したサファヴィー教団は、十五世紀中頃の教主ジュナイドの時代にアナトリアでも活動をはじめ、次のハイダルの時代には相当数のトルコ系遊牧民の信奉者を獲得したとされている。トルコ系遊牧民の信奉者たちは赤い心棒のついた縁なしフェルト帽に白のターバンを着用したことから、トルコ語で「赤い頭」を意味するキズィルバシュと呼ばれるようになった。こののちオスマン朝では、とくにトルコ系遊牧民でなくても、サファヴィー教団の信奉者やサファヴィー朝と関わりのある者たちを、広く「キズィルバシュ」と呼ぶようになる。

預言者ムハンマドの血を引くと主張していたサファヴィー教団長の家系に生まれたイスマー

イールであったが、不遇な幼少期を過ごした。一歳のときに父のハイダルが殺害され、その後はしばらく母や兄弟たちとともに幽閉されて過ごした。父のあとを継いで教主となった兄のスルターン・アリーもアクコユンル朝により殺害されると、イスマーイールは追跡を逃れてカスピ海沿岸のギーラーン地方に隠れた。一四九八年、アクコユンル朝で内紛が起きたのを機に、側近のキズィルバシュたちとともにギーラーンを出立し、最後にはアナトリア北東部のエルズィンジャン方面に向かった。イスマーイールが王となるべくアナトリアにやって来たという知らせが広まると、トルコ系遊牧民たちは我先にと馳せ参じたという。こうして数千にも及ぶトルコ系遊牧民が集結し、彼らは東に向けて進軍していった。一五〇一年にはアクコユンル朝の都タブリーズに入城し、ここにサファヴィー朝が成立した。シャー・イスマーイールは、タブリーズでシーア派を国教とする宣言をし、モスクの説教では第四代正統カリフ・アリーより前の三人のカリフ(アブー・バクル、ウマル、ウスマーン)を呪うよう命じた。その後もアクコユンル朝の領土に進軍し、一五〇七年にはアナトリア南東部の中心都市アーミド(現トルコのディヤルバクル)を獲得し、アナトリア南東部から黒海沿岸をのぞくアナトリア北東部までを支配下においた。一五〇八年にはバグダードを征服し、アクコユンル朝を滅亡させた。

スンナ派住民の殺害

シャー・イスマーイールは自らに敵対した者に無慈悲であった。タブリーズ入城時には、旧支配者のアクコユンル朝に属する部族民を老いも若きも男も女も区別せず殺したとされる。宗教指導者やモスクに隠れていた預言者ムハンマドの子孫であるサイイドたちも殺され、一説によると殺害された者の数は四万から五万に上ったという。シャー・イスマーイールの母はアクコユンル王家の出身であったが、その母を通じて親族関係にあるアクコユンル王家の墓所から遺骨を取り出して火をつけるといった、現在の常識で考えるとかなり残忍なこともしている。また当時のタブリーズの人口の多くはスンナ派であったが、シーア派の受容を拒否した住民を冷酷にも処刑した。このような話はタブリーズに限らず、バグダードやホラーサーン地方のヘラート(現アフガニスタン西北部)でもシーア派を拒否した学者や詩人たちを殺害した。

ちょうどサファヴィー朝が成立した頃、イラン高原東部のホラーサーン地方で勢力を伸ばしていたのがシャイバーニー朝であった。一五一〇年、シャー・イスマーイールはホラーサーン地方に軍を進め、メルヴ(現トルクメニスタン南部)でシャイバーニー朝の君主ムハンマド・シャイバーニー・ハーンを破った。ムハンマド・シャイバーニー・ハーンは戦いで亡くなり、シャー・イスマーイールのもとにその首が届けられた。するとイスマーイールは、ムハンマド・シャイバーニー・ハーンの頭蓋骨を酒器にして酒を飲んだという。

アナトリアのトルコ系遊牧民のシーア派への共感と反オスマン感情

サファヴィー朝の快進撃はオスマン朝にとって次第に脅威となった。当時、両王朝の国境はアナトリア中央部のあたりだった。オスマン朝のアナトリア支配はまだ盤石ではなく、何かのきっかけで反乱がおきてもおかしくなかった。というのもアナトリア中央部から南部にかけてはかつてオスマン朝のライバルであったトルコ系侯国があった地域であり、この地域で季節移動する遊牧民に対し、政府は管理体制を強めていたからである。オスマン朝の中央集権的な支配に馴染まず反発を募らせていたトルコ系遊牧民にとって、シャー・イスマーイールの登場は待ち望んだマフディー（救世主）の到来であり、自分たちと同じアナトリア出身の遊牧民が支えるサファヴィー朝の成立で彼らの心は波立ったであろう。シャー・イスマーイールはハリーファと呼ばれる宣撫使を派遣し、アナトリア各地でシーア派の宣伝活動を行ったが、思想を広める手段として詩をよんで送った。詩のなかで、自身がマフディーであり、預言者ムハンマドの娘婿で第四代正統カリフかつシーア派にとっては初代イマーム（最高指導者）のアリーの再来であり、さらには神であるとすら表現した。シャー・イスマーイールの詩は多くのトルコ系遊牧民の心をつかみ、アナトリアから東に向けて人々が移動しはじめた。

シャー・イスマーイールと彼が派遣したハリーファたちは、本来自由を好み、よそ者に統率されることを嫌う遊牧民を糾合しただけでなく、彼らを反政府へと駆り立てることにも成功する。折しもアナトリアでは、一五〇九年の大地震の余波や老齢に達したオスマン朝君主バヤズィット二世の後継者をめぐる王子たちの争いで、社会が大きく混乱し人々は不安に苛まれていた。こうした状況を利用して、一五一一年に地中海沿岸地方でシャー・クル（「シャーの下僕」という意味）という人物が主導する反乱が起きた。シャー・クルの父はサファヴィー教団の教主ジュナイドとハイダルに師事した人物であった。シャー・クルは自らをマフディーと宣言し、自身のもとにトルコ系遊牧民を集め西に向けて進軍していった。途中、政府への不満を募らせていた軍人たちも合流し、反乱軍は膨れ上がった。オスマン朝は反乱の討伐に大宰相を派遣したが戦死してしまい、討伐に責任のあった王子もなかなか鎮圧することができなかった。やっとのことで反乱の首謀者シャー・クルは殺害されたが、その後も反乱に加わっていた者たちはアナトリアで略奪を続けたあげく、最後にサファヴィー領に向かった。一五一二年には、シャー・イスマーイールが派遣したヌール・アリー・ハリーファと彼のもとに集結したトルコ系遊牧民がアナトリア中央部のトカト近郊でオスマン朝軍を破り、しばらくトカトを手中におさめた。

シャー・イスマーイールがトルコ系遊牧民を動員して大規模な反乱を起こすことができたのは、シーア派宣伝活動がうまくいったことに加え、トルコ系遊牧民の再編に成功したからだという説がある。もともとトルコ系遊牧民にはババと呼ばれる政治的指導者がいたことが知られているが、このババをシーア派初代イマーム、アリーの血統と融合させ、デデという新たな指導者を生み出したという。デデたちは、サファヴィー教団の信奉者というだけでなく、シャー・イスマーイールと同じアリーの血統に連なることになり、デデを中心とする新たな集団が組織化されていった。こうしてトルコ系遊牧民はデデを介してサファヴィー教団と結びつけられたともいわれている。

オスマン朝による巻き返し――セリム一世の対サファヴィー朝強硬策

アナトリアを揺るがすほどの大きな反乱が続くなか、一五一二年、オスマン朝では、父のバヤズィット二世を強制的に退位させ、セリム一世が即位した。翌年、セリム一世は兄弟間の争いを終息させると、アナトリアのキズィルバシュを根絶やしにするため調査を開始した。その結果、四万人以上のキズィルバシュが処刑されたという。一五一四年の春にはシャー・イスマーイールと直接対峙するべくサファヴィー朝への遠征に出発し、八月にチャルディラーンの戦いでシャー・イスマーイールを降した。チャルディラーンの敗戦の後、シャー・イスマーイールは自ら軍を率いて遠征に向かうことはなくなった。シャー・イスマーイールの不敗神話は崩れ、アナトリアでのシーア派宣伝活動も終息に向かった。この後、オスマン朝はアナトリア東部からイラク北部のサファヴィー朝勢力を排除し、同地域における支配権を確立した。十六世紀初頭はアナトリアとイランの政治的・社会的環境が大きく変化した時期である。それまで地政学的に一体であったアナトリアとイランの間に政治的かつ宗教的な境界が出現した。この後サファヴィー朝では正統的なシーア派(十二イマーム派)の教義が確立し、オスマン朝治下のアナトリアでは正統的なスンナ派信仰が優勢になっていった。

シャー・イスマーイールと切り離されたアナトリアのキズィルバシュ

シャー・イスマーイールとの結びつきを断たれた多くのキズィルバシュは、その後アナトリアで自らの信仰を秘し隠すことで独特な信仰形態を守り続けたともいわれている。とはいえ、十六世紀のアナトリアでは、キズィルバシュの独特な信仰形態が問題視されることも少なくなかったようである。とくにアナトリア中央部から東部にかけてのアマスヤ、チョルム、ヨズガト、トカト、スィヴァス、ディヴリイを含む地域については、住民のほとんどがキズィルバシュだと揶揄されるほど、もともとサファヴィー教団の影響力が強い場所であった。一五一四年のチャルディラーンの戦いの前まで、この地域はサファヴィー朝との境界領域であり、キズィルバシュが集中した地域であった。オスマン朝の史料はキズィルバシュとされた人々の特徴について次のように説明する。ある軍人は、サファヴィー朝の遠征に際して、自身が信奉するサファヴィー朝の君主に剣を向けることなどできないと言って知行を返上した。ほかにも、アリーより前の三人の正統カリフ(アブー・バクル、ウマル、ウスマーン)を罵ったり、礼拝や断食などムスリムにとって大事な宗教的規範を軽視する者たちがいた。とくに男女同席で弦楽器サズを演奏しながら歌う儀礼は近隣の住民を驚かせ嫌悪させたようである。現在トルコにはキズィルバシュの子孫ではないかと一部で考えられているアレヴィーなる集団がいるが、彼らの存在は「ろうそくの火が消えた」という侮蔑的表現とともに知られている。これは、宗教儀礼の際、明かりを消してアレヴィーの男女が性行為に及ぶことを暗示しているが、実はこの表現は十六世紀にはすでに使われていた。十六世紀、ある女性が法廷で「私の夫はキズィルバシュです。あの人たちは夜になると廃屋に集まって、楽器を演奏して我を忘れ、ろうそくの火を消して、互いの妻を共有しているのです」と証言したように、近隣の住民たちは男女がいっしょに儀礼を行う姿に異様さを感じただろうし、その変わった宗教儀礼は地域で噂になったにちがいない。この儀礼は現在のアレヴィーの「ジェム」儀礼に似ているが、「ジェム」の内容から類推すると、男女同席で儀礼を行っても、「ろうそくの火を消して、互いの妻を共有する」ことはない。こうした噂がたったのは、おそらく当時の倫理的規範である「男女の別」に反していたことが原因であろう。信仰形態の違いから、キズィルバシュとスンナ派住民との間に軋轢が生じていたことがうかがえるのである。

シャー・イスマーイールがアナトリアに残したもの

前述のように、現在トルコにはキズィルバシュの子孫ではないかと一部で考えられているアレヴィーなる集団がいる。そしてアレヴィーの間では自らのルーツとされるキズィルバシュ四万人がセリム一世によって虐殺されたという「歴史」が共有されている。他方、一般のトルコ人が抱くシャー・イスマーイール像は、サファヴィー朝の初代君主、セリム一世のライバル、チャルディラーンの戦いでオスマン朝に敗北、ハターイーの雅号で詩を書いた、というのが典型的である。こうした通常のイメージと違い、アレヴィー集団が抱くシャー・イスマーイール像はもっとヒロイックである。それによると、シャー・イスマーイールはトルコ系遊牧民の信仰や習慣をよく理解し、彼らに向けてトルコ語で詩を創作した偉大なる詩人であり、神秘主義者にして宗教家であり、圧政者セリム一世に迫害されたキズィルバシュのために戦うリーダーである。アレヴィーによれば、かつてアナトリアのキズィルバシュたちはシャー・イスマーイールを「当代のマフディー（救世主）」と呼んで崇拝した。そしてシャー・イスマーイールがオスマン朝を破滅に導き、この世に正義をもたらすことを熱望したという。この望みはチャルディラーンの戦いでシャー・イスマーイールが敗北したあとも変わらず、十六世紀を通してアナトリアではマフディー的性格を帯びたトルコ系遊牧民の反乱が続いた。アレヴィーにとって、シャー・イスマーイールはスンナ派中心の社会で疎外されてきた自分たちの歴史を記憶し、未来に伝えるためのシンボルとなっている。

歴史のなかでもとくに人物伝はイメージが史実に先行しやすく、アレヴィーにより語り継がれているシャー・イスマーイールについてもそうした傾向は否めない。例えば、シャー・イスマーイールによるスンナ派住民の殺害は無視される一方で、セリム一世によるキズィルバシュの処刑は強烈に記憶されている。アレヴィー集団の抱くシャー・イスマーイール像は、歴史が後世にどのように伝えられるのかを考えるとき、興味深い事例となるだろう。

遥か昔のシャー・イスマーイールの記憶を共有するための手段のひとつが弦楽器サズの演奏にあわせて歌うデイシュ(詩歌)である。アナトリアの隅々にまで広がったシャー・イスマーイールの詩は暗唱されただけでなく、デイシュとしても歌い継がれている。アナトリアのトルコ系遊牧民を虜にし、その詩とともに現在でも強烈な存在感を示しているシャー・イスマーイールは一五二四年に死亡し、アルダビールに埋葬された。

⊙参考文献

Feridun Emecen, "Selim I," *Türkiye Diyanet Vakfı İslâm Ansiklopedisi*, Vol. 36, 2009, pp. 407-414.

Feridun Emecen, "Şahkulu Baba Tekeli," *Türkiye Diyanet Vakfı İslâm Ansiklopedisi* Vol. 38, 2010, pp. 284-286.
Tufan Gündüz, "Şah İsmâil," *Türkiye Diyanet Vakfı İslâm Ansiklopedisi,* Vol. 38, 2010, pp. 253-255.
H. R. Roemer, "The Safavid Period," Peter Jackson and Lawrence Lochkart eds., *Cambridge History of Iran,* Vol. 6, Cambridge Univ. Press, 2008, pp. 189-350.
Roger M. Savory and Ahmet T. Karamustafa, "*Esmāʿīl I Ṣafawī,*" Encyclopaedia Iranica, VIII/6, pp. 628-636.
İlyas Üzüm, "Kızılbaş," *Türkiye Diyanet Vakfı İslâm Ansiklopedisi,* Vol. 25, 2002, pp. 546-557.
久保一之「十六世紀初頭のヘラート――二つの新興王朝の支配――」(『史林』七一巻一号、一九八八年、一二六～一六四頁)
桜井啓子『シーア派――台頭するイスラーム少数派』(中公新書、中央公論新社、二〇〇六年)
鈴木董『オスマン帝国――イスラム世界の「柔らかい専制」』(講談社、一九九二年)
永田雄三編『新版世界各国史9 西アジア史Ⅱ イラン・トルコ』(山川出版社、二〇〇二年)
永田雄三・羽田正『世界の歴史15 成熟のイスラーム社会』(中公文庫、中央公論新社、二〇〇八年)
林佳世子『オスマン帝国500年の平和』(講談社学術文庫、講談社、二〇一二年)

1494–1566年
オスマン朝最盛期のスルタン。国内の諸制度を整え、対外的には親征を重ねて大帝国を建設した。

カヌーニー(立法者)、壮麗者と呼ばれるオスマンの君主

スレイマン一世

…Süleyman I…

鈴木 董

オスマン朝第十代の君主。第四代バヤズィット一世が一四〇二年にアンカラの戦いで敗れた後の大空位時代に、ルメリすなわちバルカン領を統一したエミール・スレイマンを一世と数えることも稀にあり、その場合は、二世となるが、通例は一世とされる。スレイマンの時代に制度典章が整ったため、オスマン人士、そして今日のトルコ人も「カヌーニー(立法者)」と呼ぶ。西欧人は「壮麗者」と呼び、本邦では「大帝」と呼ぶ。オスマン帝国の黄金時代の君主で、治世は一五二〇年から一五六六年に及んだ。

父セリムと母ハフサ・ハトゥン

スレイマンは一四九四年十一月三日にオスマン朝第八代バヤズィット二世の王子の一人セリムの子としてセリムが県知事を勤めていたトラブゾンで生まれた。母親については、モンゴル帝国の一部をなしたキプチャク汗国の流れをくみ、クリミア半島を支配してオスマン帝国の属国となっていたクリム汗国の汗の娘との言説もあるが、実際には奴隷女として宮廷に入った女性であるハフサ・

ハトゥンであった。ハフサ・ハトゥンは美貌をもって知られたが、才徳も合わせ持った人物で、スレイマンもハフサ・ハトゥンに愛着するところ大であった。

祖父のオスマン朝第八代バヤズィット二世の晩年には、東隣のイランで、シーア派の神秘主義教団の教主となったシャー・イスマーイールが、トルコ系の遊牧テュルクメン部族の支持をえて、ティムール朝解体後、混乱していたイランを統一してサファヴィー朝を樹立し、西隣のアナトリアにも影響を強め、反乱が絶えなかったが、バヤズィット二世は、これに有効に対抗しえなかった。しかも、バヤズィットの跡目をねらう王子間の対立も深まりつつあった。このようななかで、スレイマンの父である王子セリムは、決起して父バヤズィットの軍と戦ったが敗れた。ちょうどこの頃、王子スレイマンは、クリミア半島におかれたオスマン直轄県であるケフェ県の県知事として帝王学の修業にいそしんでおり、セリムは一時、ケフェに逃避して体制を立て直し、帝都の常備歩兵軍団イェニチェリの招きに応じ、一五一二年に父を廃して自ら君主となった。これがオスマン朝第九代セリム一世であるが、父バヤズィットがバルカンのディメトカに隠棲(いんせい)すべく送られる途中で急逝し、セリムが父を毒殺したのではないかと疑われることとなり、重臣たちに対しても峻厳に対する事が多かったため、「冷酷者(ヤウズ)」と呼ばれる。セリム一世は、オスマン朝歴代中、随一の軍事の天才で、一五一四年にはサファヴィー朝のシャー・イスマーイールをチャルディラーンの戦いで破り、一五一六年から一七年にかけては、当時のイスラム世界の社会経済の中心であったエジプト、シリアを支配し、イスラームの二大聖都メッカとメディナを庇護下におくスンナ派のマムルーク朝を征服した。こうしてオスマン帝国は、イスラーム世界のフロンティアの帝国から、イスラーム世界のスンナ派のイスラーム的世界帝国となる基礎を築いた。この間、王子スレイマンは、父王の留守居役を勤めた。

セリム一世は、一五一八年に東方大遠征から帝都イスタンブルに帰着した後、一五二〇年に西方に向かい親征に赴こうとするなかで急逝した。セリム一世のこの時点で生存していた王子はスレイマンのみであった。アナトリアのエーゲ海岸からやや内陸に入ったマニサ県で県知事を勤めていたスレイマンの下には急使が派遣され、スレイマンは直ちに帝都イスタンブルに向かい、一五二〇年九月三〇日、帝都に入り、とりあえず在京の重臣たちがバイアすなわち臣従の誓いをとり行い、翌日、父王の遺体とともに帰着した大宰相ピリー・メフメット・パシャらも加わって改めてバイアが行われた。第三代ムラト一世以来、皇位継承をめぐっては、王子間の激しい抗争のすえ、「兄弟殺し」の勝者が皇位を勝ち得る例となっていたが、スレイマンは、皇位争い、「兄弟殺し」を経ることなく、皇位についたのであった。

スレイマンの帝国

スレイマン大帝の時代、オスマン帝国の版図も著しく拡大し、君主専制的・中央集権的な帝国として、古典体制が完成に達した。スレイマンの父、セリム一世が即位した時には、バルカンのルメリ、アナトリアのアナドル、スィヴァス、そしてカラマンの四州を数えるにとどまり、セリム一世時代に、アナトリア島南郡のディヤルバクルとエジプトの二州が加わったにとどまった。スレイマンの時代には、東は、紅海岸ではアラビア半島東南端のイエメン、エティオピア沿海岸のハベシュ、ペルシア湾岸では今日のサウディアラビアのダフランの油田地帯とクウェートからなるラフサ州、そしてイラクのバスラ、バグダード、モースルの三州、西は、ドナウをこえて西欧キリスト教世界の東南端であったハンガリー、そして北アフリカ西部のアルジェリアに至るまで、三〇州近くとなるに至ったのであった。

そしてまた、帝国の支配組織は、君主専制・中央集権体制を確立し、宮廷奴隷出身で小姓（こしょう）を勤めた者が、諸職をへて大宰相・宰相となるシステムが完成した。地方の支配体制においても、少なくとも中核的な直轄領は、州県、イスラーム法官区に分かたれ、中央から総督、県知事、そしてイスラーム法官が任命派遣された。その総督、知事にも、宮廷小姓出身者が多く任命されるようになった。軍制においても、原初以来の騎兵と並び、地方の農村のキリスト教徒臣民の子弟を強制徴収して君主の奴隷とし、イスラームに改宗させ、教練を施して構成した常備歩兵軍団イェニチェリ軍団が、火砲に習熟し、当時のユーラシア西半における最強の軍団として恐れられるに至った。海上においても、従来のオスマン海軍に加えて、アルジェリア水軍、西欧人のいわゆるベルベリア海賊の頭目バルバロス・ハイレッティンの帰順をえて、地中海最強の海軍となった。財政の上でも、広大な領地からの税収に加えて、「陸のシルクロード」の西のターミナルとして、そしてまた、西欧人の「大航海時代」が始まり、かげりが生じ始めたとはいえ、「海のシルクロード」の西のターミナルとなってえた、異文化世界間交易からの関税もまた、大きな財源となっていた。

「トルコの脅威」の時代

強力な支配組織と豊かな財源に支えられ、スレイマンは、生涯に十三回に及ぶ親征に赴き、征服を続けた。ただ、東方の脅威であったイランのシーア派のサファヴィー朝は、父王セリム一世により大打撃をうけて不活発化したこともあって、スレイマンの関心は、むしろ西方に向けられた。即位当初の一五二〇年は、父セリム一世が征服して間もないシリアにおいて、マムルークの遺臣でダマスクス等の県知事に任ぜられていたジャンベルディ・ガーザーリの反乱の鎮圧などに忙殺され、親征は行われなかった。しかし、翌一五二一年には、まず、ドナウ渡河の要衝、ベルグラードにむけて親征し、曽祖父にあたるメフメット二世も抜けなかったこの町を征服するのに成功した。翌一五二二年には、第二回の親征として、アナトリア西南端に近く、エーゲ海と東地中海の交通の要衝で、十字軍以来の聖ヨハネ騎士団の拠点ロードス島を攻撃し、これまたメフメット二世も抜けなかったこの島を手中にし、東地中海の覇権を握るに至った。一五二六年には、ドナウをこえてハンガリーに入り、モハチュの戦いでハンガリー軍を大破し、ハンガリーの多くを支配下においた。そして、一五二九年には、ハンガリー平原と、さらに西北方のボヘミアの盆地と西南方のバヴァリアの平原とを結ぶ芯であり、ハプスブルク家の牙城でもあるウィーンの第一次包囲を敢行した。このときは、包囲の開始が遅れて九月下旬となり、雨天が続き大型攻城砲を途上で放棄してきたことも

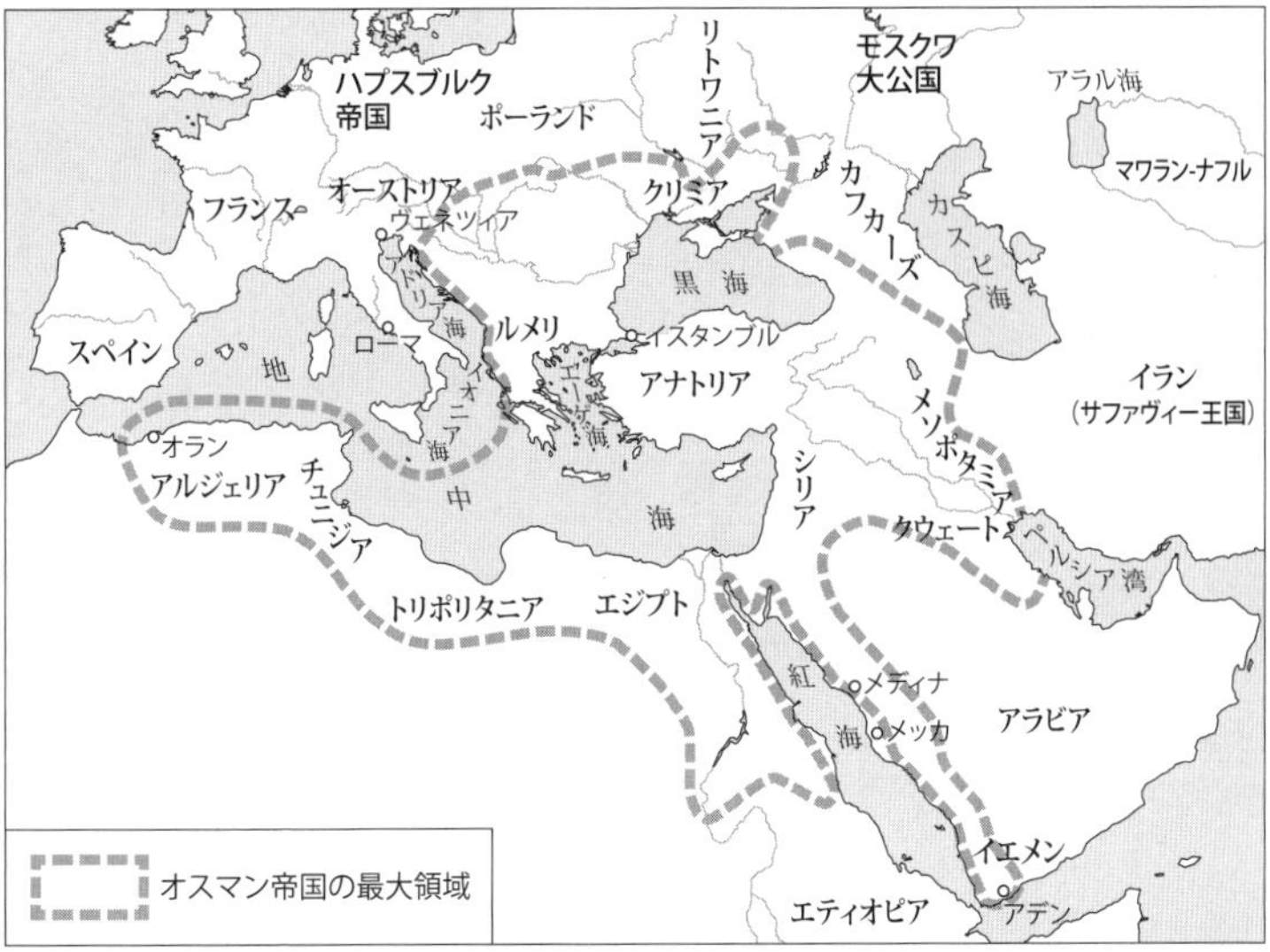

スレイマン1世時代のオスマン帝国(三橋冨治男『オスマン帝国の栄光とスレイマン大帝』清水書院、1984年)

あり、短期の包囲で撤退した。しかし、当時、西欧キリスト教世界で最強の勢力であったハプスブルク帝国の牙城が包囲されたことは、西欧人に深甚な衝撃を与え、西欧人にとって「トルコの脅威」の時代が始まることとなった。

ハプスブルク帝国は、オーストリア・南ドイツに加えて、北はフランドル、西はスペイン、南はイタリア南部とシチリアを領し、一五一九年には、マキシミリアン一世の逝去をうけて、選挙戦を勝ち抜いたその孫のスペイン王カルロス一世が、神聖ローマ皇帝カール五世となっていた。フランドルは、当時、西ヨーロッパ北半で最も商工業の発達した地域であり、スペインは「大航海時代」の主役の一つで、一五二〇年代前半には既にメキシコを征服し、一五三〇年代前半にはインカ帝国を滅ぼし、新大陸の莫大な金銀の収入がもたらされようとしている時代であり、カール五世は、西欧世界で最も富裕な君主となろうとしていた。そして、これをふまえ、カール五世は、キリスト教的世界帝国をめざしていたとも言われる。しかし、ハンガリーを拠点とするオスマンの攻勢は、一五一七年のルターによるウィッテンベルクでの宣言で本格化したドイツ・プロテスタント運動とあいまって、カール五世を大きく制約した。そして、カール自身、オスマンの攻勢に対応するための人員と物資の助力をうるべく、ドイツのプロテスタント系諸侯に譲歩を重ねることとなり、ドイツ・プロテスタント勢力の政治的地歩を固めていくうえで、オスマンの攻勢は大きな意味をもった。

他方、四周をハプスブルク勢力に囲まれ、神聖ローマ皇帝選挙で敗れ、さらにまた、パヴィアの戦いでも敗れて苦境にあったヴァロア朝のフランス王フランソワ一世は、西欧世界内に頼りうる同盟者を見出しえず、宗教の壁をこえてスレイマンに好(よしみ)を通じ、スレイマンもこれを容れ、オスマン帝国とフランスのハプスブルク帝国に対抗する友好関係は、十八世紀末に至るまで続くこととなった。

「没落の端緒」か？

スレイマンの時代はまた、独自のオスマン文化が成立した時代でもあり、オスマン帝国内におけるスンナ派のイスラーム教学の最高学府として、スレイマニエ・モスク附属のスレイマニエ学院が開かれ、オスマン朝のイスラーム教学者やイスラーム神秘主義の先達たちの列伝が編まれ始めた。文芸においても、オスマン朝歴代の詩人たちの列伝が編まれ始め、オスマン朝のトルコ語がもつ独自の美しさを表現しうる詩人たちも現れ始めた。絵画においても、とりわけミニアチュール入りの歴史書が多く著され、イスラーム芸術の二つの柱の一つ、書道においても、オスマン朝独自の書家たちが現れ始めた。そして、イスラーム芸術のいま一つの柱である建築においては、スレイマン大帝の庇護の下に、オスマン建築最大の巨匠ミマール・スィナンが現れ、イスタンブルのスレイマニエ・モスク、さらには、エディルネのセリミエ・モスクが建立された。

しかし、スレイマン時代に、早くも政治の乱れを説く論者も現れ始めた。そして、スレイマンの没後、十六世紀末から十七世紀初頭にかけて、帝国の体制が大きな変容期に入り、帝国の版図の拡大も停滞し始め、「オスマン帝国の没落と改革」が論ぜられ始めると、オスマン帝国の古典体制の堕落の端緒をスレイマンの治世に求める者も現れ始めた。その時、最も大きな問題とされたのは、軍制の変化とそれに伴う財政の変化であった。旧来、オスマンの軍制の基礎をなしてきた騎兵に対し、歩兵のイェニチェリ軍団が著しく拡大し、この軍団のための現金俸給財源の確保が必要となった。地方に在任する騎兵には、一定地域の一定の農地の一定額徴税権をティマールとして与えていたが、その国有地が国庫に回収され、これを徴税請負地として徴税請負に出されるようになり、騎兵と歩兵のバランスが崩れ、古典的な税制・土地制度が崩れ始めたというのである。同時代の論者にとり、これは明らかに黄金時代の体制の堕落であり、没落の基たりうるというのであった。そして、この論調は、近代の研究者にまで、少なからぬ影響を与えた。

しかし、今日の目から歴史をふり返れば、十六世紀から十七世紀にかけて、火砲が著しく発達し、それにつれて火砲を操る歩兵の重要性が高まり、軍制が変化していったのは、西欧世界に始まる技術変動の趨勢であり、スレイマン時代に始まるオスマン軍制における歩兵軍団の拡大も、技術環境の変化への適応であったといえよう。

後宮と後継者問題

むしろ、スレイマンの治世の最大の問題は、スレイマンの家族関係と後継者選択の問題であろう。スレイマン自身は、父セリム一世が他の王子たちを処刑して、スレイマンが唯一の後継者となることを確定したのであり、それは、セリムの王子スレイマンへの期待の大きさを示すものであり、確かにセリムの選択は正しかったということができよう。

ただ、スレイマン自身の後継者選択についてみれば、それは甚だ大きな問題をはらんでいた。スレイマンは、その母ハフサ・ハトゥンと甚だ密接なかかわりをもち、その強い影響下にあったかにみえる。そして、既に王子時代に、マヒデヴランなる後宮の女性との間に、ムスタファなる王子をもうけていた。その後、後宮ハレムにヒュッレムなる女性が奴隷女として入内した。この女性は、元来はスラヴ系であったと伝えられ、ヒュッレムは次第にスレイマンの寵を得、マヒデヴランのライヴァルとなっていったようである。それでも、母后ハフサ・ハトゥンの在世中は、ハフサはむしろマヒデヴランの側にたち、ヒュッレムを抑えていたようである。しかし、一五三四年に母后ハフサ・ハトゥンが逝去すると、ヒュッレムが急速に、スレイマンの寵を独占するようになっていった。そして、王子ムスタファが、帝王学見習いのために地方に県知事として出されるにあたり、母親のマヒデヴランもその子ムスタファと同道させられることとなった。

ヒュッレムは、スレイマンとの間に、メフメット、セリム、バヤズィット、ジハンギルと次々と王子をもたらした。そして、王子たちは、後に地方に県知事として出されていったが、ヒュッレムは、帝都の後宮に残り続けた。同時代のヴェネシィア大使が伝えるところによると、ヒュッレムは、美しさより才気ある女性であったようである。母后ハフサ・ハトゥンを失い、心に空洞をかかえるようになったスレイマンにとって、ヒュッレムは、その穴を埋めうる存在となったのではあるまいか。

当時のオスマン朝の恒例では、父子相続が原則となってはいたが、王子間の相続順位は一義的には確定しておらず、皇位争いをめぐる「兄弟殺し」の末に、唯一勝ち残った王子が君主となる定めであった。このようななかで、ヒュッレムは、自らの子を皇位継承者とすべく、既にハフサ・ハトゥンが逝去した一五三〇年代から策をめぐらし始めた。そして、一五三六年には、王子ムスタファ派とみられるスレイマンの第一の寵臣で長らく大宰相を務めてきたイブラヒム・パシャをスレイマンに処刑させるのに成功した。ただ、マヒデヴランの子の王子ムスタファは、英明の評が高く当時の帝国最強の精鋭、イェニチェリ軍団の信望も集め、これを除くのは容易ではなかった。この間、ヒュッレムの生んだ王子たちの長子で、スレイマンの寵をうけていた王子メフメットが、一五四五年に急逝してしまった。

一五五〇年代に入ると、スレイマンも老境に入り、社会情勢にも色々と問題が生じつつあった。

このような中で、一五五三年、スレイマンは、久しぶりにサファヴィー朝に対する親征を思いたち、アナトリアを東方にむかった。そして、王子ムスタファを陣中に招くこととした。王子ムスタファは、老境の父王スレイマンへの不満を抱くに至った人々をひきつけ、かなりの軍勢を伴いスレイマンの下にむかった。そして、コンヤ・エレウリスィ近辺のアクテペの地でスレイマンと謁見することとなり、スレイマンの天幕に入ったところで、処刑の宣言をうけ、処刑されてしまった。その背景には、ヒュッレムと、ヒュッレムとスレイマンの間の娘でスレイマンの寵をうけていたミフリ・マーの夫となって大宰相を勤めていたリュステム・パジャのスレイマンへの強い働きかけがあったものとみられる。実際、王子ムスタファの処刑を知って憤激したイェニチェリの一団が陣営内のリュステム・パジャのテントを襲い、スレイマンにリュステム・パジャの処分を求め、スレイマンが、リュステム・パジャを大宰相職から一時罷免する騒ぎとなった。そして、異母兄の横死を知ったヒュッレムの王子の一人ジハンギルは、そのショックのために急逝したと伝えられる。

こうしてヒュッレムは、我が子が皇位を継ぐための最大のライヴァルを葬るのに成功した。しかし、一五六一年、ヒュッレムは没し、最終結末を見るに至らなかった。ヒュッレムとしては、残った二子のうち、バヤズィットに望みをかけていたようである。しかし、さらに老いたスレイマンの晩年、セリムとバヤズィットの対立は深まり、一五五九年には、遂に両者が軍を率いて対陣するに至った。このようななかで、セリムの付け人となったララ・ムスタファなる策士が策謀をめぐらし、スレイマンをセリム側に引き込むことに成功した。敗れたバヤズィットは、サファヴィー朝に亡命したあげく、スレイマンの使節の強硬な断判により、一五六一年イランで処刑され、結局セリムのみが生き残った。そして、一五六六年九月七日、スレイマンが生涯で最後の第十三回目の親征に赴いたハンガリーのジゲットヴァルで陣没した後、オスマン朝第十一代君主となったのであった。しかし、セリムは、人柄は善良な人物であったようであるが、決して有能な君主ではなかった。かつてムスタファが処刑されたとき、ヴェネツィア人はこれを祝ったという。

スレイマンは基本的には有能な君主であり、数々の征服を行い、人事においても概ね大過はなく、制度を整え、帝国に黄金時代をもたらした。しかし、寵妃ヒュッレムに惑わされ、後継者の選択において大きな過ちをおかしたといえよう。

1768〜71
−1849年
エジプトが近代国家となるための土台を築いた専制君主。

騙し討ちで政敵を大虐殺した開明的専制君主

ムハンマド・アリー

…Muḥammad 'Alī…

田村愛理

エジプトの近代化を導いた開明的君主

ムハンマド・アリーは、日本の明治維新よりも半世紀以上も前に、非ヨーロッパ圏で初めて近代化に着手した開明的君主として有名である。彼はもともとオスマン帝国軍のアルバニア人傭兵であったが、ナポレオン撤退後の混乱したエジプトの政治状況の中で、ウラマー（宗教指導者）らカイロ有力市民からの推薦を受けて、三六歳の時に帝国のエジプト総督の地位を得た。総督着任後は、富国強兵・殖産興業の近代化政策に次々に着手し、七九歳で退位するまでに当時の世界情勢の中でヨーロッパ列強に対抗しつつ、エジプトを押しも押されもせぬアフリカ一の大国にし、一九五三年まで続く王朝の土台を築いた。

十九世紀初頭、帝国主義がその刃を剥き出しにしようとする国際政治状況の中で、一代で王朝の基礎を築いたムハンマド・アリーは、当然のことながら近代的開明君主という面だけでは捉え切れない一筋縄ではいかない人物であった。独裁者には共通する二面的性格がある。自信過剰なほどのナルシストであると同時に誰に対しても深い猜疑心（さいぎしん）を抱いていること。人の気をそらさぬ褒（ほ）め上手で社交性もあるが、瞬時に豹変（ひょうへん）し酷薄（こくはく）に切り捨てることができること。一貫した倫理を持たず、状況の変化と共に臨機応変に政策を朝令暮改（ちょうれいぼかい）できること。政策判断は細部に至るまで本人が行い、一般大衆の動向には気を遣う一方、身の回りは少数の側近で固め、かれらと大衆との分断を図ることなどである。同時代人の記録した資料からみると、ムハンマド・アリーもこのような独裁者特有の二面的性格を持ち合わせていたようだ。

ムハンマド・アリーは、小柄だがガッシリとした体格のなかなかの美男で、灰褐色の眼の持ち主であったことが肖像画からも分かる。肖像画ではターバンに隠れて見えない髪の毛はブロンドであったという。特に印象的なのは、彼の眼で、人により「明らかに天賦（てんぷ）の才を示して、鹿のように魅惑的で鷲のように荒々しく」見えたり、また「万引きされないか見張る、落ち着きのない商人」の眼のように見えたりしている。このように謁見した者に正反対の性格を印象づけたこの人物は、いかにしてエジプトの開明的君主と言われるようになったのだろうか。

権力把握まで

ムハンマド・アリーは、一七七〇年頃にオスマン帝国下のアルバニアのカヴァラで生まれた。生年は、一七六八〜七一年まで諸説があるが、彼自身は後に、ナポレオンやウエリントンなどの傑出した軍事的英雄が生まれた一七六九年生まれと称した。父のイブラヒーム・アガーの先祖は東アナ

❖ムハンマド・アリー王朝　政権系統図

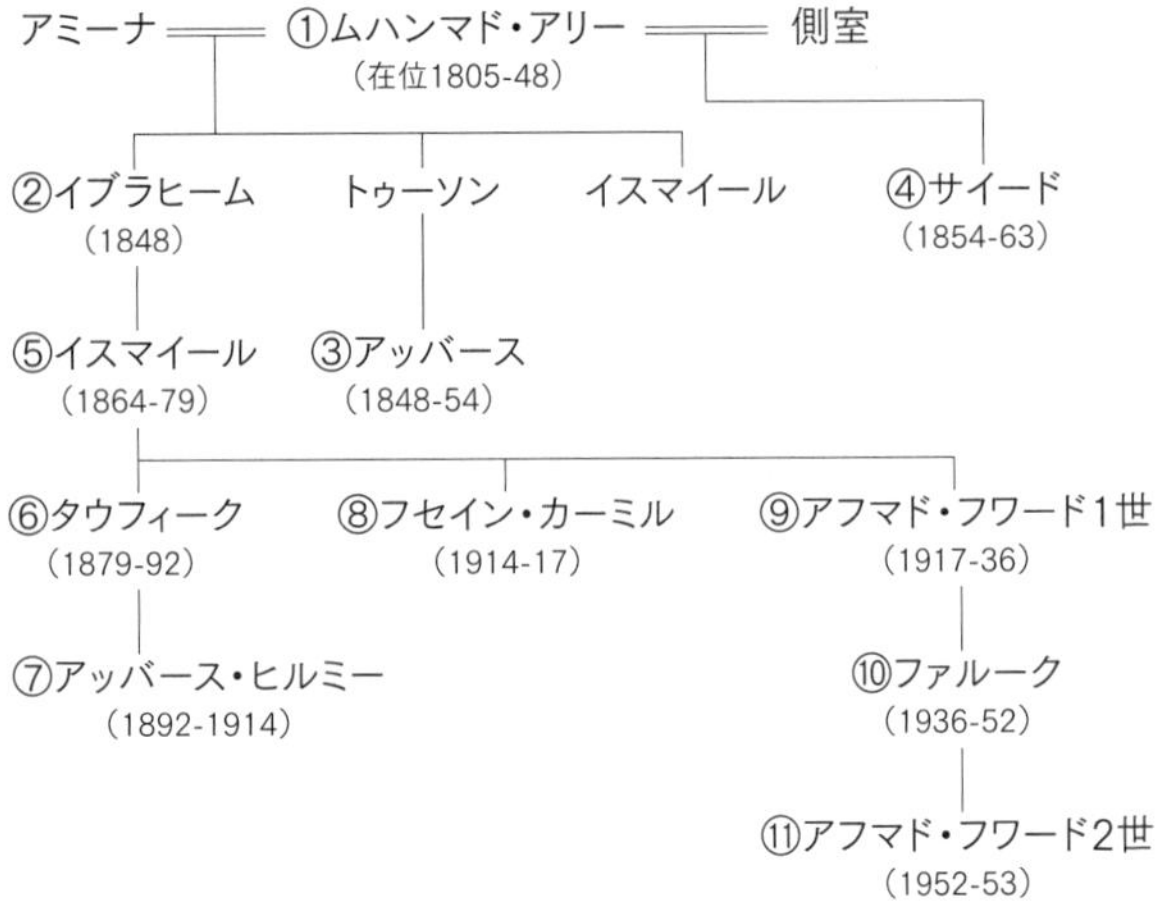

トリア出身のクルド系とも言われるが、ムハンマド・アリーが生まれた時には、既に三代にわたりカヴァラのアルバニア人非正規軍の軍人であった。ムハンマド・アリー自身が語りたがらなかったので、彼の前半生には不明部分も多いのだが、父親はアルバニア人非正規軍の隊長という仕事の傍らタバコの仲買商もしており、彼もその仕事を継いだ。フランス人、ギリシア正教徒、アルメニア・キリスト教徒など様々な民族・人種の交錯した地でのマイノリティであるアルバニア人としての非正規軍勤務やタバコ商の経験は、後に彼がエジプトで伸し上がっていくために必要とした、多様な集団間を状況に応じて適時操る能力に少なからぬ影響を与えたと言われている。

　ムハンマド・アリーは二〇歳になる頃にはカヴァラ知事の縁戚の娘で若くして寡婦となっていたアミーナと結婚していた。彼には生涯で十人ほどの側室がおり、息子が十七人と娘が十三人いた。そのうち成人になるまでに成長したのは十人であった。正妻はアミーナのみであり、彼女は三人の息子と二人の娘を産んだ。ムハンマド・アリーに二人目の娘が生まれた一七九八年、ナポレオンがエジプトに侵攻した。フランスは、イギリス王冠の中央を飾る宝石ともいうべきインドへの途上の重要拠点エジプトを押さえる必要があったからであるが、これはエジプトが近代的軍事力に直面した最初の戦いとなった。当時実質的にエジプトを治めていた勇猛でならしたマムルーク(奴隷身分出身の軍人エリート)軍団も近代的軍隊の前には無力で、「ピラミッドの戦い」で惨敗した。これに抗して、エジプトの宗主国であるオスマン帝国はイギリスと連合し、一八〇一年にエジプトに遠征隊を送った。ムハンマド・アリーは、このオスマン帝国・イギリス連合遠征軍のアルバニア人分遣隊に参加してエジプトに赴いたのである。彼は戦闘で部隊を率いて活躍し、副司令官となった。

その後、第二次対仏大同盟が結成されたため、ナポレオンは秘かにエジプトを去り、残されたフランス軍は、一八〇一年にオスマン・イギリス連合軍に降伏した。翌年締結された英仏講和条約(アミアンの和約)によりイギリス軍も一八〇三年に引き上げると、エジプトの政治情勢は混沌の極みとなった。オスマン帝国から派遣された新総督が権威を回復しようとする一方で、帝国軍の中ではトルコ人部隊とアルバニア人部隊の対立があった。残存のマムルーク達も親英派/親仏派に分かれて勢力回復を狙い、各集団は覇権掌握を目指して合従連衡・政敵の暗殺/追放を繰り返した。

一八〇三年に着任したオスマン帝国の新総督は、マムルークとアルバニア人部隊のクーデタで直ぐに追放されたが、これを指導したアルバニア人部隊の司令官(ターヘル・パシャ)もわずか一ヶ月後にトルコ軍人により暗殺され、ムハンマド・アリーがアルバニア人部隊の司令官となった。次に派遣されたオスマン帝国総督も、マムルーク勢力を排除しようとして逆に殺害され、これにより支配の実権を握ろうとしたマムルーク（ウスマン・アル・バルディシ）も過酷な徴税に反発した民衆の反発／暴動に晒された。ムハンマド・アリーは、このような混乱した状況を利用し、人々に彼が民衆の味方であるかのように印象づけた。

カイロは打ち続く混乱の中で、農業も商業活動も落ち込み、人々は疲弊していた。軍隊への給料支払いも滞り、軍人の不満も募るばかりであった。ムハンマド・アリーは、まさにこの混乱期において、多様な集団を自己に都合の良いように操る権謀術策の能力を発揮した。同時代を歴史家として生き、この時代に関する一級資料を残したアル・ジャバルティは、アルバニア部隊の司令官であったターヘル・パシャの暗殺は、ムハンマド・アリーがトルコ軍人の不満を操ってやらせたものだとしている。また次に実権を握ろうとしたマムルークのバルディシに対する民衆蜂起もムハンマド・アリーが裏で煽ったからだと言っている。ムハンマド・アリーは、表面ではバルディシと連携しながら、裏では民衆を扇動し、かれらのマムルークへの不満を掻き立てる一方で、アルバニア人部隊にカイロ市民の警護を行わせ、自らは新税導入に反対表明をし民衆の味方をする姿勢を見せるなどして、現状に苛立ち不満を抱くカイロの宗教指導者や大商人や民衆に、自分が頼りがいのある施政者だと見られるように入念に策を進めたのである。

一八〇四年オスマン帝国は、新総督（アフマド・フルシド・パシャ）を任命したが、彼も軍への給料未払金問題解決のために新税の導入を図った。既に充分生活に困窮していたカイロの民衆は、ウラマーのウマル・マクラムに主導され大規模な蜂起を起こした。ウマル・マクラムは、「公正で善良な人物」としてムハンマド・アリーに彼を新総督に推すことを申し出る。ムハンマド・アリーは、「正義と法の下に統治しウラマーへ諮問することなく行動を起こすようなことはしない」と誓い、ウマル・マクラムとアズハル学院長のシャイフ・シャルカーウィーがムハンマド・アリーに即位の儀式として毛皮のカフタン（長衣）を着せた。この知らせは直ちに街中に広報された。オスマン総督側は、統治権力を回復しようとしたが、人々はバリケードを築き武器を手に取り、これに対抗する姿勢を示したので、オスマン帝国側も最終的には追認せざるを得なかった。一八〇五年、アルバニアを出てわずか四年後に、ムハンマド・アリーは、民衆から押し上げられた形で、エジプトの総督になったのである。

権力維持策――城塞（シタデル）の虐殺

総督となったムハンマド・アリーはまず、不安定な自分の権力を安定させなければならなかった。イギリスは、一八〇七年に親英派のマムルーク政権を立てようと介入し軍隊を派遣してきたが、ムハンマド・アリーはこれを撃破した。幸いなことに、ナポレオン戦争の最中にあったイギリスはそれ以上の介入はできなかったし、宗主国オスマン帝国では、同年に近代化政策を進めようとしたスルタン（セリム三世）がイェニチェリ（オスマン軍団）により退位させられ混乱に陥って、エジプトどころではない状態だった。このような国際情勢を巧みに利用して、ムハンマド・アリーは権力安定のための施策を次々と打った。これらの施策は、まさにマキャベリズムの典型で、徹底的に潜在的反対勢力の息の根を止めるものであった。

ムハンマド・アリーは、まず民衆に大きな影響力をもち、彼を権力者に押し上げた恩人とも言うべきウラマーのウマル・マクラムに手の平を返し、その地位を取り上げカイロから放逐した。ウマル・マクラムが政府の管理外におかれていた免税地への課税に反対したのを機に、彼に嫉妬心と敵愾心をもつ他の宗教指導者と結託したのである。さらに、宗教指導者が民衆に与える影響の大きさを熟知していたので、自身の権威付けのために一部の上層ウラマーだけを残し、他の多くのウラマーをカイロから追放して宗教指導層と民衆との分断を図った。

今一つのの主たる潜在的反対勢力であるマムルークに対しては、これまでも追討、買収、懐柔と様々な策を繰り広げてきたが、一八一一年にかれらを一挙に壊滅させる策に出た。この年、オスマン帝国は、アラビア半島のサウード家が指揮し急速に拡大しているワッハーブ派運動の討伐をムハンマド・アリーに要請した。これを受けたムハンマド・アリーは、遠征出発後の後顧の憂いを断ち切る必要があった。彼は、次男のトゥーソンのアラビア遠征軍指揮官任命式という名目で有力マムルークをシタデル(城塞)に招集し宴会を催した。その帰路の門への途上の両側が高い壁に囲まれた隘路に入った場所で、いきなり門を閉めてマムルークを封じ込め、壁の上から一斉射撃を浴びせ皆殺しにしたのである。また同時に街中のかれらの居宅も急襲させた。この時に殺されたマムルークの数については諸説あり、同時期にカイロに在住しフランスの外交官をしていたイタリア人のドゥロヴェッティは、首領クラスとその兵を含めて約五〇〇人のマムルークが虐殺されたとし、その数が通説化している。しかし、ムハンマド・アリー研究で著名なアッサイイド・マルソーは、この件について、「ムハンマド・アリー自身がオスマン帝国のスルタンに報告し、イスタンブルに送ったマムルーク首領クラスの耳や首の総数は六四体であるので、当時の噂にはかなりの誇張があるのではないか」と言う。正確な実数は不明としても、この事件によりマムルーク勢力が壊滅したのは確かで、こうしてエジプトの国内においては、ムハンマド・アリーの政敵となる者は一掃されたのである。

近代化政策

総督の着任後、ムハンマド・アリーは自己の基盤を築くため、以下のような「殖産興業」「富国強兵」の近代化政策を着々と実行していった。

⦿ 殖産興業政策

ムハンマド・アリーは、まず堅固な中央集権体制を作り上げていった。統治機構の中心は側近による諮問機関で、その役目は総督の耳目となり、彼の意思を上意下達し、また人々の直訴や不満を上に伝えることでもあった。ムハンマド・アリーは、近代的軍隊の創設に功のあったフランス人のセーブ大佐(スレイマン・パシャ)や多くのヨーロッパ人をお抱え外国人とした。また、コプト教徒やアルメニア・キリスト教徒などのマイノリティも側近として手厚く用いた。しかし、全ての権力はムハンマド・アリー個人に集中され、彼は、国内外で起きている「全てのことについて、それも些事(さじ)に至るまで報告を受けていた」という。

国家の基本となる土地政策に関しては、これを国有とし検地を行い、人口を調査し、行政地域を再編し、中央の指令が、県→郡→地区長→村役人に行き届くシステムとした。税制では、徴税請負制度が廃止され、国家が直接に農民を管理し個別に税金を徴収する制度とし、財政基盤を整えた。農業においては、伝統的なベイスン灌漑(氾濫水を耕地に引き込み灌水後に播種する)から大規模土木工事により水路、堰やダムを構築し、通年水路式灌漑方法へと大変化がもたらされた。これにより、従来はナイル河岸台地にあった集落の他に低地にも分岐集落が作れるようになり、エジプトの農村景観も変貌した。通年取水が可能になったことにより、エジプト農業には小麦などの従来作物の収穫が増える以上の大規模な展開がもたらされた。それは、国家プロジェクトとして推進された、換金作物としての長繊維綿花の栽培である。しかし、これらの大工事は新しく施行された賦役制度下で駆り出された農民の強制労働により行われ、綿花の栽培も強制された。ムハンマド・アリーが推進する農業政策や徴税への違反は厳しく取り締まられ、階層ごとに違反者への刑の鞭打ち回数も決められていた。

ムハンマド・アリーは近代工業の重要性についても理解しており、繊維産業や軍需産業の国営工場を幾つも建設した。しかし、当時のエジプトでは、労働者もいなかったので、囚人や強制労働で労働力を賄おうとしたのだが、これは長続きしなかった。最終的にはこれらの工場は、既に先発で発展していたヨーロッパ近代工業との競争にとても敵わなかったのである。

⊙ 富国強兵政策

ムハンマド・アリーはマムルーク勢力を壊滅させた直後から、近代的軍隊の創設に取り組んだ。その政策の核心は、非ヨーロッパ圏で最初となる徴兵制であった。農民は国家に対する徴税の対象であるばかりでなく、国家にその労働力を提供する賦役の対象であり、またエジプトの長い歴史の中で初めて国家にその生命を提供する兵隊ともなった。この新軍は、アラビア半島のワッハーブ王国討伐やムハンマド・アリーの領土拡大政策に力を発揮することになるが、同時にそれは、国内的には農民を強制的に国家に隷属させる装置でもあり、国家の推進する農業政策や徴兵違反の取り締まりに当たった。ムハンマド・アリーによる徴兵は過酷で知られ、村に軍隊が出向き男性農民を捕獲して連行するというもので、農民にとっては怨嗟(えんさ)の的(まと)であった。ただ、農業生産の妨げにならないように、各家に必ず男性の働き手を残すように配慮はした。

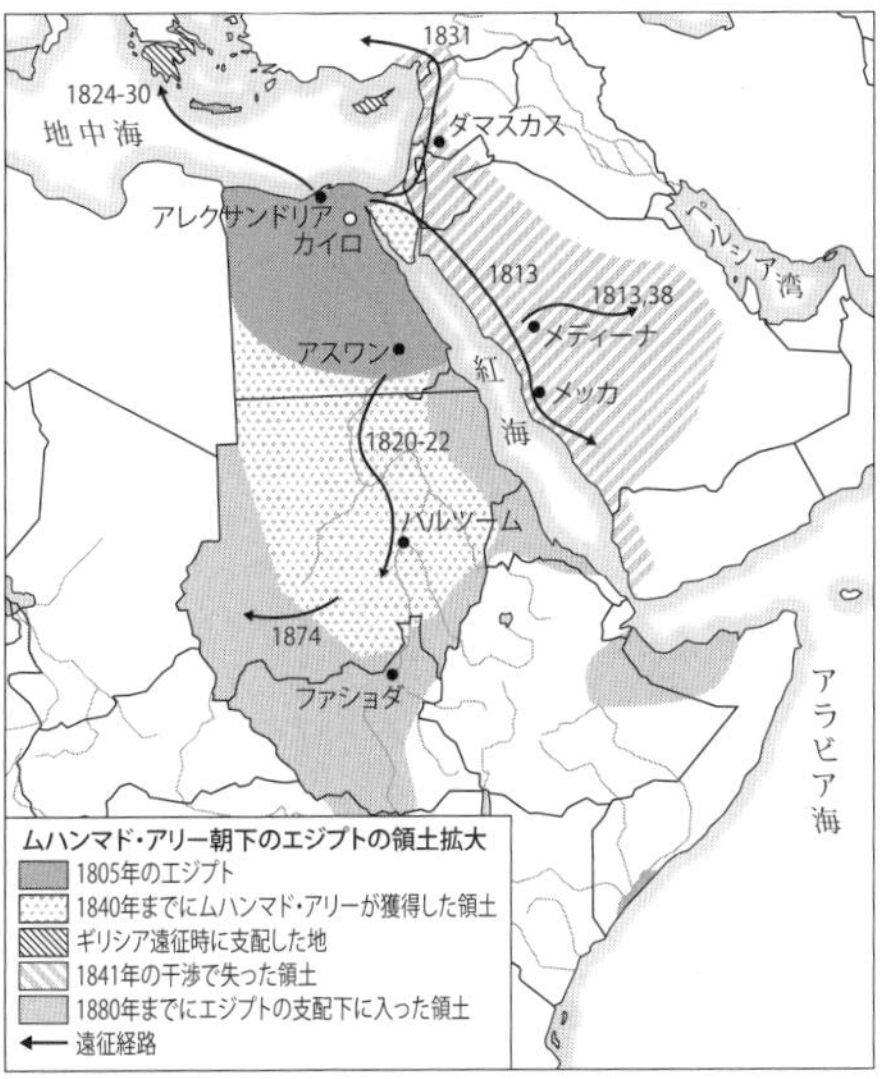

ムハンマド・アリーの領土拡大(Don-Kun作図を元に作成)

帝国拡大の夢と挫折

工業化に失敗したムハンマド・アリーの近代

❖ムハンマド・アリー関連年表

前年	事項
1769～71	ムハンマド・アリー、マケドニアのカヴァラに生まれる
1798	ナポレオン(仏軍)によるエジプト占領
1801	オスマン帝国・英国連合軍のエジプト上陸、フランス軍の撤退
1803	アミアン和約(1802)により英軍撤退
1805	ムハンマド・アリー、カイロ市民よりエジプトの総督(ワーリ)に推薦される
1805	近代的軍隊の創設
1807	エジプト上陸した英軍を撃退
1811	シタデルでマムルークを大虐殺
1813/14	農地測量調査を行い、土地制度改革
1816	アラビア半島遠征
1820	スーダン遠征、長繊維綿の生産開始
1822	徴兵制の導入
1824	ギリシア独立戦争に派兵
1827	ナヴァリノ海戦でオスマン帝国・エジプト連合海軍壊滅
1831	第1次シリア侵攻(-33)
1833	キュタヒヤ条約によりシリア等の領有権を獲得
1835	アラビア半島再遠征
1839	第2次シリア戦争(-40)
1840	ロンドン4国条約によりシリア領有権放棄
1841	オスマン帝国がアリー一族のエジプト・スーダン世襲権を承認
1848	ムハンマド・アリー退位、イブラヒーム総督就任
1849	ムハンマド・アリー死去

化政策は、その発展の出口を領土拡大に向けた。ワッハーブ派の討伐後の一八二〇～二三年にはアフリカ市場の獲得を目指そうとして、スーダンに侵攻し支配下においた。ギリシア独立戦争が起きるとオスマン帝国のスルタンは、またもやムハンマド・アリーに軍の派遣を要請した。一八二三年からにエジプト軍は、クレタ島、ペロポネソス半島に遠征したが、一八二七年にナヴァリノ海戦でフランス・ロシア・イギリス連合軍に完敗した。ムハンマド・アリーは、その代償としてスルタンに

シリア領有を頼んだが拒否されたので、長男イブラヒームを司令官としたシリア出兵を決意する。ムハンマド・アリーは、オスマン帝国が既に形骸化し、崩壊に向かっていること知っており、これに取って代わる野心をもっていたのである。エジプト軍は瞬く間にシリア全土を制圧し、一八三二年にはコンスタンティノープルを脅かすまでになり、翌年のキュタヒヤ条約でシリア、パレスティナ、アダナを領有し、彼の領土は、スーダンからアナトリア国境までを占めることとなった。ムハンマド・アリーが目指す大帝国は目前に思われた。しかし、中東での勢力均衡が壊れることを恐れたヨーロッパ列強はこれに強硬に干渉した結果、一八四〇年のロンドン四国条約で、ムハンマド・アリーは、スーダンの領有とエジプト総督の世襲権を得る代わりに、シリアの放棄、陸軍の縮小、海軍の放棄を余儀なくされ、オスマン帝国に代わる帝国建設の夢は潰えた。

その後、ムハンマド・アリーは病を得たためにこれ以上の領土拡大は行われずに、一八四九年に没した。彼は生前に用意したシタデルの中のオスマン風建築のモスク内に葬られた。このモスクは現在ムハンマド・アリー・モスクと呼ばれ、観光名所となっている。

彼の葬儀は寂しいものであったという。人望も実力も兼ね備えていた長男イブラヒームは、シリア戦線での無理がたたって結核になり、病床の父から総督の地位を引き継いだものの、父に数ヶ月先立って没していた。お気に入りだった次男トゥーソンもアラビア戦線からの帰路に病を得て死に、三男イスマイールはスーダンで起きた反乱で殺されている。総督世襲の許可を得、一族の最年長が後継となる規則により跡継ぎは次男の息子であるアッバースと決められていたが、ムハンマド・アリーは、生前からこの後継ぎの孫のことは我儘（わがまま）で怠惰（たいだ）だと心配し、「コーランをどこまで読んだのか報告し、習字を見せなさい」などと手紙を送り、一日十一時間にも及ぶ厳しい勉強のスケジュールを強いたりした。その結果、両者の関係は良好ではなかった。案の定、アッバースが催行（さいこう）したムハンマド・アリーの葬儀は、彼が生前に成し遂げた業績からすると異例に簡素なもので、街中の店も閉められず外交団も呼ばれなかった。それは、人々にムハンマド・アリーの栄光の時代が去ったことと共に、エジプトの先行きへの不安を感じさせたのであった。

結局、ムハンマド・アリーとはどのような人物であったのだろうか?彼はエジプトの統治者であることを誇りながら、エジプトよりはオスマン文化にアイデンティティを感じており、アラビア語は殆（ほとん）ど話さなかった。洗練されたオスマン帝国の宮廷儀礼を身に付けていたが、それはむしろ自分の無教養を覆う手段であったと言う人もいる。毎日風呂に入るなど非常に清潔好きだが、日常は簡素で華美な身なりは好まなかった。冷酷非道な専制君主かといえば、ムハンマド・アリーの残虐を示す代表的行為とされている「シタデルの惨劇」についても、後年彼は「あの時のことは思い出したくもないが、混沌の状態を終わらせるために当時は他に手段がなく、仕方がなくやったことなのだ」と語っていたという。

家族に対しては、特に無事に成長した七人の息子のみならず三人の娘や孫にも、自分が若い頃に充分な教育を受けられなかったコンプレックスがあったせいか、極めて教育熱心であった。スーダン征圧に赴いた三男イスマイールの現地の人々に対する粗暴な素行を心配し、「正義による支配でなければ、土地の人々の敬愛は得られない」と諭す内容の手紙も出している。ただ、イスマイールはこの忠告に従わず、結局は現地での反乱で殺された。

このようなことを鑑みると、ムハンマド・アリーは、なりふり構わぬ権謀術数で伸し上がったマキャベリストであるのは確かだが、根っから冷酷で自己中心的な性格の人間ではないと思われる。しかし、信頼を裏切られ追放され虐殺された者、賦役や徴兵で駆り出され、命を取られ生活を押し潰された者にとっては、ムハンマド・アリーが言い訳がましく、「仕方なくやった」という手段が絶対的悪として立ちはだかったのは確かである。

明治維新に半世紀以上も先立ち、非ヨーロッパ圏で初めて近代政策を押し進めたムハンマド・アリーが始めた国家は、それが「近代的国民国家」を目指したものなのか、それともマムルーク的家産制国家が単に拡大されたのかを巡って研究上の論争点となってきたが、両者のどちらかに軍配があがるというものではない。ムハンマド・アリーは、時代の波をよく捉え、オスマン帝国やヨーロッパ列強の動きにも敏感であった。近代的軍隊や土地整備、殖産興業の必要性もよくわきまえていたし、そのために教育が必要であることも理解しており、多くの留学生をヨーロッパに派遣した。その意味では確かに彼は開明的君主であった。ただ、その統治体系は、ムハンマド・アリーのための専制国家形態であり、国民国家からは遠いものであった。旧来の習慣や風習からいきなり引き剥がされ、近代化政策を押し付けられた農民から見ればムハンマド・アリーは正しく非道なる専制君主に違いないが、この時代を通してエジプトはもはや後戻りのできない近代国家への道程を歩み始めたのである。

良きにつけ悪しきにつけエジプトの近代は、ムハンマド・アリーから始まった。そして、彼の近代化政策が内包する矛盾は後継者の世代にも引き継がれ拡大していき、イギリスによる植民地化という結果をもたらし、その植民地体制下で一層深まっていくことになるのである。

⦿参考文献

岩永博『ムハンマド・アリー――近代エジプトの苦悩と曙光と』（清水新書、清水書院、一九八四年）
加藤博『ムハンマド・アリー――近代エジプトを築いた開明的君主』（世界史リブレット　人、山川出版社、二〇一三年）
長沢栄治『エジプトの自画像――ナイルの思想と地域研究』（平凡社、二〇一三年）
両角良彦『新版　東方の夢――ボナパルトエジプトへ征く』（朝日選書、朝日新聞社、一九九二年）
山内昌之『世界の歴史二〇　近代イスラームの挑戦』（中央公論社、一九九六年）
山口直彦『新版　エジプト近現代史――ムハンマド・アリー王朝成立からムバーラク政権崩壊まで』（世界歴史叢書、明石書店、二〇〇六年）
Ridley, T.,Ronald, *Napoleon's Proconsul in Egypt:* The Life and Times of Bernardino Drovetti. Stacey International, 1998.
Owen, Roger, *The Middle East in the World Economy*, 1800-1914. Methuen. 1981.
al-Sayyid Marsot, *Afaf Lutfi* , *Egypt in the Reign of Muhammad Ali.* Cambridge Univ.Press , 1984
Vatikiotis,P.J. *The History of Egypt: From Muhammad Ali to Sadat.* The Johns Hopkins Univ. Press,

2nd ed.,1980

1779−1839年
オスマン帝国第30代スルタン。トルコの政治・社会などの西洋化政策を進め、近代化の基礎を築く。

不信心者の大王
マフムート二世
…Mahmut II…

鈴木 董

オスマン朝第三〇代の君主マフムート二世（在位一八〇八—三九年）の在位の内、一八〇八年から二六年までの十八年間は前近代の最末期にあたり、二六年から三九年の崩御までの十三年間は近代の最初期にあたる。彼は、オスマン帝国における近代西欧モデル受容による「西洋化」としての「近代化」をめざす、真に体系的で全面的な「西洋化」改革の創始者となった。そのことは、一八二六年までのマフムート二世は、オスマン朝伝統のターバンと長衣カフタンをまとっていたのに対し、一八二六年に改革を本格的に始動するや、伝統的装束を永久に捨て去り、洋装に徹し、かぶり帽もターバンに代えて新たに導入したフェスすなわち「モロッコ帽」（我々が「トルコ帽」として知っているかぶり物）のみを崩御までまとい続けていたことに象徴されている。このような事例は、我が国で、「御維新」の後、明治天皇が断髪し、生涯洋装に終始したことと、まさに対応する。ただ、明治維新後の日本では、歴代天皇も皇太子も、即位式や立太子の礼では、平安以来の古装束をまとったのに対し、オスマン帝国では、マフムート二世が洋装を採って以降、オスマン皇室の成員がターバンやカフタンの伝統的装束をまとうことは絶えてなかったのであり、マフムート二世の近代西欧を範とする「西洋化」改革への決意が、いかに決然たるものであったかを示している。

生い立ち

さて、マフムート二世は、オスマン朝第二七代アブデュル・ハミト一世の王子として、一七七九年七月二〇日に、十五世紀末以来のオスマン朝の君主の居城であるトプカプ宮殿で誕生した。生母のナクスィディルについては、西欧人の間に、実はカリブ海に浮かぶフランス領マルティニークの名族の娘で、ナポレオンの最初の妻、エージーヌ皇后のいとこでもあったが、フランスと故郷の往還の間に、いわゆるバルバリア海賊に捕らえられ、女奴隷としてオスマンの帝都イスタンブルに連れて来られ、後宮に拾い上げられたとの伝説が生まれた。しかし、史実としては、コーカサス地方のグルジア系の名族の娘で、宮廷に上がったといわれる。

一七八九年四月、父アブデュル・ハミト一世が、露土（ろと）戦争での敗報しきりのなかで急逝すると、アブデュル・ハミトの兄弟でオスマン朝第二六代君主であったムスタファ三世の皇子のセリム三世が第二八代君主として即位したが、セリムは自らに男児がなかったこともあり、従兄弟にあたるが遙か年少のマフムートに、宮廷内ではあるが、比較的自由に暮らさせ、十分な教育を受けさせた。この間、マフムートはアラビア文字の書道にはげみ、免許を得て、書家としても一家をなすに至った。加えて、作詞作曲家として、歌手として、またマルチ・プレーヤーとして、トルコ古典音楽史における巨匠の一人として、イルハーミーの雅号（がごう）をもって知られるセリム三世の薫陶（くんとう）をうけて、さらにトルコ古典音楽史に名を残し、セリム三世の親友にしてトルコ古典音楽史の掉尾を飾る最高にして最後の巨匠イスマイル・デヴ・エフェンディの最も良き理解者・擁護者となった。

セリム三世の改革の闘争

マフムート二世の遙か年長の従兄弟にして庇護者でもあったセリム三世は、オスマン古典文化を体現する伝統的文人であったが、もはや近代西欧列強と、ピュートル大帝以来、近代西欧に学んで列強に倍するに至った北方の宿敵ロシアに対抗することは、伝統を墨守するのみではかなわず、近代西欧に学んで「西洋化」改革により自強をはかるしかないと確信し、西洋からお雇い外人を招き、近代西洋モデルに基づく新式軍隊ニザーム・ジェディードすなわち「新秩序」と名付けられた陸軍部隊を創設した。また、ヨーロッパ諸国の常駐在外公館が帝都イスタンブルにはあるものの、オスマン側から常駐在外使節が派遣されることがなかったのを改め、主要な欧州列強の首都に、オスマン帝国の常駐在外公館を開き、常駐大使を派遣するなど、改革を進めようとした。

しかし、旧来の伝統を墨守し、既得権を死守しようとする守旧派の反発は大きく、とりわけ、かつてオスマン帝国の黄金時代には最精鋭であったが、今や守旧派の牙城となっていた常備歩兵軍団イェニチェリは一八〇七年、新式教練を受けよとの命が下ったのをきっかけに、ついに反旗を翻し、帝都のクーデタでセリム三世を廃位してトプカプ宮殿のハレムすなわち後宮に幽閉し、セリムを支えた改革派を殺し、新軍を抹殺し、後宮にあった皇子の一人でセリムの従兄弟をムスタファ四世として擁立し、権力を壟断（ろうだん）した。

マフムートの擁立と雌伏の時

この事態に対し、セリム支持の改革派の一部は、地方に下って有力者を糾合して捲き返しを図り、セリム三世を復位させようとした。しかし、一八〇八年には捲き返しには成功したものの、セリムは後宮内で暗殺され、改革派は、守旧派の擁立したムスタファ四世を廃して、当時オスマン皇統で残る唯一の男子となったマフムートを擁立した。こうして、オスマン朝第三〇代君主としてのマフムート二世が誕生したのであった。しかしまもなく、地方有力者たちが配下の軍勢とともに帰郷した後、守旧派が再び捲き返し、これを地方有力者出身ではあるが、帝都に残って大宰相となり改革を進めようとしていたアレムダール・ムスタファ・パシャも憤死し、マフムート二世は孤立無援となった。

四周敵ばかりとなったが、マフムート二世は、自分以外で唯一残ったオスマン皇統の男子であり異母兄弟である廃帝ムスタファを処刑し、オスマン皇統の唯一の男子として生き延びることに成功した。その後、四周すべて敵の状況のなかで隠忍自重しながら、少しずつ立場を固め、信頼するに足る人物を見定めていった。そして、これもまた徐々に支配組織中枢の人事の掌握にも努力し、敵対的守旧派を早送りで昇進させつつ棚上げを図り、信ずるに足る人材の引き上げを実施していった。他方では地方有力者が割拠して帝国中央の統制が弱体化している状況を克服すべく、守旧派ながら、その点では利害を共にする面もある常備歩兵軍団イェニチェリも利用しつつ、地方有力者勢力の平定と再集権化を進めていった。その際、イェニチェリの軍事力をしばしば利用したのは、この守旧派の巣窟の弱体化を意図したためであったともいわれている。

一八〇八年から二六年までの十八年におよぶ雌伏のなかでの立場の確保と人脈の把握の努力は功を奏し、一八二六年には、支配組織の中央には、信頼すべきマフムート派の人材が確保されているところまで到達した。なかんづく守旧派の巣窟で帝都で最大の暴力装置であるイェニチェリ軍団についても、イェニチェリ・アースゥ、すなわちイェニチェリ軍団長官にすら、生え抜きのイェニチェリながらマフムートに私淑するアー・ヒュセインが、就任するに至った。マフムートは、信頼するアー・ヒュセインをボスポラス守護司令官に任じて、ヒュセイン・パシャとし、帝都の北方に自派の武力を確保し、イェニチェリ軍団長官には、これまた生え抜きのイェニチェリながらマフムート派の人物をすえた。

他方で、イェニチェリ軍団の周辺の砲兵などの諸軍団への影響を強めるべく、努力していた。

イェニチェリ軍団の廃止

一八二六年五月二五日、イスラームの聖なる戒律に関する帝国内の最高権威とされる「イスラームの長老」邸に大宰相はじめ政府の高官が集まり、イェニチェリ軍団の五一の大隊から一五〇名ずつを選び、エスキュンジュなる新軍隊を創出し、西洋式訓練を行うこととし、六月十一日からイェニチェリの駐屯地の中心のエト・メイダヌで新制服を着せて訓練を始めたところ、六月十五日に至り、イェニチェリたちはこれに不平を唱えて大宰相府を襲った。しかし、大宰相はボスポラス岸の海浜の別邸にあり、難を免れ、また、アー・ヒュセインがルメリすなわちヨーロッパ岸のボスポラス守護司令に転じた後にイェニチェリ軍団長官に任じられていた、ジェラーレッティン・アーを襲撃しようとしたが、これも危うく難を免れた。イェニチェリたちは、反旗を翻すときの慣例に従い、大隊ごとに保有し各隊の象徴となっているスープ用の大鍋をエト・メイダヌに集めて覆しておき、蜂起した。

マフムート二世側は予めこのような事態に備え、行軍準備をさせていた。一方では、前イェニチェリ軍団の長官でボスポラス守護司令官に任じられていたアー・ヒュセイン・パシャと東岸のボスポラス守護司令官メフメット・イゼット・パシャの下にある三〇〇〇の軍を帝都に招き入れ、他方で常備軍団に属するものの忠誠な砲兵軍団、砲車兵軍団、臼砲兵軍団、坑道師軍団を招き集めるとともに、ウレマーすなわちイスラーム教信者たちと群臣をトプカプ宮殿に集めた。マフムート二世もボスポラス西岸の離宮からトプカプ宮殿に入り、イスラーム学院の学生たちやイスタンブルの市民にも結集を呼びかけて、宮廷の武器庫を開いて武器を与えるとともに、宮廷に秘蔵され聖戦のシンボルとされてきた預言者ムハンマドの軍旗を取り出して、スルタン・アフメット・モスクすなわちブルー・モスクの説教壇上にすえ、反逆者たるイェニチェリ討伐を命じた。

討伐軍は、大宰相をスルタン・アフメット・モスクに残し、ボスポラス西岸守護隊司令官アー・ヒュセイン・パシャ指揮下の軍勢は、砲兵、砲車兵、臼砲兵軍団と、ボスポラス東岸守護司令官メフメット・イゼット・パシャの軍勢は、坑道師軍団とともに二手に分かれて進軍した。イェニチェリの反乱軍は、反撃したが、まもなくエト・メイダヌの駐屯地に籠もり、大門を閉じた。アー・ヒュセイン・パシャ指揮下の軍勢に加わった砲兵が大門を大砲で砲撃してこれを壊すと、イェニチェリたちは各々の大隊の宿舎に籠もった。鎮圧軍は、宿舎を砲撃しつつ駐屯地に突入してイェニチェリの反乱者を圧倒し、数千名を殺害した。形勢不利をみて駐屯地外に逃れたイェニチェリの多くも捕獲され、スルタン・アフメット・モスクに送られ処刑された。イェニチェリ軍団は壊滅し、軍団自体が廃止された。帝都ではその後もイェニチェリ狩りが行われ、地方駐在のイェニチェリについても、追討軍が送られ、これもまた壊滅した。

こうして、かつて十五、十六世紀にはオスマン帝国の最精鋭であったが、十六世紀末以降、西欧で進行した軍事技術の革新をフォローしえず、他方で既得権に囲まれ守旧派の巣窟と化していたイェニチェリ軍団は意外にもろくも数時間のうちに壊滅し、完全に廃絶された。そのありさまは、我が国の明治維新の際の彰義隊を壊滅させた上野の戦争を想わせる。

体系的「西洋化」改革の開始

一八二六年におけるイェニチェリ軍団の壊滅廃止は、「ヴァーカーイ・ハイリエ」すなわち「思志のできごと」と呼ばれるが、マフムート二世は、直後に、まず、イェニチェリに代わる帝国陸軍として、

「ムハンマド常勝軍」を創設した。この軍隊は、名称のうえでは「預言者ムハンマドの常に勝利する軍隊」を意味し、イスラームの伝統を体現するかのようであるが、実態においては、完全に近代西欧のモデルに基づく新式軍隊であった。そして兵員の補充のためには、近代西欧の例に従い、徴兵制を敷くこととした。将校については、当初は、旧軍を完全に解体してしまったので、宮廷の小姓や、常備軍団系であるがイェニチェリ本体とはかかわりの薄かった附属諸軍団の構成員だった者たちも活用せざるを得なかった。しかし、一八三五年には陸軍士官学校を創設し、さらに近代西欧モデルの将校養成に着手した。そしてその後、オスマン帝国陸軍で幹部となるためには、陸軍士官学校を終えることが、ほとんど必須の条件となっていった。ただ、オスマン帝国の場合、かなり例外的ではあるが、兵卒からたたき上げて、将校、さらには将官にもなる道も残された。海軍についても、当時の最強の海軍国イギリスを範にとって、海軍士官学校が開かれた。こうして、軍隊については、新設の近代西欧モデルに基づく士官学校が将校・幹部養成の基本コースとなった。

他方、文官についてみると、事情は違っていた。文官は、古くからメクテブと呼ばれる初等教育機関で読み書きの初歩を学び、十代中程で、事実上の世襲によるか、人伝て（ひとづ）を頼るかして、役所にまずは見習いとして入り、徒弟制的訓練を受けつつ、一人前のキャーティブすなわち書記となるのが例となっていた。このような人員補充や昇進過程は、旧中国の胥吏（しょり）に似ていた。ただ、旧中国では、エリート官僚として昇進しうるのは科挙試験に合格した者のみで、胥吏は、実務担当の下積みにとどまることとなっていた。これに対し、オスマン帝国では、前近代以来、見習いは正式の書記となり、さらに昇進して局長クラス、さらには文書行政や財政の組織の長にまで昇進しうることとなっており、同時にまた文事の中心的担い手ともなった。

一八二六年以降のマフムート二世の体系的な「西欧化」改革においても、文官については、旧来のシステムが基本的には受け継がれた。改革の一端として、近代西欧型の教育制度もつくられていったが、文官となるには旧来式のメクテブか、近代西欧モデルの小学校で読み書きを学び、十代中頃で見習いとなり、官場で経験を積みつつ昇進していくのが例となった。ただ、エリート候補となるために習得することが必要な知識としては、かつてのアラビア語とペルシア語に代えて、フランス語が求められ、さらには西欧事情についての知識が必要となった。そして、フランス語の習得のために「翻訳室」が開設され、官庁内の研修としてエリート要員がフランス語を修得する道が用意された。軍隊の幹部養成においては、新たに創設された近代西欧モデルの士官学校が決定的な役割を果たすようになったのに対し、文官のエリート要員の養成と人員補充については、前近代以来の伝統的システムが必要とされる知識・技能は変化しながらも存続し、近代西欧型の学校教育は大きな役割を果たさなかったのである。この点は、帝国大学法学部と高等文官試験が、エリート官僚への定番の道となった明治日本とははなはだ対照的であった。

しかし、いずれにせよ、マフムート二世は、軍人・文官を問わず、「西洋化」改革を担うべき人材を養成しながら、近代西欧にならって、支配組織においては、大臣・省庁制を導入していった。対外的には、近代西欧の外交体系にそった形で、諸外国に常駐在外公館を開設していった。さらに、土地制度を改革し、近代西欧モデルの学校の導入を図り、体系的な近代西欧モデルの受容による「西洋化」改革を鋭意推進し、オスマン帝国ひいてはトルコの「近代化」の基礎を築いた。

改革の先駆者か、「不信心者の大王」か?

ただ、一九三九年七月一日に崩御した後、マフムート二世については、後代、まったく対照的な二つの評価が生まれ、それは、今日まで影を落としている。オスマン帝国、またトルコが、近代西欧モデルを受容しての「西洋化」改革を通じて「近代化」していくことが、歴史的必然であったと認める人々は、マフムート二世を改革者、近代トルコの先駆者とみる。

しかし、他方では、マフムート二世を「トギャーヴル・パデシャー」すなわち「不信心者の大王」と呼ぶ人々も現れた。この人々の考えでは、マフムート二世は、「不信心者」すなわち異教徒である西欧人の考えと制度を採り入れて、オスマン帝国の衰退の最大の原因となり、今日のトルコのかかえる問題の淵源となったというのである。このような考え方は、イスラーム主義が台頭し政権をえた今日のトルコ共和国でも、一部で根強く残り続けている。そして、このように、マフムート二世を「不信心者の大王」とみる人々にとっては、マフムート二世は、イスラームの伝統と人々の信仰心を損なった権力者として、いわば「悪人」であるということになる。マフムート二世は、その後のオスマン帝国の人々にとってだけではなく、今日のトルコ共和国の人々にとっても「真の改革の創始者」というイメージと、「不信心者の大王」にして古き良き伝統の破壊者というイメージが対立する人物であり、それは、今に至るまでのトルコにおける政治的対立を反映しているのである。

ここで、オスマン臣民でも、トルコ国民でもなく、イスラーム教徒でもない、しかし、「西洋の衝撃」の下で近代西欧に学びつつ、これに対応しようとしてきた我々、普通の日本人からみれば、我々の幕末維新以来の経験を踏まえて考えるとき、やはり、マフムート二世が生きた時代のオスマン帝国にとって、近代ヨーロッパに対抗して自立を守るためには、近代西欧に学びつつ自己変革を進めることは必要必須であったのであり、マフムート二世は、この試みの真の先駆者であったようにみえるのである。

1875?–1953年
20世紀前半にアラビア半島の大半を制圧、サウジアラビア王国を建てた。

イブン・サウード

イフワーンと妻たち

…Ibn Sa'ūd…

保坂修司

ワッハーブ派の誕生

十八世紀なかばのアラビア半島に現れたイスラーム法学者ムハンマド・ビン・アブドゥルワッハーブは、その名にちなんでのちにワッハーブ派と呼ばれるようになる宗教改革運動を開始する。既存のイスラームを不純物に侵された腐敗堕落したものとみなし、預言者ムハンマドやその直後の時代の純粋なイスラームに立ち返るべしという彼の主張は、アラビア半島中部ナジュド地方の豪族、サウード家の支持を得て、サウード家によるアラビア半島征服のためのイデオロギー的な原動力となった。

サウード家はイブン・アブドゥルワッハーブのイデオロギーで武装した軍事力を背景にアラビア半島を席巻したが、サウード家の思想と軍事活動は当然、周辺地域からの反発や国内対立を招き、一八一八年には第一次サウード王国がオスマン帝国によって壊滅させられ、その後復興した第二次サウード王国も内訌（ないこう）によって混乱し、一八九一年に崩壊してしまった。

しかし、一九〇二年、第二次サウード王国の若き当主アブドゥルアジーズは、ライバルのラシード家に奪われていた首都リヤードを奪還、その後、マッカ(メッカ)とマディーナのイスラームの聖地も手中に収め、一九三二年には国名をサウジアラビア王国(アラビア語では「マムラカ・アラビーヤ・スウーディーヤ」)と改めた。

彼の名は、日本や欧米では今でもイブン・サウードという呼び名が用いられるが、これは本来、サウード家の当主に対する一般的な呼称であり、本国サウジアラビアやアラブ諸国では個人名のアブドゥルアジーズで呼ぶのがふつうである。

アブドゥルアジーズは子ども時代を父とともに亡命先のクウェートで過ごしたが、当時のクウェートの統治者で名君の誉れ高いムバーラクにかわいがられ、そこで内外政治のイロハを覚えたといわれている。アブドゥルアジーズの生年についてははっきりしないが、一八七五年生まれとの説が有力である。これが正しいとすると、リヤード奪還時には弱冠二七歳ということになる(ただし、一八八〇年生まれという説もあり、そうなると一九〇二年にはわずか二二歳である)。いずれにせよ、若きアブドゥルアジーズは、新たに手に入れたリヤードを拠点にアラビア半島の他地域に積極的に攻め入っていく。このときの原動力となったのが「イフワーン」と呼ばれる半農半軍の部族組織であり、彼らの軍事攻撃に聖戦(ジハード)という宗教的な大義を与えた「ワッハーブ派」の教えであった。

イフワーンの誕生と壊滅

「イフワーン」とはアラビア語で「兄弟」「同胞」の謂(いい)であり、サウジアラビアの文脈ではアブドゥルアジーズが一九一〇年代から組織した遊牧部族の宗教・軍事運動を指す。当時のアラビア半島の遊牧部族は、きちんとしたイスラームの知識もなく、近代的な国家や政治制度とも無縁の存在であった。アブドゥルアジーズは、彼らにイスラームの大義を教えることで異教徒や不信仰者に対する攻撃をジハード(聖戦)と信じさせ、それによって彼らをサウード家の軍事機構に編入し、さらに遊牧生活から定住生活に移行させることで国家機構のなかに安定的に組み込み、彼らの管理を容易にしようとした。

イフワーンの、狂信的な宗教心に裏打ちされた強力な軍事力・機動力により、アブドゥルアジーズは短期間で、ペルシア湾岸地域、マッカやマディーナを擁するヒジャーズ地方、北部のジャバル・シャンマル地方、さらにイエメンと文化的に近いアシール地方などアラビア半島の大半を制圧することが可能になった。

しかし、一方、イフワーンたちの行動は徐々に統制が利かなくなってくる。アブドゥルアジーズが秩序化のために彼らに伝えた信仰心は、彼らの活動を抑制するどころか、逆に彼らは暴走しはじめる。イフワーンの軍事活動により領土が拡大することは、アブドゥルアジーズにとってもプラスであったが、アラビア半島の大半を制圧したあとで、イフワーンたちが不信仰の地として攻撃対象にした地域の多くはクウェート、イラク、ヨルダンなど英国の保護下にあり、これは、イフワーン軍団が実際に攻撃に出れば、アブドゥルアジーズが強大な英軍と直接対決しなければならないことを意味する。アブドゥルアジーズ自身は合理的な考えかたの持ち主だったので、英軍と事を構えるのが無謀であることを理解していた。しかし、ジハードの情熱と戦利品への渇望に燃えたイフワーンたちにとっては、英軍との直接衝突は大した問題ではなかったようだ。彼らはアブドゥルアジーズやお抱えイスラーム法学者たちの禁止命令を無視し、クウェート、イラク、ヨルダンなどに侵攻し、略奪を繰り返したのである。

イフワーンは一九二四年、当時ハーシム家（現在のヨルダン王家）の支配していたイスラーム最大の聖地マッカとマディーナに入ったが、彼らは狼藉のかぎりを尽くし、市内にあった初期イスラームの教友たち（預言者ムハンマドと同時代のムスリムたち）の墓廟（ぼびょう）を破壊したり、音楽を演奏していた巡礼団を襲撃して回ったりした。今「狼藉」と述べたが、もちろんこれは、反イフワーンからの見かたで、イフワーン側からみれば、狼藉どころかイスラーム的に正しい行為であった。「ワッハーブ派」はそれこそイブン・アブドゥルワッハーブの時代から、アラビア半島にあった聖者廟などを破壊してきた過去がある。ワッハーブ派は、タウヒード、すなわち神（アッラー）の唯一性をイスラームの根幹とみなし、神の唯一性を傷つけるような行為を一切否定しようとする。彼らからみれば、教友や聖者たちの墓廟は、アッラー以外のものを崇拝の対象とすることであり、これは、イスラームがもっとも嫌悪する多神教にほかならなかった。また、音楽、とくに楽器を使用しての音楽は、イフワーンたちにとってはビドア（クルアーンやハディースに根拠をもたない新規性）であり、許しがたい行為であった（イフワーンたちの多くはそもそも音楽自体を聴いたことすらなかった）。

アブドゥルアジーズは、こうしたイフワーンたちの極端な行動を抑止しようとしていたが、このことで逆にイフワーンのアブドゥルアジーズに対する態度は硬化するばかりであった。イフワーンのサウード家非難は次のような点に集約できる。

一　キリスト教徒の英国人によって占領され、不信仰のムスリムが居住するエジプトに息子のサウードを派遣した。

二　多神教の地ロンドンに息子のファイサルを派遣した。

三　キリスト教徒の作り出した悪魔の発明品である自動車、電報、無線、電話を使用している。

四　ヒジャーズとナジュドの部族に課税している。

五　イラクおよび東ヨルダンの不信仰のムスリム部族がムスリムの地で家畜を放牧することを許可している。

六　クウェートとの貿易を禁止している。もし、この措置が、クウェートが不信仰であるがゆえの制裁ならば、イフワーンがクウェートを略奪することを許可すべきであり、もし、クウェートがムスリムであるなら、なぜ貿易が禁止されるのか。

七　ハサー地方（現在のサウジアラビア東部州）のシーア派をワッハーブ派のイスラームに改宗させていない。[1]

このときアブドゥルアジーズはイフワーンの離反を防ぐために、彼らの要求をほぼ受け入れたのだが、結果的にはイフワーンの過激な活動は収まらず、結局、イフワーンの一部はアブドゥルアジーズに対し反旗を翻すにいたったのである。これに対しアブドゥルアジーズは一九二九年、アラビア半島中央にあるシビラで反乱軍と衝突、圧倒的に優勢な軍事力で彼らの蜂起を鎮圧した。このときのアブドゥルアジーズの反乱軍に対する容赦（ようしゃ）ない苛烈（かれつ）な攻撃で、イフワーンたちに多くの犠牲者が出たが、これは逆に他の遊牧部族のアブドゥルアジーズに対する反感を高める結果となった。しかし、英国の事実上の協力もあり、アブドゥルアジーズは一九三〇年代はじめには反乱を鎮圧、さらにその後は南部のアシール地方まで達し、アラビア半島のなかで占領できる地域の大半を掌握することに成功した。

イフワーンは、アブドゥルアジーズの軍事力として創設され、実際その軍事力はサウード家のアラビア半島制圧に大きく貢献した。彼らの活躍なしに、サウジアラビアの現在はなかったといっていい。しかし、彼らが暴走をはじめるや、アブドゥルアジーズは、用済みとばかりに、イフワーンを徹底的に弾圧したのである。結局、イフワーンたちは指導者たちを失い、牙を抜かれたかたちで、新生サウジアラビア王国の実力装置の一部に組み込まれる。彼らはのち国家警備隊と呼ばれるようになり、主として国内の治安維持を担うようになる。

イフワーンのDNA

国家機構に組み込まれたといっても、イフワーンのDNAはその後もサウジ国内で生きつづけた。一九七九年十一月二〇日はイスラーム暦でいうと一四〇〇年一月一日、すなわちイスラーム暦十五世紀の最初の日にあたっていた。この日、ジュヘイマーン・オテイビーに率いられた武装グループがイスラーム最大の聖地マッカ(メッカ)のハラーム・モスクに突入、多数の信者を人質に立てこもるという事件が発生した。ジュヘイマーンは友人で義理の弟のムハンマド・カフターニーを救世主に仰ぎ、サウード家体制の打倒を呼びかけたのである。

実はジュヘイマーンはオテイバ族に属しており、アブドゥルアジーズが作ったイフワーンのための居留地(ヒジュラ)で生まれている。そして、彼の父(祖父との説もある)は、反アブドゥルアジーズの反乱に加わり、シビラの戦いにも参戦していたという。さらにいえば、ジュヘイマーンの思想のなかには、かつてイフワーンたちが信じた奇矯(ききょう)なイスラームが大きな影響を与えていたと考えられる。したがって、マッカ占拠事件は、アブドゥルアジーズの鎮圧したイフワーンの反乱の、現代における「再現」とみることも可能であろう。

このときもまたサウード家(当時はアブドゥルアジーズの息子で第四代国王ハーリドの治世)はこの反乱を徹底的に鎮圧、主犯のジュヘイマーンのほか、全部で七〇人近くを事件に連座したとして処刑した。だが、アブドゥルアジーズがかつてイフワーンたちの宗教的要求に妥協したように、このときも、サウード家体制は、彼らのイデオロギーを完膚なきまでに破壊するというよりは、むしろ、メディアで女性の顔を出すことを禁止したり、映画館やレコード・カセットテープ屋を閉鎖したり、さらには学校のカリキュラムにおける宗教の比率を大幅に増やすなど、保守的な宗教勢力におもねる政策を打ち出したのである。

したがって、イフワーンのDNAはその後も根絶されることなく、姿形や場所を変えて、サウジアラビアやイスラーム世界のあちこちで消え残ることとなった。ジュヘイマーンのイデオロギーの残滓(ざんし)は、彼の思想や行動に触発されて作られた組織のメンバーだったパレスチナ人の過激な思想家、アブームハンマド・マクディシーを通じて、その弟子筋にあたるヨルダン人テロリスト、アブームスアブ・ザルカーウィーの「アルカイダのイラク支部」に影響を与え、さらにはイラクとシリアを拠点とするテロ組織、「イスラーム国」の思想にも浸透していったと考えられる。❖2

政略結婚?

アブドゥルアジーズの対部族対策は飴(あめ)と鞭(むち)的な単純なものだけではない。もう一つ、大きな柱になっているのが有力部族とアブドゥルアジーズ自身、あるいは彼の息子たち、娘たちとの政略結婚である。

たとえば、アブドゥルアジーズの妻の数ははっきりわかっていない。しかし、多い見積もりだと三〇人を超えている。もちろん、敬虔(けいけん)なムスリムであるアブドゥルアジーズなので、妻を四人までしかもてないというイスラームの基本的な教えを知らないはずはない。基本的には同時に結婚している妻の数は四人を超えることはないが、死別や離婚などで妻の数が四人を下回れば、新たに結婚して「補充」したりすることがあった。また、四人の妻がいても、ほかに結婚したい女性が現れれば、既存の四人のうちの誰かを離婚して、新しい妻と結婚したり、その女性を員数外である側室として迎え入れたりすることもあったであろう。

アブドゥルアジーズの若い時代の結婚では、妻は基本的にサウード家の縁戚、サウード家と関係の深い、あるいは盟友関係にあった部族や名家一族の出身（スデイリー家、ジルーウィー家、アールッシェイフ家など）であることが多く、これらは明らかに伝統的な同盟関係を維持・強化するのが目的だといえるだろう。

ところが、一九二〇年代はじめに結婚した妻、ファフダは明らかに異なる出自をもっていた。彼女はシャンマル族の出身であった。シャンマル族のラシード家は一八九〇年、サウード家の居城だったリヤードを奪い、サウード家をクウェート亡命に追いやった、いってみれば仇敵、ライバルだったのである。アブドゥルアジーズは一九〇二年、そのラシード家からリヤードを奪還、さらに一九二一年にはラシード家の本拠地ハーイルを攻め落とし、現在のサウジアラビア北部にあたるジャバル・シャンマル地域をサウジ領に組み込んだ。このとき、アブドゥルアジーズは敗れたラシード家から妻ファフダを娶ったのだ。[3] これは明らかにシャンマル族を慰撫する意図があったと考えられる。なお、このファフダから生まれたのが第六代国王アブダッラーである。

また、しばらくあとのことだが、アブドゥルアジーズはラシード家最後の君主、ムハンマド・ビン・タラールの娘、ジャウハルと結婚し、さらに息子のムサーイドを別の娘、ワトファーと結婚させている。だが、ムサーイドとワトファーのあいだにできた子どもたちはサウード家全体を揺るがす大事件を引き起こす。長兄のハーリドは、サウジアラビアがテレビ局を導入したときに、それが反イスラームだと主張して暴動を起こし、一九六五年、治安部隊によって殺害されている。また、精神を病んでいたといわれる弟のファイサルは一九七五年、当時のサウジアラビア国王ファイサル――テレビ局導入の責任者であった――を暗殺した。兄の死を恨んでの犯行だともいわれている。

前述のとおり、アブドゥルアジーズの婚姻は初期のころは伝統的な同盟関係を維持する意味合いが強かった。だが、一九三〇年代以降、つまりイフワーンの暴動がほぼ鎮圧されて以降は、それにプラスしてイフワーン反乱軍やそれに近かった部族との結婚も増加してくる。たとえば、反乱軍の一員であったアジュマーン族のヒスライン家から二人を娶っている。ヒスライン家はアラビア半島東側に広がる大部族アジュマーン族の族長の家系で、なかでも十九世紀に活躍した族長のラーカーン・ビン・ヒスラインは勇猛果敢で、さまざまな部族的な特質を併せもつ詩人兼戦士として知られていた。オスマン帝国との戦いを謳った彼の詩は今でもアジュマーン族だけでなく、アラビア半島の多くの部族のあいだで語り継がれている。ヒスライン家は、最初はアブドゥルアジーズのイフワーンに参加して、遊牧生活から定住生活に移行したが、のちイフワーンの反乱軍に加わり、アブドゥルアジーズと戦っている。

ちなみにアブドゥルアジーズ初代国王の息子で、第七代国王サルマーンの妻の一人がこのヒスライン家の出である。この二人のあいだの最初の子ども、ムハンマド・ビン・サルマーンは、二〇一七年六月、甥にあたるムハンマド・ビン・ナーイフ皇太子を追い落とすかたちで、皇太子に就任した。

彼は、欧米に留学経験があったり、国際畑で活躍したりする異腹の兄たちと異なり、サウジ国内の大学を卒業しただけで、ほとんど経験もないまま政界に参入した。その意味では、欧米に留学し、洗練された国際感覚を身につけたものが多いアブドゥルアジーズの孫世代としては珍しいパターンといえる。

しかし、その一方、彼の精悍な風貌や恰幅のよさ、気前のよさは、父親のサルマーンだけでなく、祖父の初代国王アブドゥルアジーズを思い起こさせ、それが、一般のサウジの若者たちのあいだでの彼の人気の理由にもなっている。こうした点は、彼の部族的な背景と関係があるかもしれない。

なお、一九二〇年代以降の婚姻ではアルメニア人の側室が登場する。彼女たちの来歴についてはよくわかっていないが、一説にはオスマン帝国の弾圧を逃れてきたキリスト教徒ともいわれている。アルメニア人の妻はいずれも美貌と知性で知られ、そのうちの一人、シャヒーダにはマンスール、ミシュアル、ムトイブという三人の王子、別の一人、ムナイイェルにはタラールとナウワーフの二人の王子が生まれた。このうちマンスールは早くから頭角を現し、国防相という要職につき、国王の有力候補と目されていたが、一九五一年、旅行先のパリで謎の死を遂げている。ムナイイェルの子タラールは、サウジアラビアを立憲君主制に改革することを唱え、自由プリンスと呼ばれるようになる。結果的には政争に敗れ、事実上エジプトへの亡命を余儀なくされた。世界有数の大金持ちの投資家として知られるワリード・ビン・タラールは、このタラールの息子である。

また、一九三〇年代からはサウジアラビアがイエメンと接する南部のアシール地方やナジュラーン地方に進出していったため、その地方の出身者が正室・側室としてアブドゥルアジーズのハレムに入ってくる。
サウード家においては、結婚は戦略的な意味があるので、アブドゥルアジーズの子どもは必然的に膨大な数にのぼり、一説には息子だけで四五人、娘を含めると七〇人ともいわれている。ちなみに第二代国王サウードは、少なく見積もっても一〇〇人以上の王子・王女をもうけている。さすがに近年ではこれほどたくさん結婚し、子どもを残す王族はいなくなったが、サウード家体制護持のための政略結婚が逆にサウジアラビアの王位継承を複雑怪奇にし、現体制の不安定化の原因にもなっているのは歴史の皮肉といえるだろう。

❖1…John Habib, *Ibn Sa'ud's Warrior of Islam*: The Ikhwan of Najd and Their Role in the Creation of the Sa'udi Kingdom, 1910-1930, Leiden, p.122.
❖2…保坂修司『ジハード主義――アルカイダからイスラーム国へ』岩波書店、二〇一七年、二三―三八、九二―一一二頁。
❖3…アブドゥルアジーズは一九〇二年のリヤード奪還後、ラシード家から妻を娶ったとの説もある。ただし、このラシード家はシャンマル族のラシード家ではなく、バニー・ハーリド族のラシード家だともいわれている。
❖4…Joseph A. Kéchichian, *Succession in Saudi Arabia*, New York: Palgrave, 2001, p.27.

⊙参考文献

Bligh, Alexander, *From Prince to King*: Royal Succession in the House of Saud in the Twentieth Century, New York University Press, 1984

John Habib, *Ibn Sa'ud's Warrior of Islam*: The Ikhwan of Najd and Their Role in the Creation of the Sa'udi Kingdom, 1910-1930, Leiden,

Thomas Hegghammer & Stephane Lacroix, *The Meccan Rebellion*: The Story of Juhayman al-'Utaybi Revisited, Bristol: Amal Press, 2011

Simon Henderson, *After King Fahd*: Succession in Saudi Arabia, Washington, D.C.: The Washington Institute for Near East Policy, 1994

David Holden & Richard Johns, *The House of Saud,* London & Sydney: Pan Books, 1981.

Joseph A. Kéchichian, Succession in Saudi Arabia, New York: Palgrave, 2001

Robert Lacey, *The Kingdom,* Fontana/Collins, 1981

Brian Lees, *A Handbook of The Al Sa'ud Ruling Family of Saudi Arabia,* London: Royal Genealogies, 1980

William Powell, *Saudi Arabia and Its Royal Family,* Secaucus, N.J.: Lyle Stuart, 1982

Sharaf Sabri, *The House of Saud in Commerce*: A Study of Royal Entrepreneurship in Saudi Arabia, New Delhi: I. S. Publications, 2001

Stig Stenslie, *Regime Stability in Saudi Arabia*: The Challenge of Succession, London & New York: Routledge, 2012

Alexei Vassiliev, *The History of Saudi Arabia,* London: Saqi Books, 1998

小串敏郎『王国のサバイバル——アラビア半島二〇〇年の歴史』（日本国際問題研究所、一九九六年）

ジョン・フィルビー、岩本博・冨塚俊夫訳『サウジアラビア王朝史』（法政大学出版局、一九九七年）

保坂修司『サウジアラビア――変わりゆく石油王国』(岩波書店、二〇〇五年)
保坂修司『ジハード主義――アルカイダからイスラーム国へ』(岩波書店、二〇一七年)

1878?–1944年
一兵卒からパフラヴィー朝を創始し、シャーになった軍人・政治家。イランの近代化を進める。

イラン民族主義を誇大に鼓吹した
レザーハーン
…Reḍā Khān…

坂本 勉

叩き上げの軍人レザーハーン

レザーハーンは、カージャール朝に代わってパフラヴィー朝を創始し、イランを近代的な国民国家に変革していこうとした軍人、政治家としてよく知られる。しかし、その出自については不明なところが多い。一説によると、一八七八年にマーザンダラーン地方のアルボルズ山中にある寒村に生まれたという。

父親はカージャール朝に仕える軍人であったともいわれるが、生後間もなくしてその父を亡くしたため経済的には恵まれず、正式な学校教育を受ける機会がないまま少年時代を過ごした。一八九三年、故郷を出て暮らすようになっていた首都テヘランで、カージャール朝のシャー(国王)を警護する任務を負うロシア人将校指揮下のコサック旅団に一兵卒として入り、軍人としての生活をスタートさせた。

入隊後のレザーハーンは、無学文盲に近い状態であったにもかかわらず、身長一九〇センチを越す長身の堂々たる体躯(たいく)と質実剛健、冷静沈着、規律と秩序を重んじる、軍人にふさわしい持ち前の性格を生かして、カージャール朝の軍隊でも精強の軍隊といわれるコサック旅団のなかで次第に頭角を現していく。一九一一年少尉に任じられて下級将校への仲間入りを果たし、以後第一次世界大戦とその後に続く混乱したイランの社会状況のなかで数々の軍功を挙げて昇進を重ね、押しも押されぬ軍人として成長していった。いつの頃からか、本名のレザーのあとに勇猛果敢な遊牧民の部族長や軍隊を指揮する者に対してしばしばつけられる「ハーン」という称号を冠して呼ばれるようになるが、このことは社会的に軍人としていかにレザーハーンの信望が高まったのかをよく示している。

独裁的な権力を獲得するに至る過程

一九〇五年末以降、イランでは都市のバーザール商人、シーア派ウラマー等を中心に、時の支配王朝であるカージャール朝に対して議会の開設、憲法の制定を要求し、それまでの専制的な国家体制を近代的な立憲体制へと改めていこうとする革命運動が起こされていた。しかし、この立憲革命の動きも一九一一年、国外からの帝政ロシアの反革命的な軍事介入によって頓挫(とんざ)し、それに続いて一九一四年から第一次世界大戦が勃発すると、イランは中立を宣言をしたにもかかわらず戦乱に巻きこまれ、政治的にも社会的にも混迷の度を深める。隣国オスマン帝国に対する軍事作戦をイランを拠点に戦略的に展開しようとするイギリスと帝政ロシアは、軍をそれぞれペルシア湾とザカフカス・カスピ海方面からイランに進駐させたが、これに対してオスマン帝国は西北部方面から軍をイラン領内に越境させた。これによってイランは外国の軍隊によって蹂躙(じゅうりん)され、カージャール朝の支配体制は極度に弱体化した。

こうした状況は第一次世界大戦が終わった後も続き、一九一九年イギリス＝イラン協定が結ばれると、イランはイギリスの保護国になる危機に曝(さら)された。さらに一九二〇年になると、国内各地でカージャール朝の中央支配に背を向けて自治をめざす地方政権がつくられ、また遊牧諸部族による反乱が相次いで起こされたことによって混乱はさらに深まった。

トルコ系の人たちが多く住む西北部のアゼルバイジャン地方では「アーザーディスターン（自由の地）」と称する地方政権がつくられ、カスピ海南西岸のギーラーン地方ではジャンギャリー（「森林の民」を名乗るパルチザン）運動のなかから一九一七年のロシア革命の影響を受けて「イラン・ソビエト社会主義共和国」が生まれた。さらに東北部ホラーサーン地方では、国内の治安維持を任務とする軍であるジャンダルメリーの司令官が蜂起し、地方政権がつくられた。

また、伝統的に部族としての結束力が強く、無視できない軍事・政治力を有する遊牧民も威令が行き届かなくなったカージャール朝に対して反旗を翻し、各地に割拠して独自の支配地域をつくりだしていった。遊牧地が多いザクロース山脈方面ではペルシア語とは異なるイラン系の言葉を話すロルとバフティヤーリー、そしてトルコ系のカシュガーイーが反乱を起こし、ペルシア湾方面のフージスターン地方ではイギリスの後ろ楯を得たアラブ系の部族長シャイフ・ハズアルが蜂起に立ち上がるが、遊牧諸部族が起こした反乱のなかでカージャール朝の支配体制にとって最大の脅威は、オスマン帝国との国境方面にかけて広がる山岳地帯に居住するシムコを盟主とするクルド系遊牧民の反乱であった。

レザー・ハーンは、このように地方諸勢力が伸長・割拠し、イランが深刻な分裂に追いこまれている状況に強い危機感をもち、次第に政治への関与を強めていく。軍人としては、すでに一九一七年のロシア革命の結果、カージャール朝を支える最強の軍隊であるコサック旅団からロシア人将校が追放されたことによって、その指揮権を掌握するまでになっていた。しかし、すでに述べた一九一九年のイギリス＝イラン協定によってイランがイギリスの保護国になる危機が生じ、それにともなって首都テヘランを中心に協定破棄を掲げる反英的な民族運動の気運が高まると、これに乗じてレザー・ハーンは一九二一年ジャーナリストで民族主義者でもあったジヤー・オッディーン・タバータバーイーを担いでクーデターを敢行、カージャール朝から政治的実権を奪い、当初は軍務大臣、次いで一九二三年から首相を務め、事実上の軍事政権を打ちたてることに成功した。

この軍と政、二つの力を背景に独裁的な権力を確立していく過程でレザー・ハーンは、コサック旅団以下の諸軍の再編成に努め、軍の規律と装備を強化し、これを通じて各地に拠る反政府勢力に対して攻勢を強めていった。一九二〇年末のアゼルバイジャン地方のアーザーディスターン政権に対する攻撃を皮切りに、二五年のシムコのクルド反乱鎮圧を最後に中央政府に抵抗する地方諸勢力はほぼ平定され、ここにレザー・ハーンの権力が確立した。

反古にされた共和制運動

レザーハーンの次の課題は、すでに統治能力を失っているカージャール朝を廃し、それに代わる新しい国を建設することであった。一九二四年はじめ、アフマド・シャーがヨーロッパ巡遊の旅に出かけると、その不在の隙を突いて彼を大統領に想定する国をカージャール朝に代わってつくる運動に邁進していく。これに先だち隣国トルコでは一九二三年にケマル・アタテュルクによってオスマン帝国最後のスルタンが廃位、追放され、共和国が建国されていた。これにレザーハーンは強く影響され、イランを共和制の国家に変えていこうとしたのである。

この頃の議会は、第一次世界大戦前後の時期に生じた未曾有の政治的、社会的な混乱で立憲革命時の溌剌とした勢いに翳りが見え、シーア派ウラマーのモダッレスを中心とするグループを除くとレザーハーンに対抗する力も矜持も欠いていた。こうした議会の脆弱さを見てとったレザーハーンは、議会に対してカージャール朝を廃してイランを共和制に変える法案をできるかぎり早く通過させるよう圧力をかけ、院外では新聞等のメディアを使って共和制実現のためのキャンペーンを大々的に展開していった。

しかし、こうした性急、強引ともいえるレザーハーンの共和制樹立へ向けての動きに、タバコ・ボイコット運動と立憲革命以来、イランの社会的指導者として確固たる力を築いてきたウラマーの側から強い反対の声が挙がる。彼らはちょうど同じ頃、一九二四年三月三日にトルコで断行されたカリフ制廃止の影響がイランに波及することに警戒心を強めていた。この問題は、本来的にはトルコにおけるスンナ派イスラームの国家論の問題であり、シーア派のイランにとっては無関係なことであった。しかし、大きく見るとそこに通底する世俗主義、共和主義は、イスラームそのものを根底から揺るがしかねず、座視できないことであったのである。

とくに首都テヘランのウラマーにこの危機感は強く、春分の祭日として知られるノウルーズを挟んだ三月下旬にバーザールの商人・職人に呼びかけて、レザー・ハーンとその側近が進める共和制運動に反対する大規模な抗議行動が起こされた。これに対してレザー・ハーンは、軍隊を動員してデモを押さえ込んでいこうとしたが、宗教都市コム等でも共和制に疑義を表明する者が多く、こうした強い拒絶反応を前にしたレザー・ハーンはそれを逆手にとって、別な方向へとこれまでのキャンペーン運動を転換させていった。

レザー・ハーンが着目したのは、王制という選択である。立憲革命によってカージャール朝の専制的な王権は、立憲君主制のもとで大幅な制限が加えられるようになっていた。しかし、それにもかかわらず多くの人たちの心のなかには古代のアケネメス朝以来の君主観を払拭できず、シャーという存在を絶対視し、それに対して服従し、忠誠心を捧げるという気持ちも根強く残っていた。これをレザー・ハーンは共和制運動に反対するウラマー以下の人たちのなかから巧みに引き出し、カージャール朝に代わる新しい国家の政体を王制に変えていく方に誘導していったのである。

一九二五年十月三一日、招集された議会でアフマド・シャーの廃位とカージャール朝の廃絶が圧倒的多数で決議され、レザー・ハーンに臨時権力が付与された。続く十二月十二日、改めて制憲議会で憲法が改正され、レザーハーンを新しい王朝たるパフラヴィー朝のシャーとして推戴することが決まった。これを受けて一九二六年四月、ゴレスターン宮殿で戴冠式が挙行された。

ペルシア語にもとづくイラン民族主義

新たに創始されたパフラヴィー朝のシャーとしてレザーハーンがやらねばならないことは、一九二一年の軍事クーデター以来、自らの権力基盤としてきた軍の近代化と拡充をはかることであった。このためカージャール朝の時代にはなかった統一した組織と規律をもつ国軍が創設され、徴兵制が実施された。さらにパフラヴィー朝を中央集権的な国家にしていくべく官僚機構が整備され、内務省の権限の強化、反中央の傾向が強いアゼルバイジャン、クルドの両地方が複数の州に分割され、地方自治が大幅に縮小された。

このようにパフラヴィー朝の支配体制が着々と固められていく過程で、レザーハーンはいまだ十分には確立したとはいえない自らのシャーとしての威信とパフラヴィー朝自体の政治的権威を高めていくことが必要不可欠だという思いを強くし、そのための文化・教育政策に積極的に取り組んでいく。こうしたなか出てくるのが、ペルシア語とその元になっている古代・中世のイラン系の諸語によって育まれてきた歴史と文化を見直し、それをナショナリズムの思想と運動に昇華させてイランを国民国家にしていこうとする動きである。

イランのなかでペルシア語を母語とする人たちが全体のなかで占める人口比は、たかだか五〇%

を少し超えるにすぎない。その他の人たちは、広く見れば言語系統としてはイラン系にくくることができるが、ペルシア語とはかなり異なるクルド語やロル、バフティヤーリー、バルーチ等の諸方言を使っている。またイラン系の諸言語とはまったく系統を異にするトルコ系の言葉を日常言語とするアゼリー、トルクメン、カシュガーイー等の諸民族がおり、このうちアゼリーの人口は実に全体の二五%以上を占めるほど多い。さらにペルシア湾に近い地方にはアラブ系の人たちも少ないとはいえ居住している。

このようにイランは多言語、多民族の国といわなければならないが、レザーハーンは敢えてペルシア語こそイランという地域の歴史と文化をつくり上げてきた基幹言語であるとみなし、これにもとづいてイラン国内に住む多様な人たちに同じ国家の一員であるとの意識を共有させ、そこからパフラヴィー朝という国家に対する愛国心を引き出していこうとした。そして、ひいては誇るべき門地、家柄が欠けていたにもかかわらず、新しい王朝のシャーにまで昇りつめた彼自身の支配の正当性を獲得していこうとしたのである。

レザーハーン自身は、すでに述べたように目に一丁字ない軍人であった。このため彼はフォルーギーやタキーザーデといった、パフラヴィー朝下でそれぞれ首相、上院議長を務めることになる文人政治家等を取り込みながら、ペルシア語のなかに多量に借用されているアラビア語の語彙を古代・中世のイラン系諸語のそれに置き換えていく純化運動を進めた。またサアディーやハーフェズ、オマル・ハイヤームを世界に誇れる偉大な詩人であると過大に喧伝しつつ、イラン国民に民族的自尊心を醸成していく文化政策を推進した。さらにペルシア語の国定教科書を出版し、ペルシア語による教育の徹底をはかった。

こうした文化ナショナリズムの動きのなかでとりわけ重要なのは、『シャーナーメ（王書）』をイラン国民の統合の拠り所、象徴にしていこうとしたことである。十一世紀はじめトルコ系のガズナ朝に仕えたフェルドウスィーによって採集、編纂された神話王朝に始まるイラン建国からアラブの侵入によってササン朝が滅亡するまでの歴史を壮大な叙事詩のかたちで詠ったこの書は、イスラーム期において必ずしも正当な評価を得てきたとはいえなかったが、レザー・ハーンと彼を支える文化ナショナリストはこの英雄叙事詩をペルシア文学史のなかでの最高傑作と称揚し、政治的イデオロギーの書として利用していったのである。

一九三四年には著者フェルドウスィーの生誕一〇〇〇年を記念して大々的に国際会議が開かれ、長い間朽ち果て、放置されていた東北部ホラーサーン地方トゥースにある墓が壮麗な墓廟（ぼびょう）として再建され、レザー・ハーン臨席のもとに開廟祭が祝われた。首都テヘランをはじめとする主要な都市の広場にはフェルドウスィーの像が建てられ、国の象徴としてのイメージの深化がはかられた。シャーナーメが高らかに詠うイスラーム以前の古代イランの歴史的栄華をイラン国民に想起させ、それをパフラヴィー朝とレザー・ハーン自身の政治的権威の上昇につなげていこうとしたのである。

少数民族とイスラームの側からの異議申し立て

しかしながら、シャーナーメの世界観はペルシア語を母語としない少数民族の人たちにとっては押しつけと感じられた。とくにアム川を東北に越えた中央アジアからイラン西北部のアゼルバイジャン地方に移住してきた、遊牧民の子孫と自らをみなすトルコ系のアゼリーのなかには、シャーナーメが悪鬼と野蛮な民が跋扈（ばっこ）する悪の世界として描く、中央アジアと思しきトゥランの地こそ自分たちの民族的郷土、理想郷と見なし、そこを支配する残虐非道な支配者アフラースィヤーブをむしろ英雄視する口承伝説を語り伝えてきた人たちが少なくない。この隣国トルコの民族主義にも通じる思いは、ペルシア語とその文化にもとづいて国の一体化、国民統合を進めてきたレザーハーンのイラン民族主義を負と断じ、アゼルバイジャン地方の自治、独立をめざす分離主義の傾向を常に胚胎（はいたい）させてきた。

また、これとは別にパフラヴィー朝の成立以降、レザーハーンが推し進める西欧化・脱イスラーム化政策によって社会的影響力を削がれてきたシーア派ウラマーの反発も強かった。彼らにとって一九二四〜二九年にかけて行われた商法、刑法、民法といったヨーロッパの近代法典とそれにもとづく裁判所制度のイランへの導入は、彼らが手がける伝統的なイスラーム法の領域を脅かすものに他ならなかった。さらにイスラーム以前の古代を礼賛し、アケメネス朝等の王権論に依拠してパフラヴィー朝の支配の正当性を強化しようとするレザーハーンの政治姿勢は、イスラームにもとづく共同体としてのまとまりを至高のものとし、政教一致の国家を実現していこうとするシーア派ウラマーの政治論と抵触するものであった。

しかし、こうした少数民族とイスラームの側からのパフラヴィー朝体制に対する批判は、レザーハーンの在位中に表に出てくることはなかった。一九四一年、第二次世界大戦前夜にレザーハーンはナチス政権下のドイツへの接近策を進めるが、これを恐れたイギリスとソ連は南北から軍隊をイランに進駐させて占領下に置き、レザーハーンを退位させて南アフリカに追放、代わりに息子のモハンマド・レザーシャーを第二代の国王に据えた。こうしたパフラヴィー朝政権の不安定な時期にアゼルバイジャン地方は、占領を続けるソ連軍の後押しをうけて僅か一年足らずであるが自治共和国をつくるに至る。一九四四年レザーハーンが亡命先のヨハネスブルグで客死した翌年のことである。そして、シーア派ウラマーたちは一九七九年、積年のパフラヴィー朝の支配体制に異議を申し立て、イラン＝イスラーム革命を起こし、それを成功させた。

ここにレザーハーンによって鼓吹(こすい)され、子のモハンマド・レザーシャーによって引き継がれてきた誇大なイラン民族主義は幕を下ろされ、それに代わってイスラーム共同体＝ウンマを見据えた新しい政治体制が出現し、その下でパフラヴィー朝の時代とは異なる、民族の違いを超えた多民族の共存をめざす国民統合の理念の模索が続いている。

⦿参考文献

加賀谷寛『イラン現代史』(近藤出版社、一九七五年)

桜井啓子『革命イランの教科書メディア』（岩波書店、二〇一五年）

D. Wilber, *Riza Shah Pahlavi*, New York, Exposition Press, 1975.

E. Abrahamian, *Iran Between Two Revolutions*, Princeton, Princeton University Press, 1982.

T. Atabaki, *Iran in the 20th Century:historiography and political culture*, I. B. Tauris & Co Ltd, London, 2009.

E. Zurcher & T. Atabaki, Men of Order :*Authoritarian Modernization Under Ataturk and Reza Shah*, I.B. Tauris & Co Ltd, London, 2017.

1881–1938年
オスマン帝国の末期にトルコ革命を指導。トルコ大国民議会と政府を組織し、のちトルコ共和国初代大統領となる。

国父の功績と負の遺産
ムスタファ・ケマル（アタテュルク）
…Mustafa Kemal Atatürk…

粕谷 元

ムスタファ・ケマル（アタテュルク）（一八八一―一九三八年）は、トルコ共和国の樹立者、トルコ革命の指導者として世界史の教科書に登場する。第一次世界大戦に同盟国側に立って参戦したオスマン帝国が敗れると、帝国領はセーヴル条約にしたがって分割されることになった。このような事態に無力となった政府に対し、帝国軍人のムスタファ・ケマルがトルコ人の主権と国土を守るために抵抗運動を開始し、一九二〇年、アンカラにトルコ大国民議会とその政府を組織した。一九二二年、イズミルを含むエーゲ海岸地域を一九一九年に占領し、さらにアナトリア内陸部に侵入してきたギリシア軍を最終的に撃退、駆逐すると、スルタン制を廃止してオスマン帝国を滅亡させ、翌二三年に連合国と新たにローザンヌ条約を締結して新たな国境の画定、治外法権の廃止、関税自主権の回復に成功し、アンカラを首都とするトルコ共和国を樹立した。新生トルコの初代大統領となったケマルは、二四年のカリフ制の廃止を皮切りに、政教分離、トルコ帽の廃止、太陽暦の採用、女性参政権の承認に代表される女性解放、アラビア文字の廃止とローマ字の採用など、西洋型の近代国家の建設をめざす「トルコ革命」を強力に推し進めた。

ムスタファ・ケマルに関する高等学校世界史の各社の教科書の記述は、総合するとおおよそ右記のようなものである。しかし、オスマン帝国からトルコ共和国へ移り変わる過程はかなり入り組んでいて、また教科書の記述において「トルコ革命」の世界史的意義が十分に説明されているとはいい難いので、ここでそれらを改めて詳述した後、本書の課題であるその負の側面、遺産について考えてみたい。

ムスタファ・ケマル(後のアタテュルク)は、一八八一年、オスマン帝国サロニカ州の州都サロニカ(現ギリシア領テッサロニキ)に生まれた。税関吏だった父親を早く亡くしていたため裕福とはいえない少年時代を過ごしたが、その頃から軍人を志し、サロニカ、マナストゥル(現マケドニア領ビトラ)で学んだ後、一九〇五年にイスタンブルの陸軍大学校を卒業した。その後、参謀本部付大尉からスタートし、軍人としてのキャリアを順調に積み重ねていったケマルは、オスマン帝国が同盟国側に立って参戦した第一次世界大戦中のガリポリ攻防戦で、連合国軍によるイスタンブル攻略の阻止に成功し、一躍有名になった。このようなオスマン帝国軍人としての彼に重大な転機をもたらしたのは、帝国の第一次世界大戦敗戦である。

敗戦国となったオスマン帝国は、英仏伊からなる連合国軍とその支援を得たギリシアの駐留、占領下に置かれ、なかでもギリシアは歴史的にトルコ人に奪われた領土を再び奪回しようとしてアナトリアのギリシア人居住地域を併合すべく、一九一九年イズミルに上陸、同市を含むエーゲ海岸地域を占領した後、さらに一九二〇年に入るとアナトリア内陸部深くまで軍を進めた。また、アナトリア東部では、アルメニア国家の樹立とクルド人の自治領構想が現実のものになろうとしていた。こうした中で、オスマン帝国軍の将校、旧統一と進歩委員会の指導者らが国土の保全と国家国民の独立を掲げて国内各地で武装抵抗運動を組織した。ムスタファ・ケマルは皇帝の意向に逆らってこの抵抗運動(トルコ独立戦争)に合流し(一九一九年五月)、すぐにその指導権を掌握するようになる。一九二〇年四月にアンカラに成立した、ムスタファ・ケマル率いる国民議会(大国民議会)および臨時政府は、ギリシア軍と激しい戦闘を繰り広げる一方で、イスタンブルのオスマン帝国政府にも公然と反旗を翻した。帝国政府が大戦中の列強の秘密協定を下敷きにしたセーヴル講和条約を連合国と締結しただけでなく、あらゆる手段でケマル派の抵抗運動を妨害したからである。こうして国土の占領・分割に対する抵抗運動はいつしか先鋭的な革命運動に転化していった。二二年九月、三年にわたった対ギリシア戦争に勝利してついにアナトリア全土を支配下に置いた大国民議会政府は、同年十一月、皇帝位とカリフ位を分離したうえで前者を廃絶してオスマン帝国を滅亡させ、二三年七月には、セーヴル条約に代わる新たな講和条約としてローザンヌ条約を連合国との間に締結した。この条約では、アラブ地域の割譲に変更はなかったが、トルコ側は東トラキアとアナトリアの領土の保全、治外法権の撤廃、関税自主権の回復などを勝ち取った。第一次世界大戦の敗戦国のなかで、課せられた講和条約を力尽くで改定させることに成功した国は、実にトルコのみである。大国民議会政府は、こうして領土と独立を回復すると、同年十月にトルコ共和国の成立を宣言し、ムスタファ・ケマル自身がその初代大統領に就任した。オスマン帝政の消滅後も残されていたカリフ制は、二四年に廃止された。

これだけのことを一人の人間が指導者としてなし得たならばそれで十分だという気がするだろうが、ムスタファ・ケマル（以下、アタテュルクと呼ぶ）は新国家の樹立で満足する人間ではなかった。彼はさらに駒を進め、世界史の教科書に記述されているような一連の驚嘆すべき社会改革（トルコ革命）を達成するにいたった。

実はこのトルコ革命は二つの大きな柱から成り立っている。国策として進められた、国家・国民の「世俗化」と「トルコ化」である。「世俗化」は、政教関係においては政教分離、より正確には宗教を国家に完全に従属させる形で実行された。では、なぜ「世俗化」と「トルコ化」が国策とされたのだろうか。そしてその結果生じた負の遺産とは何か。まずは「世俗化」から考えてみたい。

アタテュルクにとって、トルコ革命の最終目的は、旧体制や植民地支配を打倒することではなく、また、新国家の国民の生活水準を向上させることでもなかった。それは、トルコ国民を「文明化する」ことだった。アタテュルクにとって革命は、帝国主義列強のひしめく当時の弱肉強食の国際社会のなかでトルコが生き残るための闘争だった。そして、彼のいう文明とは、西洋文明にほかならなかった。文明国のみが一等国として生存できるのだとすれば、新生国家の生存の鍵を握るものこそ、トルコ国民の「文明化」、すなわち西洋化だったのである。それは、二〇世紀前半の世界で、イスラーム文明は西洋文明に劣るというアタテュルク自身の確信にもとづいていた。ようやくのことで創り上げた幼弱な新生国家を、早急に一等国にしようとしたアタテュルクには、イスラーム文明の再生に絶対的な確信を持って表面的な西洋化を戒め、イスラーム文明と西洋文明、啓示と理性との融和を模索した近代オスマン帝国のイスラーム改革派知識人のような余裕は残されていなかったのだろう。

アタテュルクは、トルコと西洋とを隔てる最大の障壁が宗教であることを十分に承知していた。誰が何といおうと、西洋がキリスト教諸国から構成される世界であることは明らかだった。とはいえ、トルコ人がそっくりそのままキリスト教徒になることはもちろん不可能だったから、世俗性が西洋の一員となるための絶対条件となった。トルコを西洋化しようとするにあたって、アタテュルクが断行した改革事業の大部分が、直接・間接的に宗教（事実上イスラーム）と関連していたのはそのためである。

イスラームを後進性と同一視した政府のイスラーム攻撃は、主に三方面で行われた。第一に、学校教育の西洋的カリキュラムへの一本化（一九二四年）、イスラーム法廷の廃止（二四年）、法体系（刑法、商法、民法）の西洋化（二六年）、イスラームを国教とする憲法条項の削除（二八年）などによって、司法と教育を伝統的職域としてきた宗教的知識人（ウラマー）の社会的・経済的基盤を掘り崩した。第二に、ターバンやトルコ帽の着用禁止と鍔（つば）付き西洋帽の奨励（二五年）、西暦の採用（二五年）、アラビア文字の廃止とラテン文字の採用（二八年）、公式に使用させる記号やシンボルをイスラーム的・東洋的なものから、キリスト教的・西洋的なものに変えた。そして第三に、トルコ人がイスラームを受容して以来、その信仰の拠りどころとなってきたスーフィー教団の修道場・聖者廟を、狂信主義の巣窟であるとして閉鎖し、さらに教団の活動そのものを禁じた(二五年)。

この一連の西洋化・世俗化改革がムスリム国家で行われたのは驚くべきことであった。トルコが行ったような方式で社会の西洋化・世俗化を進めたムスリム国家は他には存在しない。その意味でトルコはきわめて独特であり、トルコ革命は壮大な文明史的実験であったともいえる。

ところが、実はアタテュルクの時代に行われた一連の西洋化＝世俗化諸政策は、あまり気の進まない国民に対して、アタテュルク自身のカリスマ的資質、指導力と、彼自身が創設した共和人民党の一党支配体制の強権すべてをもって進められたものであった。革命は少数派による支配を意味し、一方民主主義は、一つの定義によれば、多数派の支配である。この両者が両立しうる道はただ一つ、多数派が革命の目的に賛同することだけであるが、トルコの場合はこれに当てはまらなかった。

時代を経るにつれて、アタテュルクが示した官製の価値観に馴染めず、あるいは飽き足らず、これに反発して、トルコ革命の時代にも依然としてイスラームに自らのアイデンティティを求めていた人々の宗教感情が次第に表面化するようになった。アタテュルクが死去して、その後政権交代で共和人民党が下野すると、トルコ国民自身の宗教意識の高揚に後押しされながら、歴代の諸政党や政府は世俗化政策を徐々に緩和していった。トルコ社会のイスラーム化は、それが行き過ぎと判断されると強権が発動される(その最たる例が軍事クーデタ)というサイクルを繰り返しつつ、こうして徐々に、しかし確実に進展していった。

革命期に「文明化」の名の下に行われた西洋化・世俗化に反発し、それを見直そうとする国民は今日むしろ増加している。彼らは、世俗派を「西洋かぶれ」「不信心者」と批判し、早急な西洋化・世俗化こそが、トルコ社会の混乱、道徳の荒廃、伝統の喪失を招いたといぶかる。一方、世俗派は、イスラームの復活を、革命の原理からの逸脱、トルコをヨーロッパからアジアへ引き戻しかねない宗教的「反動」とみなして、恐れ、嫌悪する。

世俗派とイスラーム派が互いにそれぞれの価値観を認めない不寛容の時代が続いている。アタテュルクの主導した急激な世俗化が、トルコ国民の間に深刻なアイデンティティの分裂を生み出すことになったのである。

次に、「トルコ化」とその負の側面について考えてみよう。

西洋帝国主義を打倒して建国を実現したにもかかわらず、西洋を模範として国家建設を進める矛盾を打ち消すかのように、新生トルコではトルコ民族としての誇りの醸成に力が入れられることになった。たとえば、一九三〇年代、歴史・言語研究の分野で、トルコ民族が世界史上で果たしてきた偉大な功績がさかんに強調され、人類すべての言語が古代トルコ語から発展したとする、「太陽言語説」なる珍説が「科学的」に主張された。アタテュルクが演説の中で述べた「我はトルコ人と言いうる者は幸いなるかな」という言葉は国民的スローガンとなり、トルコ国民が常に心に刻むべき言葉とされた。

しかし、アナトリアを主領土として成立したトルコは、トルコ人がアナトリアを占有したものの、実際は多民族国家で、そもそも最初から民族的一体性に危うさを抱えていた。そのため、国民統合を図る目的で、非トルコ系ムスリム民族に対しても「トルコ化」が強制されたのは必然だった。とくに、セーヴル条約で自治・独立が構想されながら、ローザンヌ条約では一転してそれが不問に付されたクルド人は、トルコ人に次ぐ人口を擁し（算定するのは困難だが、トルコ国民の五人に一人とも、四人に一人ともいわれる）、しかもトルコ南東部では多数派を占めていたため、「上からの」国民統合の主要な標的とされた。その結果、母語による教育や出版・放送は無論のこと、法廷や役所などの公的な場でのクルド語の使用も禁じられた。それどころか、長い間公的には、トルコには「クルド人」などというものは存在せず、ただ「東方の同胞」または「母国語を忘れた山岳トルコ人」が存在するだけだった。クルド人をクルド人と認めること、すなわち民族としての存在までも否定され、トルコ人に同化することが求められたのである。クルド民族主義は、たとえそれがどのような形のものでも、憲法に定める「国土と国民の不可分性の原則」に反する分離独立主義と見なされ、徹底的に弾圧された。

また、トルコ南東部の多数のクルド人部落を潰して、族長や地主を含む住民を遠く離れた中部・西部地域などに強制移住させる分散政策がとられた一方、トルコ人を南東部へ入植させることによって、クルド人地域の「クルド色」を薄める政策も実施された。トルコ政府のトルコ南東部に対する政策は、「南東部勤務」のための特殊訓練を受けた官吏たちによって、植民地支配に近い形で行われたといってよい。クルド人問題は、トルコの抱える経済格差問題と密接にかかわっていて、半植民地的地域として処遇されたトルコ南東部のための経済的施策は後回しにされた結果、同地域はトルコで最も後進的な地域となり、生活環境も劣悪な状態が長く続いた。

こうした背景から、すでにアタテュルクの時代に、クルド人の大規模な反乱が少なくとも三回起こったが、それらはいずれも徹底的に鎮圧された。その後もクルド人の間には、クルド人を差別、抑圧してきた国家と、トルコ人に対する不満がくすぶり続け、暴動・騒乱や反政府的な政治運動が後を絶たなかった。こうしたなかで、一九七〇年代末に誕生したのがクルディスタン労働者党(PKK)である。一九八〇年代以降クルディスタン労働者党は反政府武装闘争を開始し、これは現在でも収束していない。

一方で、独立戦争が事実上異教徒との戦いであり、異教徒を排除しながら国家が樹立されたため、わずかに残ったギリシア人、アルメニア人、ユダヤ人などの非ムスリム国民は「敵性国民」と見なされ、「真の国民」と認められず、同化よりもむしろ排斥の対象とされた。

トルコ語でアタテュルクのアタは「父」、テュルクは「トルコ人」を意味する。一九三四年にトルコ国民全員が姓を持つことになったとき、議会がムスタファ・ケマルに贈った姓で、まさに国父にふさわしい姓といえるだろう。しかし、トルコ系国民にとっては国父でも、トルコ共和国はクルディスタンの分割という犠牲の上に成立したと考えるクルド系国民、あるいは敵性国民とされたギリシア人などの非ムスリム系国民の立場に立てば、アタテュルクは救国の英雄、国父たりえないことになる。

こうしたトルコの民族問題の深刻さは、日本人にはあまり馴染みのないものであろうが、「遥かなるクルディスタン」(一九九九年、トルコ映画)、「タッチ・オブ・スパイス」(二〇〇三年、ギリシア映画)といったかつて日本で公開された映画も存在するので、もし機会があればご覧いただきたい。前の二つはクルド人問題、後の一つはイスタンブルに住むギリシア人家族を描いたものである。

「少女へジャル」(二〇〇一年、トルコ・ドイツ・オランダ合作映画)、

アタテュルクは、オスマン帝国が第一次世界大戦に敗北して崩壊していく激動の中に飛び込み、オスマン帝国の軍事的敗北を「独立戦争」の勝利に転化させてトルコの運命を変えた不世出の英雄であり、巨人だった。彼は独立戦争で勝利を得た後、国内における絶対的権利を手中にし、かくれもない独裁者となった。とはいえ、独裁者としては、同時代の独裁者たち、たとえば狂気のヒットラーや猜疑心のかたまりで冷酷なスターリンに比べれば、はるかに人間的だった。彼に粛清された者の数ははるかに少なかった。戦前の同盟通信(共同通信、時事通信の前身)の記者大屋久寿雄は、その著書『トルコ・政治風土記』(興亜書房、一九四二年)の中で、アタテュルクと直接交流のあった当時の在アンカラ日本大使から聞いた次のような逸話を紹介している。

或る日の宴会で、彼(アタテュルク)の長酒は遂に夜明けに及び、招かれた大公使たちの方が皆参ってしまったのであるが、その時、アタチュルク〔ママ〕は暁天近く既に辞去しようとしていた武富大使とソヴエト大使テレンティエフの二人を両手に抱えて、無理矢理に別室に連れ込み、恰も大学

生同志のような無雑作で更に盃を挙げることを提議した。

——私はかねてから世界に尊敬すべき国が二つあると思っている。その一つは言うまでもなくトルコ革命の援助者であり、今日の共和国トルコの恩人であるソヴエト・ロシア、その二は世界に比類なき国柄を持ち、厳乎としてアジアに屹立する日本。一は私の恩人であり、他は私の憧れである。恩人と憧憬者とがいついつまでも友好関係を持続されることを、私がどんなに希望しているか、御想像下さい。さあ、われわれ三国の友好のために、盃を挙げましょう！

武富大使はよくこの話をして言うのであった。「えらい男でしたよ。あんなに酒をのんでいながら、そして実に自然な無雑作さで、しらずしらずのうちに、相手の心を掴んでいるのだから。」

また、アタテュルクは他国を侵略しようと企てたことはなかった。独立戦争で保全した東トラキアとアナトリアの国土で満足し、それ以上を求めなかったわけで、この点で彼はまれにみる現実主義者だった。「国内に平和を、世界に平和を」が一九三〇年代のトルコの外交スローガンだったが、これは当時の世界では異彩を放っていた。

しかし、これまで述べたように、アタテュルクの国家建設が何よりも国民の間に深刻な分断をもたらす形で負の遺産を残したこともまた疑いようのない事実である。

一九三八年に肝硬変で五七歳の生涯を閉じた国父のために、国は首都アンカラ市の中央部の小高い丘の上に、日中はその黄色の石灰岩がアナトリアの陽光を浴びてキラキラと輝き、日没後は巧みなライトアップによって暗闇に幻想的に浮かび上がる、列柱寺院形式の巨大な墓廟を十五年がかりで建立した。今、そこに眠る国父は安らかに眠れているだろうか。

⊙参考文献

設樂國廣『ケマル・アタテュルク』（世界史リブレット　人、山川出版社、二〇一六年）
新井政美『トルコ近現代史』（みすず書房、二〇〇一年）

【執筆者略歴】

（掲載順）

小林登志子（こばやし としこ）
一九四九年、千葉県生まれ。中央大学文学部史学科卒業。同大学大学院修士課程修了。歴史学者。主要著書：『シュメル―人類最古の文明』『五〇〇〇年前の日常』『楔形文字がむすぶ古代オリエント都市の旅』『文明の誕生―メソポタミア、ローマそして日本へ』

島田 誠（しまだ まこと）
一九五五年、岡山県生まれ。一九八八年、東京大学大学院満期退学。現在、学習院大学教授。主要著書論文：『古代ローマの市民社会』『コロッセウムからよむローマ帝国』「元首政期ローマ市民団と解放奴隷」（『史学雑誌』第九五編第三号）「ドムス・アウグスタと成立期ローマ帝政」（『西洋史研究』新輯第三三号）

森谷公俊（もりたに きみとし）
一九五六年、徳島県生まれ。一九八五年、東京大学大学院博士課程単位取得退学。現在、帝京大学教授。主要著書：『アレクサンドロスの征服と神話』『新訳アレクサンドロス大王伝』『アレクサンドロスとオリュンピアス』

山本興一郎（やまもと こういちろう）
一九八二年、兵庫県生まれ。二〇一五年、日本大学大学院文学研究科博士後期課程外国史専攻修了。博士（文学）。現在、日本大学文理学部助手。主要論文：「ペルシア（現ペルージャ）戦役期における『故ユリウス・カエサル』利用」（『史叢』七九号）「Μεγας／Magnusとポンペイウス親子」（『生活文化史』第六七号）

新保 良明（しんぼ よしあき）
一九五八年、長野県生まれ。一九八三年、東北大学大学院文学研究科西洋史学専攻博士前期課程修了。現在、東京都市大学共通教育部長・教授。博士（文学）。主要著書：『古代ローマの帝国官僚と行政―小さな政府と都市―』『ローマ帝国愚帝物語』、監修：『古代ローマ人のくらし図鑑』、訳：『アッティラ大王とフン族―〈神の鞭〉と呼ばれた男―』

大月康弘（おおつき やすひろ）
一九六二年、栃木県生まれ。一九八五年、一橋大学経済学部卒、一九九〇年、同大学院経済学研究科博士後期課程修了。現在、一橋大学大学院経済学研究科教授。主要著作：『帝国と慈善 ビザンツ』『ヨーロッパ 時空の交差点』

鈴木 明日見（すずき あすみ）
一九八三年、埼玉県生まれ。二〇一一年、駒澤大学大学院博士後期課程単位取得退学。現在、日本音楽高等学校・駒澤大学非常勤講師。主要論文：「ランゴバルド諸法における未成年女子の婚姻規定―リウトプランド王付加勅令十二条を中心として―」（『法文化叢書十巻「夫婦」』所収）「ランゴバルド諸法における財産相続―未成年者と家父長の関係を中心として―」（『駒沢史学』第八四号）

高野太輔（こうの たいすけ）
一九六八年、東京都生まれ。二〇〇〇年、東京大学大学院修了。現在、大東文化大学国際関係学部准教授。主要著書：『アラブ系譜体系の誕生と発展』『マンスール：イスラーム帝国の創建者』

清水和裕（しみず かずひろ）
一九六三年、神奈川県生まれ。一九九八年、東京大学大学院人文社会系研究科博士課程（アジア文化研究専攻）修了。現在、九州大学人文科学研究院教授。主要著作『イスラーム史のなかの奴隷』『軍事奴隷・官僚・民衆：アッバース朝解体期のイラク社会』「ヤズデギルドの娘たち―シャフルバーヌー伝承の形成と初期イスラーム世界―」（『東洋史研究』第六七巻第二号）

齋藤久美子（さいとう くみこ）
一九七一年、青森県生まれ。二〇〇六年、東京大学大学院博士課程修了。博士（文学）。現在、慶応義塾大学言語文化研究所非常勤講師。主要論文：「オスマン朝のティマール政策―ビトリス県におけるティマール制導入をめぐって」(『東洋史研究』七一・二)「オスマン朝のクズルバシュ対策」(近藤信彰編『近世イスラーム国家史研究の現在』所収)「映画から知る現代社会『消えた声が、その名を呼ぶ』とトルコ南東部の今―アルメニア人の残した風景」(『ワセダアジアレビュー』十九)

田村愛理(たむら あいり)
一九四九年、東京生まれ。一九八〇年、学習院大学大学院人文科学研究科博士課程単位取得満期退学。現在、東京国際大学教授。主要著書：『国家の周縁：特権、ネットワーク、共生の比較社会史』(共著)「漂着聖女信仰とユダヤ教徒：チュニジア、ジェルバ島の事例から」(深澤克己編『ユーラシア諸宗教の関係史論：他者の受容、他者の排除』所収) P.Curtin 著『異文化間交易の世界史』(共訳)『世界史の中のマイノリティ』

保坂修司(ほさか しゅうじ)
慶應義塾大学大学院修士課程修了。現在、一般財団法人日本エネルギー経済研究所研究理事。主要著書：『乞食とイスラーム』『サウジアラビア――変わりゆく石油王国』『サイバー・イスラーム――越境する公共圏』『ジハード主義――アルカイダからイスラーム国へ』

坂本勉(さかもと つとむ)
一九四五年、山梨県生まれ。一九七五年、慶応義塾大学大学院文学研究科博士課程(史学専攻)単位取得退学。現在、慶應義塾大学名誉教授。主要著書：『イスラーム巡礼』『ペルシア絨毯の道』『トルコ民族の世界史』『イスタンブル交易圏とイラン』

粕谷元(かすや げん)
一九六六年生まれ。現在、日本大学文理学部教授。主要著書：『トルコにおける議会制の展開』(編著書)『イスラーム社会における世俗化、世俗主義、政教関係』(編著書)『全訳 イラン・エジプト・トルコ議会内規』(編著書)

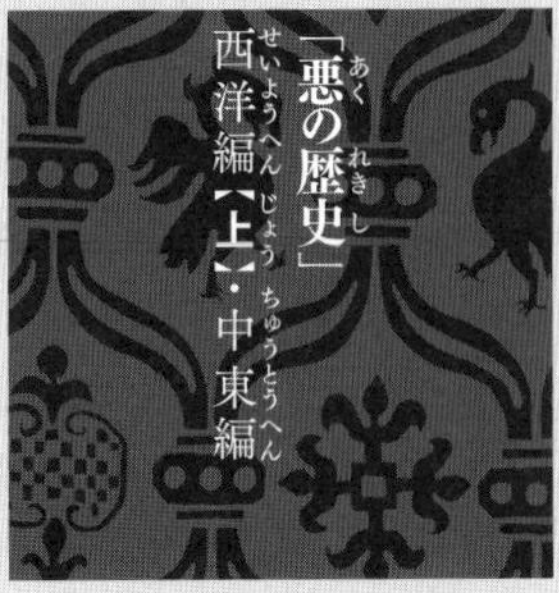

2017年12月25日　第1刷発行

編著者
鈴木 董

発行者
渡部 哲治

印刷所
図書印刷株式会社

発行所
株式会社 清水書院
〒102-0072
東京都千代田区飯田橋3-11-6
［電話］03-5213-7151(代)
［FAX］03-5213-7160
http://www.shimizushoin.co.jp

デザイン
鈴木一誌・山川昌悟・下田麻亜也

ISBN978-4-389-50066-5
乱丁・落丁本はお取り替えします。